Beiträge zur Geschichte und Kultur
der Stadt Nürnberg /
Stadtbibliothek Nürnberg

Band 27

2021

Harrassowitz Verlag · Wiesbaden

Wunderkammer im Wissensraum

Die Memorabilien der Stadtbibliothek Nürnberg im Kontext städtischer Sammlungskulturen

Herausgegeben von
Christine Sauer

2021

Harrassowitz Verlag · Wiesbaden

Abbildung auf dem Umschlag: Frontispiz von Johann Alexander Boener zu Johann Jacob Leibnitz: Inclutae Bibliothecae Norimbergensis Memorabilia, Nürnberg 1674 (Stadtbibliothek im Bildungscampus Nürnberg, Solg. 1549.4°)

Bibliografische Information der Deutschen Nationalbibliothek
Die Deutsche Nationalbibliothek verzeichnet diese Publikation in der Deutschen Nationalbibliografie; detaillierte bibliografische Daten sind im Internet über https://dnb.de abrufbar.

Bibliographic information published by the Deutsche Nationalbibliothek
The Deutsche Nationalbibliothek lists this publication in the Deutsche Nationalbibliografie; detailed bibliographic data are available on the internet at https://dnb.de.

Informationen zum Verlagsprogramm finden Sie unter
https://www.harrassowitz-verlag.de

Gedruckt auf alterungsbeständigem Papier.
Druck und Verarbeitung: Hubert & Co., Göttingen
Printed in Germany

ISSN 0578-2785 eISSN 2748-5129
ISBN 978-3-447-11611-4 eISBN 978-3-447-39103-0

Inhalt

Geleitwort

Die Planungen zum 650-jährigen Bestehen der Stadtbibliothek im Jahr 2020 sahen eine Jubiläumsausstellung mit Rekonstruktion der Kunst- und Naturaliensammlung vor, die einst im als Bibliotheksdomizil genutzten Dominikanerkloster gleichberechtigt mit den Büchern aufbewahrt wurde. Als im März 2020 die Corona-Pandemie die Welt fest in ihrem Griff hielt, fiel die aus heutiger Sicht richtige Entscheidung, auf die Umsetzung der Ausstellung mit hochkarätigen Leihgaben aus dem Germanischen Nationalmuseum und den Museen der Stadt Nürnberg zu verzichten.

Der Öffentlichkeit nicht vorenthalten werden sollen die Forschungsergebnisse, die in den schon weit gediehenen Ausstellungskatalog eingeflossen wären. Voraussichtlich noch im Jahr 2021 werden die ausführlichen Beschreibungen der bisher ermittelten rund 170 Kunstwerke, Naturalien und wissenschaftlichen Geräte als digitale Sammlung zugänglich gemacht werden. Die fünf Essays des Aufsatzteils liegen hiermit als eigenständige Publikation in der Reihe ‚Beiträge zur Geschichte und Kultur der Stadt Nürnberg' vor.

Mein herzlicher Dank geht zu allererst an die beteiligten Wissenschaftlerinnen, die spontan und trotz bestehender, durch die Pandemie zusätzlich verkomplizierter Verpflichtungen ihre Mitarbeit zugesagt und erfüllt haben. Dr. Eva Dolezel (Staatliche Museen zu Berlin, DFG-Projekt „Das Fenster zur Natur und Kunst" zur Berliner Kunstkammer) diskutiert grundsätzlich die Bedeutung, Zielsetzung und Präsentation hybrider, aus Büchern und Gegenständen bestehender Sammlungen. Einblicke in die Vielfalt privaten und kommunalen Sammelns in Nürnberg bieten Dr. Claudia Valter (Nürnberg, Germanisches Nationalmuseum) und Elke Valentin M.A. (Stuttgart). Die Aktualität des Kunstkammerprinzips in der Ausstellungspraxis zeigt Sarah Wagner M.A. (Hermann von Helmholtz-Zentrum für Kulturtechnik, Zentralinstitut der Humboldt-Universität zu Berlin) auf. In den Beiträgen meiner Kollegin Dr. Christine Sauer, Leiterin der Historisch-Wissenschaftlichen Stadtbibliothek, werden Geschichte und Bestand der Memorabilien in der Stadtbibliothek aufgearbeitet. Entstanden ist ein Überblick mit neuen Forschungserkenntnissen aus erster Hand zu den vielfältigen Sammlungskulturen in der ehemaligen Reichsstadt und zu deren fortwährender Bedeutung.

Des Weiteren habe ich auf das Herzlichste zu danken Dr. Barbara Krauß und Stephan Specht als ehemalige und gegenwärtige Leitungen des Harrassowitz Verlags in Wiesbaden, die nach einer langen Pause die Fortsetzung unserer Schrif-

tenreihe wohlwollend unterstützt haben. Der Band ist in seinem komplizierten Entstehungsprozess von der Lektorin Julia Guthmüller hervorragend betreut und kompetent gestaltet worden.
Für die positive Aufnahme unserer Leihgesuche haben wir zu danken den Generaldirektoren des Germanischen Nationalmuseums, Prof. Dr. G. Ulrich Großmann und seinem Nachfolger Prof. Dr. Daniel Hess, sowie den Leitern der Museen der Stadt Nürnberg, Dr. Thomas Schauerte und seinem Nachfolger Dr. Thomas Eser. Beide Institutionen stellten außerdem zahlreiche Abbildungsvorlagen zur Verfügung, ohne die der Band nicht hätte gelingen können. Bei vielen Nach- und Anfragen erhielten wir großzügige Unterstützung von Dr. Frank Bär, Dr. Angelika Hofmann, Dr. Markus T. Huber, Anja Löchner (Dipl.-Museologin), Dr. Matthias Nuding, Dr. Adelheid Rasche, Roland Schewe M.A. und Dr. Heike Zech (Germanisches Nationalmuseum); Dr. Andreas Curtius und Ludwig Sichelstiel (Museen der Stadt Nürnberg); Werner Feist und Gabriele Prasser (Naturhistorische Gesellschaft Nürnberg e. V.); Christiane Backhaus und Peter Mildner (Stiftung Schloss Friedenstein Gotha); Udo Andraschke M.A. (Friedrich-Alexander-Universität Erlangen-Nürnberg); Dr. Julia Ellinghaus (Bergische Universität Wuppertal); Dr. Christian Forster (Leipzig) und Dr. Georg Simon Gerleigner (Bayerische Akademie der Wissenschaften/Corpus Vasorum Antiquorum).

Nürnberg im April 2021

Elisabeth Sträter
Direktorin der Stadtbibliothek im Bildungscampus Nürnberg

Hier findet man Bild und Uberschrifft
Die Sammlung in der Nürnberger Stadtbibliothek und die Kunstkammerkultur der Frühen Neuzeit

von Eva Dolezel

1674 veröffentlichte der Theologiestudent und spätere Stockholmer Pfarrer, Johann Jacob Leibnitz (1653–1705), seine Beschreibung der Sammlung in der Nürnberger Stadtbibliothek mit dem Titel ‚Inclutae Bibliothecae Norimbergensis Memorabilia'.[1] Dass dieser vergleichsweise kleinen Sammlung – sie enthielt zu diesem Zeitpunkt rund 50–60 Objekte – eine eigene Publikation gewidmet wurde, wies ihr eine gewisse Bedeutung zu. Jedoch verzichtete Leibnitz darauf, für den Titel seines Buches eine der vielen verschiedenen für Sammlungen in dieser Zeit üblichen Benennungen zu wählen, wie etwa *Kunst- und Naturalienkammer*, *Raritätenkabinett* oder gar *Museum*.[2] War die Sammlung in der Nürnberger Stadtbibliothek also überhaupt eine Kunstkammer? Wurde sie von ihren Zeitgenossen als Teil einer im späten 17. Jahrhundert bereits europaweit etablierten und in einem hohen Maße konsolidierten Sammlungskultur begriffen? Und anhand welcher Kriterien lassen sich Fragen wie diese beantworten?
Seit einiger Zeit zeichnet sich in der sammlungshistorischen Forschung ab, dass der Sammlungstyp Kunstkammer, jenseits seines Modells zu einer Verräumlichung des Wissens, mit einer spezifischen Sammlungskultur, einem Zusammenspiel aus sozialem Habitus und konkreten Praktiken der Wissensvermittlung und -generierung verbunden ist.[3] Um diese Aspekte sichtbar zu machen, ist die Berücksichtigung einer großen Vielfalt von Quellengattungen unabdingbar. Hierunter fallen bildliche Sammlungsdarstellungen ebenso wie Reise- und Sammlungsbeschreibungen und die theoretische museologische Literatur der Zeit. Eben diese Quellen sind auch in Hin-

1 Leibnitz: Memorabilia 1674. Zu dieser Beschreibung der Nürnberger Sammlung vgl. den Beitrag von Christine Sauer in diesem Band. Zu der Sammlung in der Nürnberger Stadtbibliothek vgl. auch: Sauer: Vom Museum zur Forschungsbibliothek 2013; Schwemmer: Museum 1957.

2 *Memorabilia* war zwar um 1700 ein durchaus geläufiger Begriff, etwa für *ethnographica* oder anekdotisch aufgeladene Objekte, bezeichnete jedoch eine Objektgattung und nicht eine geschlossene Sammlung. Vgl. Sturm: Naturalien- und Raritäten-Kammer 1704, S. 40–43.

3 Vgl. Hierzu etwa Robert Felfe/ Angelika Lozar: Einleitung, in: Frühneuzeitliche Sammlungspraxis und Literatur, hrsg. von Robert Felfe/ Angelika Lozar, Berlin 2006, S. 8–28.

blick auf die Nürnberger ‚Memorabilia' aufschlussreich, wenn es darum geht auszuloten, in welchem Verhältnis diese Sammlung zur Kunstkammerkultur ihrer Zeit stand.

1 Bücher und Objekte

Nicht nur dem Titel von Leibnitz' Publikation, auch dem von dem Nürnberger Kupferstecher und Zeichner Johann Alexander Boener (1647–1720) hierzu gestalteten Frontispiz wohnt eine gewisse Ambivalenz inne, was den Status der Sammlung in der Nürnberger Stadtbibliothek anbelangt (Abb. 1.1). Formal ist die Darstellung einem zu dieser Zeit gängigen Bildtypus zuzuordnen: den in der Kunstkammerrezeption inzwischen ikonischen Frontispizen der Sammlungskataloge des 17. und 18. Jahrhunderts. Eines der bekanntesten Bilder dieser Art ist das knapp 20 Jahre vor Leibnitz' Buch erschienene Frontispiz des ‚Museum Wormianum' mit seiner zur Bildformel gewordenen Ansicht eines Sammlungsraumes mit objektgefüllten Wänden (Abb. 1.2).[4]
Außer der zentralperspektivischen Raumansicht hat Leibnitz' Frontispiz mit dem des ‚Museum Wormianum' jedoch kaum etwas gemein, denn anders als bei Ole Worm (1588–1654) spielen hier nicht die Objekte die Hauptrolle. Gezeigt ist vielmehr ein Raum, der von Büchern dominiert ist. Die zwei abgebildeten Regale nehmen die linke Bildseite fast vollständig ein. Die Präsenz der Objekte ist auf die hintere Hälfte des Raumes beschränkt. Hier ist ein Sammlungsschrank in das Bücherregal eingelassen, in dessen Innerem tierische und menschliche Skelette sowie einzelne Präparate zu erkennen sind. Weitere Vitrinen mit Skeletten finden sich an der Wand gegenüber.
Ole Worms Frontispiz weist erstaunlich genaue Bezüge zu den im Text seines Sammlungskataloges beschriebenen Objekten auf. Vermutlich zeichnet sich gerade dieses Frontispiz durch eine große Nähe zur tatsächlichen Sammlungsinszenierung aus.[5] Man muss jedoch davon ausgehen, dass es sich bei der hier gezeigten und auch in anderen Frontispizen von Sammlungskatalogen anzutreffenden, in einem Raum verdichteten Objektfülle um eine sammlungsspezifische Bildrhetorik handelt. Und gerade die Tatsache, dass Boeners Kupferstich diese Rhetorik nicht aufnimmt, erscheint signifikant. Was hier im Zentrum steht, ist nicht die Sammlung selbst, sondern das Verhältnis von Büchern und Objekten.
Diese Relation wird in Boeners Frontispiz auf unterschiedlichen Ebenen verhandelt. Bücher und Objekte kommen hier nicht nur als zwei verschiedene, im gleichen Raum verwahrte Bestandsgattungen zueinander. Am rechten Rand des Kupferstiches findet sich zudem ein prominent platziertes Motto, das den Blick des Betrachters auf den Raum determiniert: *Et Visui et Usui*. Dieses Motto setzt die beiden Medien in eine

4 Zu diesem Bildtypus vgl. Felfe: Umgebender Raum 2003.

5 Zu einem Rekonstruktionsversuch nach dem Frontispiz des Museum Wormianum vgl. Henrik Ditlev Schepelern: Museum Wormianum reconstructed. A note on the illustration of 1655, in: Journal of the history of collections 2 (1990), S. 81–85.

Abb. 1.1: Einblick in den zweiten Kreuzgangflügel der Stadtbibliothek Nürnberg mit geöffnetem Naturalienschrank im Regal mit den medizinischen Buchbeständen (Kupferstich von Johann Alexander Boener in Leibnitz: Memorabilia 1674; StadtBN, Solg. 1549.4°, Frontispiz)

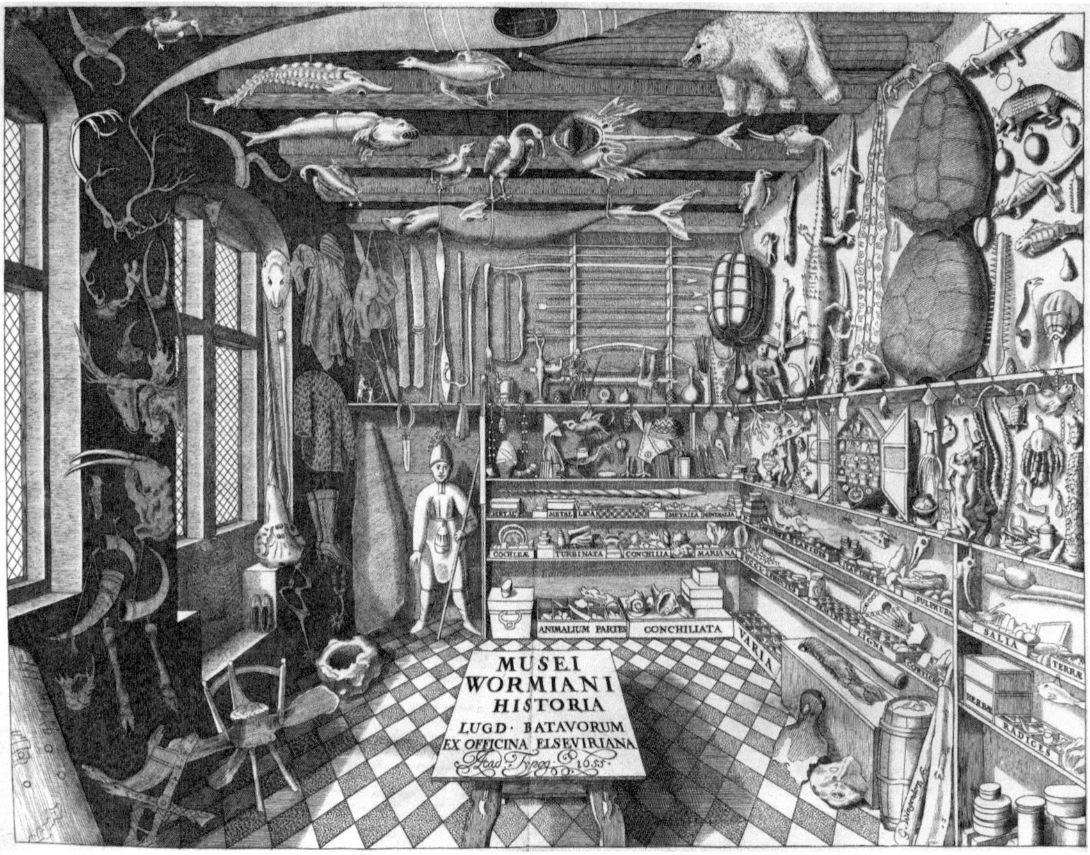

Abb. 1.2: Museum Wormianum in Kopenhagen (Kupferstich von G. Wingendorp in Ole Worm: Museum Wormianum …, Leiden 1655; Göttingen, Niedersächsische Staats- und Universitätsbibliothek, HGFB 2 PHYS MATH I, 1012, Frontispiz)

lebendige Beziehung: Die Objekte waren für den Blick, die Bücher für den Gebrauch bestimmt; beide konnten sich wechselseitig erhellen.[6]

Damit ist ein für die frühneuzeitliche Sammlungskultur essentieller Konnex angesprochen.[7] Fast jede Kunstkammer besaß eine eigene Handbibliothek, die zur Arbeit mit den Objekten genutzt wurde. Besonders gut ist dies im Fall der Kunst- und Naturalienkammer der Franckeschen Stiftungen in Halle nachzuvollziehen. Hier sind die im 18. Jahrhundert für die Sammlung angeschafften Bücher noch heute vorhan-

6 Dies wird auch in dem einleitenden, von Christoph Molitor verfassten Text in Leibnitz' Publikation thematisiert. Vgl. hierzu den Beitrag von Christine Sauer in diesem Band.

7 Zum Zusammenspiel von Kunstkammer und Bibliothek vgl. MacGregor: Curiosity 2007, S. 35f.; Fey: Manuskripte 2017; Fey: Manuskripte 2018.

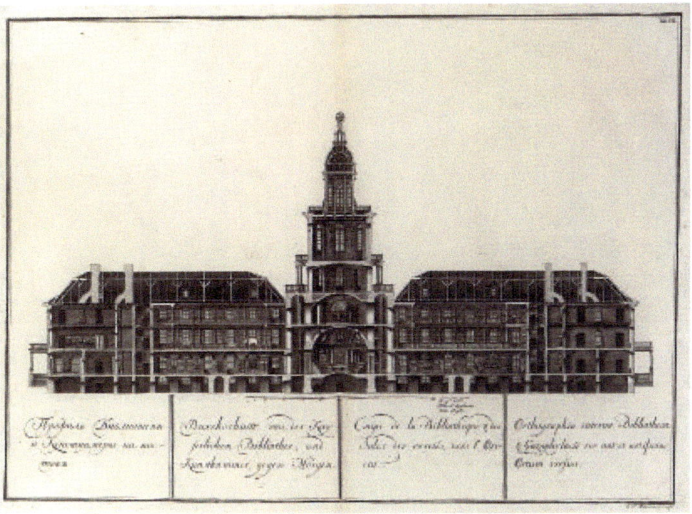

Abb. 1.3 (links): Die St. Petersburger Kunstkammer im Querschnitt (Kupferstich in: Gebäude der Kayserlichen Academie der Wissenschafften Bibliothec und Kunst-Cammer in St. Petersburg, St. Petersburg 1741; Göttingen, Niedersächsische Staats- und Universitätsbibliothek, gr. 2° H. Lit. Part. VIII, 145/6 Rara, Tafel 7)
Abb. 1.4 (rechts): Schriftenschrank in der Kunst- und Naturalienkammer der Franckeschen Stiftungen zu Halle (Franckesche Stiftungen zu Halle, Foto: Klaus E. Göltz)

den, darunter gängige Sammlungskataloge der Zeit, etwa das ‚Museum Regium', der 1696 erschienene Katalog der Kopenhagener Kunstkammer, oder Michael Bernhard Valentinis (1657–1729) 1704 publiziertes ‚Museum Museorum'. Diese Bücher dienten in erster Linie zur Bestimmung der in der Sammlung zusammengebrachten Naturalien sowie deren genauer Erläuterung. Auf diese Weise waren die Objekte der Kunstkammer in Halle mit dem Wissensstand ihrer Zeit fest verknüpft.[8]
Die in Halle zu beobachtende, funktionsgebundene Nachbarschaft von Büchern und Objekten übersetzte sich schon früh in die Architektur der Palastbauten, in denen fürstliche Sammlungen zunächst meist ihren Platz hatten. Hier waren Bücher- und Objektsammlungen häufig benachbart und häufig auch organisatorisch ein und derselben Person zugeordnet.[9] Eine ähnliche Konstellation ist auch in den Bildungsutopien

8 Vgl. Müller-Bahlke: Wunderkammer 2012, S. 100. Vgl. auch die Buchbestände anderer Kunstkammern, etwa in Stuttgart und Dresden. Hierzu: Fey: Manuskripte 2017; Fey: Manuskripte 2018; Frank Aurich/ Nadine Kulbe: Geordnetes Wissen. Die Bücher in der Kunstkammer am Dresdner Hof, in: Syndram/ Minning: Kurfürstlich-sächsische Kunstkammer 2012, S. 292–329.

9 Vgl. Becker: Bibliotheksarchitektur 1992, S. 238–244. Eine räumliche und organisatorische Einheit von Kunstkammer und Bibliothek war etwa in Gottorf und zeitweise auch in Berlin gegeben. An beiden Orten war ein Bibliothekar zugleich auch Kunstkammerverwalter. Vgl. Fey: Manuskripte 2017, S. 316; zu den Kunstkammerverwaltern in Berlin Leopold von Ledebur: Geschichte der Königlichen Kunstkammer in Berlin, in: Allgemeines Archiv für die Geschichtskunde des Preußischen

Abb. 1.5 (links): Museo Francesco Calzolari in Verona (Kupferstich von J. B. Bertonus und H. Viscarius in Benedetto Ceruti/ Andrea Chiocco: Musaeum Franc. Calceolarii iun. Veronensis, Verona 1622; Wien, Österreichische Nationalbibliothek, Sammlung von Handschriften und alten Drucken, BE.11.J.26 ALT PRUNK, Frontispiz; Scan: Google)
Abb. 1.6 (rechts): Sammlung des Apothekers Ferrante Imperato in Neapel (Kupferstich in Ferrante Imperato: Dell'historia naturale di Ferrante Imperato napolitano libri 28, Vitale 1599; Universitätsbibliothek Erlangen-Nürnberg, 2 TREW.D 487, Frontispiz)

des 17. Jahrhunderts zu finden, bei Francis Bacon (1561–1626) oder Johann Valentin Andreae (1586–1654). Sammlung und Bibliothek sind hier Teil eines umfassenden Ensembles von Einrichtungen, die als eine Art Labor der Generierung universalen Wissens dienen sollten.[10] In den Museumsprojekten des 18. Jahrhunderts, zu einer Zeit, als die Sammlungen sich langsam aus dem höfischen Kontext zu lösen begannen, wurde eben diese Kombination zu einem gängigen Element der Museologie – und dies zumeist in Verbindung mit einer Wissenschaftsakademie: Beispiele hierfür sind die in den 1720er-Jahren gegründete St. Petersburger Kunstkammer (Abb. 1.3), das 1753 eröffnete British Museum in London sowie das Teylers Museum in Haarlem und das Museum Fridericianum Kassel, beide in den 1770er-Jahren gegründet.[11]
Aber auch im Sammlungsraum selbst war die Kombination von Büchern und Objekten schon früh präsent. In der bereits erwähnten Kunstkammer der Franckeschen Stiftungen in Halle waren die Bücher gleichberechtigt zu den Sammlungsobjekten gemeinsam mit verschiedenen, aus unterschiedlichen Kulturen stammenden

---

Staates 6 (1831), S. 3–57, bes. S. 12, S. 20, S. 29f., S. 32; zu der dortigen räumlichen Situation: Barbara Segelken: Bilder des Staates. Kammer, Kasten und Tafel als Visualisierungen staatlicher Zusammenhänge, Berlin 2010, S. 131–158.

10 Vgl. Becker: Bibliotheksarchitektur 1992, S. 244f.; vgl. hierzu auch Wolfgang Braungart: Die Kunst der Utopie. Vom Späthumanismus zur frühen Aufklärung, Stuttgart 1989, S. 74–77.

11 Zu den Akademiemuseen des 18. Jahrhunderts vgl. Dolezel: Traum vom Museum 2019, S. 39–41.

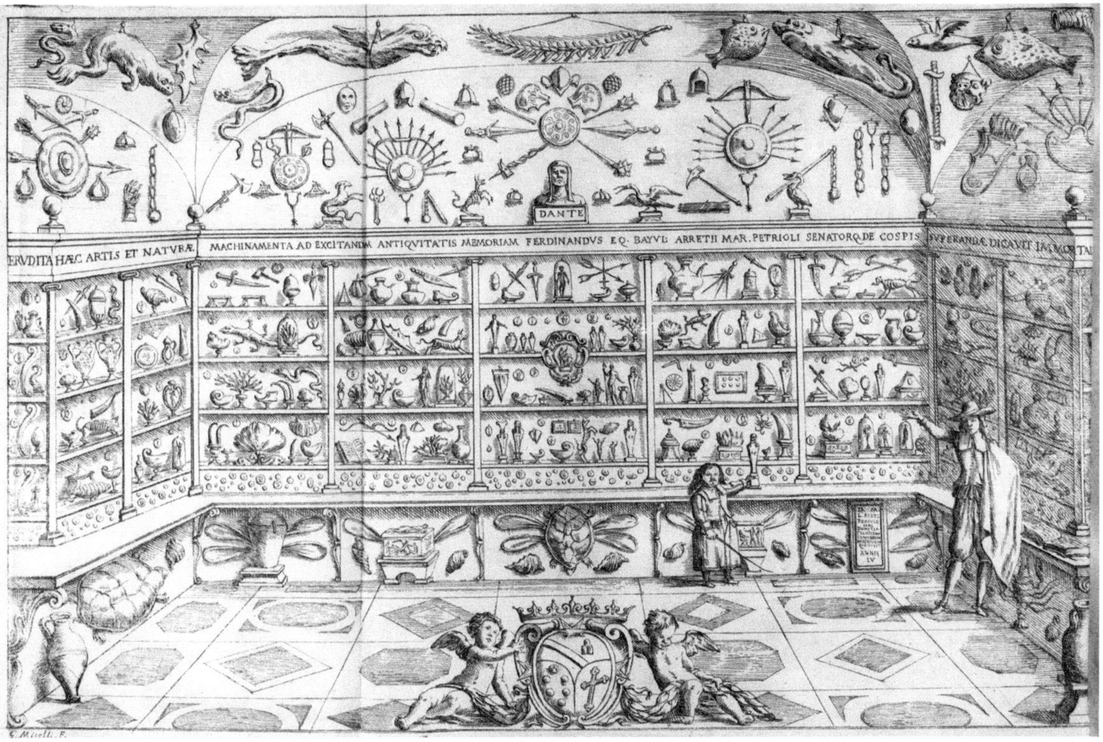

Abb. 1.7: Museum des Ferdinando Cospi in Bologna (Kupferstich zu Lorenzo Legati: Museo Cospiano ..., Bologna 1677; Göttingen, Niedersächsische Staats- und Universitätsbibliothek, 4 PHYS MATH I, 413, Frontispiz)

Schriftzeugnissen in einem eigenen Schrank präsentiert (Abb. 1.4).[12] Auch die meisten der bekannten Frontispize frühneuzeitlicher Sammlungskataloge zeigen in den Sammlungsraum integrierte Buchbestände. Dies gilt bereits für zwei der frühesten Kupferstiche dieser Art: In dem 1622 erschienenen Frontispiz des ‚Museo Francesco Calzolari' (Abb. 1.5) sind an der Rückwand des Raumes Bücher zu erkennen, hier aber geradezu lieblos im unteren Teil der Sammlungsschränke verstaut. In dem Frontispiz zu dem 1599 erschienenen Katalog der Sammlung des neapolitanischen Apothekers Ferrante Imperato ist ein umfangreicher Buchbestand den Objekten als monumentaler Block gegenübergestellt (Abb. 1.6).
Hier ist auch erkennbar, auf welche Weise das Zusammenspiel von Buch und Objekt in frühneuzeitlichen Sammlungsräumen bis in die Gestaltung der Ausstellungsarchi-

12 Zum Schriftenschrank vgl. Müller-Bahlke: Wunderkammer 2012, S. 151–157 sowie Heike Link/ Thomas Müller-Bahlke: Zeichen und Wunder: Geheimnisse des Schriftenschranks in der Kunst- und Naturalienkammer der Franckeschen Stiftungen, kulturhistorische und philologische Untersuchungen (Kleine Schriftenreihe der Franckeschen Stiftungen 4), Halle 2003.

tektur hineinwirken konnte: In dem Frontispiz zu Ferrante Imperatos Sammlungskatalog ist auf der einen Seite des Raumes eigens ein Tisch aufgestellt, an dem die Besucher mit Büchern und Objekten arbeiten konnten. Andernorts fügte man ein die Sammlungsschränke säumendes Board ein, das zur Ablage der Bücher dienen konnte, wie in dem im Frontispiz des ‚Museo Cospiano' von 1677 dargestellten Sammlungsraum (Abb. 1.7), oder nutzte ein sekretärartiges Möbel mit ausklappbarer Arbeitsplatte, wie bei Ferrante Imperato zu sehen oder in der 1717 posthum veröffentlichten ‚Metallotheca' des römischen Naturforschers Michele Mercati (1541–1593) (Abb. 1.8). Pointiert ist das Prinzip einer auf das Zusammenspiel von Buch und Objekt angelegten Ausstellungsarchitektur im Münzkabinett des Gothaer Schlosses, das man im frühen 18. Jahrhundert einrichtete. Dessen noch heute erhaltenes Mobiliar ist so gestaltet, dass dem Bestand der Münzen jeweils die entsprechende Literatur zugeordnet werden konnte (Abb. 1.9). Unterhalb jedes Münzschranks befindet sich ein Unterschrank, der Platz für (die auf dem Kupferstich hinter Vorhängen verborgenen) Bücher bietet. Und auch hier ist ein der Arbeit mit Buch und Objekt dienender Tisch zu sehen, diesmal am Fenster und freistehend.[13]

Mancherorts wird schließlich, wie in Nürnberg, die Bibliothek selbst zum Sammlungsort. Dies gilt etwa für die Wiener Hofbibliothek, die Pariser Bibliothek St. Geneviève oder die Oxforder Bodleian Library. Ein mit Nürnberg vergleichbares Szenario bietet sich in Zürich dar, wo in der ersten Hälfte des 17. Jahrhunderts in der sogenannten Wasserkirche ein Ensemble aus Bürgerbibliothek und Kunstkammer entsteht. Ähnliche Einrichtungen bestanden in Basel und Bern.[14]

Auch in den Museologien findet die Kombination von Bibliothek und Sammlung von Beginn an einen festen Platz: Der Urtext zur Theorie der Kunstkammer, Samuel Quicchebergs (1529–1567) 1565 erschienene ‚Inscriptiones vel tituli theatri amplissimi', platziert die Kunstkammer in einem umfassenden Ensemble anderer Sammlungs- und Forschungsorte, zu dem eine Druckerei, eine Apotheke und eine Drechselwerkstatt zählten, aber auch eine Bibliothek. Bereits hier findet sich also die laborartige Kontextualisierung der Sammlung, die später in den Utopien zum Tragen kommt.[15]

Im frühen 18. Jahrhundert hat das mediale Zusammenspiel von Büchern und Dingen einen prominenten Fürsprecher in Caspar Friedrich Neickel. In seiner 1727 erschienenen ‚Museographia', neben Johann Daniel Majors (1634–1693) 1674 veröffentlichtem Text mit dem Titel ‚Unvorgreiffliches Bedencken von Kunst- und Naturalien-

13 Zum Münzkabinett in Gotha vgl. Martin Eberle: Das Münzkabinett in Gotha, in: Martin Eberle/ Uta Wallenstein: Gothas Gold. 300 Jahre Münzkabinett (Patrimonia 362), Gotha 2012, S. 11–21.

14 Vgl. MacGregor: Curiosity 2007, S. 35f.; zu Zürich vgl. Rütsche: Kunstkammer 1997; zu Bern ebenda S. 239–260; zu Basel ebenda, S. 221–237, außerdem: Burkard von Roda: Vom privaten zum institutionellen Sammeln. Zur Entwicklung des Museumswesens in Basel, in: Die grosse Kunstkammer. Bürgerliche Sammler und Sammlungen in Basel, hrsg. von Sabine Söll-Tauchert, Basel 2011, S. 129–148. Zu weiteren Beispielen s. den Beitrag von Christine Sauer, Anm. 68.

15 Vgl. Mark A. Meadow/ Bruce Robertson: The first treatise on museums. Samuel Quiccheberg's Inscriptiones 1565, Los Angeles 2013, S 25–29.

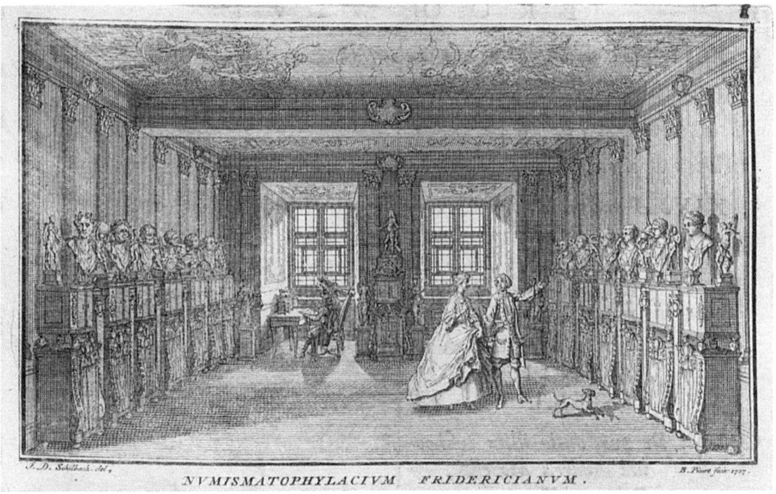

Abb. 1.8 (links): Ein Sammlungsschrank in der Methallotheca des Michele Mercati im Vatikan (Kupferstich in Michele Mercati: Metallotheca, Rom 1717; Augsburg, Staats- und Stadtbibliothek, 2 Nat 102, Tafel vor S. 7)
Abb. 1.9 (rechts): Münzkabinett im Schloss zu Gotha (Kupferstich von Bernard Picart und J. D. Schildbach aus Christian Sigismund Liebe: Gotha Numaria, Amsterdam 1730; Gotha, Forschungsbibliothek, H 2° 01101/01, S. I)

Kammern insgemein' und Leonhard Christoph Sturms (1669–1719) 30 Jahre später publizierter ‚Geöffneter Raritäten- und Naturalien-Kammer' einer der drei bis weit ins 18. Jahrhundert hinein grundlegenden Texte dieser Art. Neickel macht den Konnex von Buch und Objekt zum definitorischen Prinzip seiner Museologie, im Text präsentiert er verschiedene Variationen dieses Themas.

Unter den vielen Bezeichnungen für eine Sammlung, die zu dieser Zeit gebräuchlich sind, favorisiert Neickel das für seine Publikation titelgebende Wort *Museum*, da es für ihn eben dieses Zusammenwirken von Büchern und Objekten benennt. Er schreibt: *Ich meines Theils erwaehle und recommandire dasjenige Behaeltniß, so wir unter dem Namen eines Musei betrachtet haben, und lebe der Hoffnung, es werden viele hierinnen mit mir einstimmig seyn, weil man mit Recht ueber die Thuere eines solchen Musei setzen kan: Hier findet man Bild und Uberschrifft.*[16] – hier meint er Objekt und Buch. *Denn*, so Neickel weiter, *das Vergnuegen, so man bloß in Ansehung rarer Sachen findet, ist nicht sonderlich, weil nur dadurch das blosse Auge in etwas vergnueget wird, ausser dem aber solches weder Nutz noch einigen Vortheil bringet.*[17] Die Ergänzung der Objekte durch erläuternde Texte ist für Neickel essentiell: *Wer derohalben mit Nutzen ein Raritaeten-Cabinet besitzen will, der erwaehle dabey auch eine kleine Bibliothec von solchen Buechern, die mit dem Inhalt des Cabinets ueberein kommen, sich anzuschaffen: Denn findet ein Besitzer in seinem Cabinet dieses oder jenes Bild, so er nicht*

16 Neickel/ Kanold: Museographia 1727, S. 7.
17 Neickel/ Kanold: Museographia 1727, S. 7.

kennet, so findet er in denen Buechern die Uberschrifft, oder deutlicher zu sagen, er wird aus den Buechern sodann die Beschreibung desselben ersehen.[18]

Die Sammlung ist bei Neickel nicht nur ein Ort der Objektpräsentation, sondern auch der Wissensspeicherung und -generierung – und zu diesem Zweck hält er Bücher für entscheidend. Dieser Gedanke bildet auch das Zentrum des Frontispizes seiner ‚Museographia' (Abb. 1.10). Mit seiner Kombination aus Bibliotheksregalen und Sammlungsschränken könnte er das eingangs beschriebene Frontispiz zu Leibnitz' Beschreibung der ‚Memorabilia' in der Nürnberger Bibliothek zum Vorbild gehabt haben. Das *Visui et Usui*, mittels dessen in Boeners Darstellung das Zusammenwirken von Buch und Objekt zugespitzt wird, klingt nicht nur in Neickels Passagen zum Begriff des Museums an. In seinem Frontispiz ist es bildlich umgesetzt in Form des in den Kunstkammern obligaten Tisches, an dem ein Kustode oder Besucher im forschenden Betrachten von Büchern und Objekten begriffen ist. In beiden Darstellungen ist das, was in den Utopien als Zusammenwirken verschiedener Einrichtungen entworfen wird, als konkreter Umgang mit den Objekten beschrieben.

2 Der Sammlungsbesuch

Bildete der Zusammenhang von Buch und Objekt ein zentrales Element der frühneuzeitlichen Kunstkammerkultur, so waren die einzelnen Sammlungen auch durch eine Reihe konkreter sozialer und epistemologischer Praktiken miteinander verbunden. Auch dies gilt für die Nürnberger Sammlung und auch hier ist das Frontispiz der ‚Memorabilia' ein guter Ausgangspunkt: Im Unterschied zu Neickels Frontispiz, in dem eine einzelne Person gezeigt wird, die in ihre Studien vertieft ist, sieht man hier den Sammlungsraum als einen Ort des Zusammenspiels verschiedener Akteure: Zwei Besucher treffen auf den aus der Tiefe des Raumes herbeieilenden Kustoden. Auch hier rekurriert Boener auf ein gängiges Motiv der Kunstkammerfrontispize. Häufig sind hier Besucher und Kustoden im Austausch gezeigt, zumeist im direkten Umgang mit den Objekten, so auch in den Frontispizen zu Ferrante Imperatos und Ferdinando Cospis Sammlungskatalogen (Abb. 1.6 und 1.7).[19]

Dieses Motiv der Kunstkammerfrontispize reflektiert wiederum einen zentralen Aspekt des frühneuzeitlichen Sammlungsbesuches. Die hier so häufig ins Bild gesetzte Begegnung zwischen Besucher und Kustos bildete den Kern der musealen Praxis. Die Betrachtung der Objekte war ohne die Begleitung eines Kustoden oder Sammlungsführers nicht denkbar. Auf einen Besucher, der sich, wie heute üblich, die Sammlung selbständig erschließt, waren weder die Sammlungsräume noch die Präsentationsmöbel ausgelegt. Dies wird auch an den Ausführungen zum Sammlungsbesuch deutlich, die in den Museologien des frühen 18. Jahrhunderts, bei Sturm und Neickel, enthalten sind.[20]

18 Neickel/ Kanold: Museographia 1727, S. 7f.

19 Vgl. Felfe: Umgebender Raum 2003, S. 231f.

20 Vgl. Sturm: Raritäten- und Naturalien-Kammer 1704, S. 7f.; Neickel/ Kanold: Museographia 1727, S. 454–458; zur Praxis des Sammlungsbesuches vgl. auch Michaela Völkel: Schloßbesichtigun-

Abb. 1.10: Museographia Neickeliana (Kupferstich zu Neickel/ Kanold: Museographia 1727; Göttingen, Niedersächsische Staats- und Universitätsbibliothek, 8 PHYS MATH I, 324, Kupfertitel)

Häufig waren die Objekte in Kunstkammern freistehend auf Tischen und Repositorien präsentiert. Waren sie in Schränken untergebracht, so mussten diese in der Regel geöffnet werden. Auch dies ist in dem Stich aus Leibnitz' ‚Memorabilia' dargestellt: Der große Sammlungsschrank auf der linken Seite des Bildes ist mit schweren, blickdichten Holztüren ausgestattet, die geöffnet sind, um den Besuchern die Objekte zugänglich zu machen. Auf der gegenüberliegenden Seite des Raumes erkennt man einzelne Schränke, deren Türen offen stehen und so den Blick auf die darinnen aufbewahrten Skelette freigeben. Diese Präsentationskonvention ist auch auf den Frontispizen der Sammlungskataloge nachzuvollziehen: Bei Francesco Calzolari sieht man geöffnete Schubladen, bei Ferrante Imperato geöffnete Schrankfächer (Abb. 1.5 und 1.6). Selbst in der Kunst- und Naturalienkammer der Franckeschen Stiftungen in Halle, deren Schränke mit gläsernen Vitrinentüren ausgestattet waren, hielt man an diesem Prinzip fest. Auch hier wurden die Schranktüren geöffnet, um die Objekte zu zeigen.[21]
Eben diese Form der musealen Praxis ist auch in einer entscheidenden Textquelle zur Nürnberger Sammlung beschrieben, dem Bericht des Bibliothekars Johann Michael Dilherr (1604–1669) über den Besuch von Kaiser Leopold I. (1640–1705) in der Bibliothek im Jahr 1658. Wiederholt ist hier von der *Zeigung* der Objekte durch Dilherr die Rede. Berichtet wird vom Öffnen der verschiedenen *Kaltern*, also Schränke, etwa im Fall der Kupferstiche und Holzschnitte, die offensichtlich hinter Holztüren verborgen waren.[22] In Dilherrs Bericht wird zudem eine weitere entscheidende Komponente des Sammlungsbesuches geschildert: die haptische Erfahrung der Kunstkammerobjekte während der *Zeigung*. Zu den Objekten, die Dilherr Kaiser Leopold während seines Besuches präsentierte, zählten zwei der in dieser Zeit spektakulärsten Exponate der Sammlung: ein Blasenstein sowie die Kopie des Blasensteins, den man 1646 dem ehemaligen Bibliothekar der Nürnberger Stadtbibliothek, Prediger und Theologieprofessor Johannes Saubert d. Ä. (1592–1646), nach dessen Tod herausoperiert hatte. Hier fügt Dilherr hinzu: *welche beyde Ihro Majestät in Ihro Hände nahmen*.[23] Auch diese Praxis ist für viele Kunstkammern überliefert. Zur Erkundung der Objekte gehörte, dass ihr Gewicht erfühlt, ihre Materialität und Textur ertastet werden konnte. Mitunter spielte auch der Geruch eines Objekts eine Rolle, zuweilen sogar der Geschmack. Der Kunstkammerbesuch war eine multisensorische Angelegenheit.[24]

---

gen in der Frühen Neuzeit. Ein Beitrag zur Frage nach der Öffentlichkeit höfischer Repräsentation, München/ Berlin 2007, S. 23–30.

21 Davon zeugt die 1741 verfasste ‚Instruction' für das hier mit den Führungen betraute Personal: ‚Instruction für den der das Herumführen der Fremden in den Anstalten des Waysenhauses hat' (Halle, Archiv der Franckeschen Stiftungen W VII/I/20; s. hier insbesondere § 18).

22 Vgl. Bock: Bibliotheksbesuch 1952, S. 219f.

23 Bock: Bibliotheksbesuch 1952, S. 220.

24 Vgl. hierzu Constance Classen: Museum manners. The sensory life of the early museum, in: Journal of social history 40 (2007), S. 895–914.

3 Objekte im Netz

Caspar Friedrich Neickels ‚Museographia' ist nicht nur in Hinblick auf ihre Schilderung des Verhältnisses von Buch und Objekt von Interesse, wenn es um die Sammlung der Nürnberger Stadtbibliothek geht. Sie ist selbst eine entscheidende Quelle für die Frage nach dem Status dieser Sammlung in der Sammlungskultur des frühen 18. Jahrhunderts. Neickels Publikation enthält einen umfassenden Katalog der zu seiner Zeit in Europa existierenden Sammlungen. Dieser ist überschrieben: *Welche Raritaeten-Kammern in Europa heutiges Tages beruehmt seyn, und an welchen Oertern ein curiöser Vorrath zu finden?* In dieser beinahe hundertfünfzig Orte umfassenden Auswahl ist auch die Sammlung der Nürnberger Stadtbibliothek genannt.[25]
Auch wenn die Beschreibung der Nürnberger Sammlung bei Neickel nur wenige Sätze umfasst, so ist die Bedeutung ihrer Nennung in diesem Kontext kaum zu überschätzen. Neickel führt damit einen Eintrag näher aus, der in kürzerer Form bereits in Johann Daniel Majors ‚Unvorgreiffliche[m] Bedencken' und Leonhard Christoph Sturms ‚Geöffneter Raritäten-Kammer' zu finden ist, die ihrerseits einen Katalog europäischer Sammlungen enthalten.[26] Die Sammlung in der Nürnberger Bibliothek wird damit in einem Atemzug genannt mit so illustren Einrichtungen wie den Kunstkammern in Schloss Ambras oder Dresden, sie wird Teil der „Sammlerrepublik", jener europaweit gedachten Gemeinschaft der Sammler, wie sie bereits bei Samuel Quiccheberg beschrieben ist.[27]
Ihre Präsenz in den Museologien hat sicher dazu beigetragen, dass die Sammlung der Nürnberger Stadtbibliothek Eingang in einige Reisebeschreibungen des 18. Jahrhunderts fand. 1741 schildert sie Johann Georg Keyssler (1693–1743) in seiner ‚Neueste[n] Reise durch Teutschland, Böhmen, Ungarn, die Schweiz, Italien und Lothringen', drei Jahre später erscheint sie in J. de Blainvilles ‚Travels Through Holland, Germany, Switzerland, and Other Parts of Europe; But especially Italy', gefolgt 1765 von einem die Stadt Nürnberg betreffenden Auszug in deutscher Sprache; berücksichtigt ist sie auch im ‚Neue[n] Europäische[n] Historische[n] Reise-Lexicon' Carl Christian Schramms (1703–1750/51) von 1744.[28]
Anhand der Beschreibung Johann Georg Keysslers lässt sich die Verortung der Nürnberger Sammlung im Netzwerk der Kunstkammern auch im Detail, auf Ob-

25 *Die Denckwuerdigkeiten dieser Stadt* [Nürnberg, ED] *betreffend, so findet man in dem Prediger-Kloster eine vortreffliche Bibliothec, die man ueber 20000. Buecher starck schaetzet.* [...] *Auf dieser Bibliothec werden viele Curiosa gezeiget, worunter ein kleines Mexicanisches Goetzen-Bild von Metall, welches ein Kroeten- oder vielmehr Katzen-Gesichte, auch einen solchen Schwantz hat, in beyden Ohren ein Par Perlen, am Halse einen rothen Edelstein, und auf dem Ruecken einen Spiegel, darein die Rathfragende geschauet haben. Auch wird hier noch die Schreibe-Tafel gewiesen, darinnen der fromme Chur-Fuerst zu Sachsen, Johannes, die Predigten Lutheri aufgeschrieben hat;* Neickel/ Kanold: Museographia 1727, S. 75f.

26 Vgl. Major: Bedencken 1674 (ohne Seitenangabe); Sturm: Raritäten- und Naturalien-Kammer 1704, S. 168.

27 Vgl. hierzu Roth: Anfang 2000, S. 294f.

28 Vgl. Keyssler: Neueste Reise 1741, S. 1188–1193; Blainville: Extract 1765, S. 49–52.; Schramm: Reise-Lexicon 1744, Sp. 1222, § 25.

jektebene, gut beobachten. Keyssler nennt in seiner Beschreibung eben jene Kopie eines Blasensteins, die etwas mehr als achtzig Jahre zuvor in dem bereits zitierten Bericht Dilherrs zu Kaiser Leopolds Besuch in der Kunstkammer erscheint.[29] Der hier in Wachs nachgebildete Blasenstein war zu seiner Zeit eine medizinische Sensation, allein wegen seiner enormen Größe und seines außerordentlichen Gewichts. Er soll beinahe ein Pfund gewogen haben.[30] Aus sammlungshistorischer Sicht ist vor allem interessant, dass dieser Blasenstein in der Nürnberger Sammlung nicht im Original, sondern in Gestalt einer Kopie vorhanden war. Ein weiteres Wachsmodell war in der Gothaer Kunstkammer anzutreffen und wird auch noch heute in Gotha aufbewahrt.[31]

Keyssler hatte die Kunstkammern in Gotha und Nürnberg beide besichtigt und zieht angesichts des Blasensteins eine direkte Verbindung zwischen beiden Sammlungen.[32] In der Beschreibung der Nürnberger Sammlung erwähnt er zudem die berühmte Sammlung Hans Sloanes (1660–1753) in London, die später den Gründungsbestand des British Museum bilden sollte. Hier setzt er zwei weitere medizinisch relevante Sammlungsgegenstände zueinander in Beziehung, ein Schädelpräparat aus Nürnberg und ein von der gleichen Krankheit gezeichnetes Skelett in London.[33] Deutlich wird hier im Kleinen, wie sich vermittelst des Reisens die verschiedenen Kunstkammern zu einem riesigen Objektkosmos verbanden, der den Abgleich der an verschiedenen Orten verteilten Exponate erlaubte.

Wie zentral die Vernetzung der einzelnen Sammlungen in der Kunstkammerkultur war, lässt sich wiederum an den bereits zitierten Museologien ablesen. Für Sturm etwa gehört die Beschäftigung mit den gängigen Sammlungskatalogen zur Vorbereitung des Besuches einer Kunstkammer.[34] 1704 erscheint mit Michael Bernhard Valentinis ‚Museum Museorum' schließlich eine Art Metamuseum in Buchform, eine umfangreiche Kompilation des Wissens über vor allem Naturalien, die sich in den verschiedenen Sammlungen befanden.[35]

Auch die Frage, ob man Kopien von Objekten in Kunstkammern zeigen soll, wird in den Museologien bereits diskutiert. Für Major und Sturm sind sie ein Instrument, um übermäßig große Objekte gemäß einer taxonomisch fundierten Ordnung ausstellen zu können. Müssen diese Objekte aufgrund ihrer Größe außerhalb der Sammlungsschränke gezeigt werden, so etwa das einschlägige Kunstkammer-Krokodil, so kann im Schrank eine verkleinerte Kopie des Objekts an der entsprechenden

29 Keyssler: Neueste Reise 1741, S. 1190f.

30 Ruisinger: Lithobiographie 2012; Marion Maria Ruisinger: Schön oder hässlich. Die Ambivalenz medizinischer Museumsdinge, in: Schönheit. Traum – Kunst – Bildung, hrsg. von Eckart Liebau/Jörg Zirfas (Ästhetik und Bildung 1), Berlin 2007, S. 119–148, S. 134f.

31 Keyssler ging davon aus, dass das Gothaer Exemplar das Original war. Dass es sich hierbei um eine Kopie handelt, wurde erst 2007 festgestellt; Ruisinger: Stein 2008.

32 Keyssler: Neueste Reise 1741, S. 1190f.

33 Keyssler: Neueste Reise 1741, S. 1191.

34 Sturm: Raritäten- und Naturalien-Kammer 1704, S. 5.

35 Zu diesem Aspekt bei Sturm vgl. Dolezel: Raritätenhaus 2018, S. 30–33.

Stelle der Systematik gezeigt werden.[36] In Nürnberg wurde diese Form der Präsentation genutzt, um das Objekt einer anderen Sammlung in die eigenen Bestände zu integrieren. Verbindet Keysslers Beschreibung die Sammlung der Nürnberger Bibliothek auf textlicher Ebene mit dem überregionalen Wissenskosmos der Kunstkammern, so geschieht dies mittels der Kopie des Saubertschen Blasensteins auf materieller Ebene.

Als eine relativ kleine, in einer bürgerlich geführten Bibliothek verortete Sammlung mögen die ‚Memorabilia' in der Nürnberger Stadtbibliothek zunächst wie ein sammlungshistorisches Unikum wirken. Ein Blick auf die verschiedenen Quellen, welche die Geschichte dieser Sammlung im späten 17. und frühen 18. Jahrhundert dokumentieren, zeigt jedoch, dass die Nürnberger Sammlung fest verankert war in der Sammlungskultur ihrer Zeit. Ihre Nennung in den Katalogen europäischer Sammlungen bei Major, Sturm und Neickel ließ sie Teil eines umfassenden Netzwerks von Sammlern und Sammlungsbesuchern werden, das dem Austausch des Wissens über die Objekte der unterschiedlichen Sammlungsbereiche dienen konnte. Ihre Berücksichtigung in Berichten über verschiedene Besuche zeigt, wie sehr diese Sammlung von den Konventionen musealer Präsentation und Praxis ihrer Zeit geprägt war. Vor allem aber die enge Verbindung von Buch- und Objektbestand, die nicht zuletzt in Boeners Frontispiz zum Tragen kommt, zeigt, wie nahe die Anlage dieser Sammlung dem zeitgenössischen museologischen Diskurs stand. Caspar Friedrich Neickel zählte sie sicher unter die wahren *Musei*.

36 Vgl. Major: Bedencken 1674 (ohne Seitenangaben), Kapitel 8, § 5; vgl. hierzu auch Sturm: Raritäten- und Naturalien-Kammer 1704, S. 23f.: *Wiederum wird man bey andern finden/ daß sie viele Sachen so sehr in die Hoehe setzen oder haengen/ daß sie niemand recht betrachten kan. Worauff man mir sagen moechte/ die Groesse vieler Coerper liesse nicht zu/ ihnen einen andern Platz zu geben. Allein ich glaube fest man koente wohl bessere Plaetze dazu finden, daß man solche grosse Coerper mit in die Ordnung recht in logiren koenne/ ist freylich wohl unmoeglich. Allein da glaube ich daß man Hrn. Majors Rath folgen/ und gantz accurat nach einem verjuengeten Mastab kleine copeyen davon machen solte/ um dieselben an den behoerigen Platz zu setzen/ damit man allezeit eine richtige Ordnung behielte und vor Augen haette/ an welchem doch alleine fast lieget/ daß man eine Raritaeten-Kammer recht nuetzen koenne.*

Abb. 2.1: Blick in die heutige Burgstraße mit Rathaus und angrenzendem Dominikanerkloster (Kupferstich; Johann Baptist Homann: Prospectus Norimbergenses, Nürnberg [1725?]; StadtBN, Nor. K. 18, Bl. 2, Detail)

Die Memorabilien in der Stadtbibliothek Nürnberg

von Christine Sauer

In einem der ersten zu Nürnberg veröffentlichten Stadtführer empfahl der Verfasser, der Historiker und Sammler Christian Gottlieb Müller (1741–1823), Einheimischen sowie Fremden den Besuch der Stadtbibliothek.[1] Er schrieb 1793, diese Einrichtung enthalte *viele der kostbarsten und seltensten Werke aus allen Fächern der Gelehrsamkeit;* es seien aber *darinnen noch andere Sachen sehenswerth, z. B. ein besonder kuenstlich gearbeitetes Reliquiengehaeus; ein Goetzenbild von unbekanntem Metall; ein paar alte etruscische Gefaesse; ein Trinkglas, welches D. Luther dem D. Jonas verehrte; die Schreibtafel des Churfuersten Johann Friedrichs von Sachsen; Stephan Farflers Kunstwagen, in welchem er sich selbst gefahren hat, u.a.m.* Die Stadtbibliothek wurde also nicht nur zur Einsicht von Büchern, sondern auch zur Besichtigung unterschiedlicher Kunstgegenstände beworben; als Highlights galten ein Reliquienschrein, ein als Vitzliputzli bekanntes mexikanisches Figürchen, antike Vasenmalereien, ein von Martin Luther verschenktes Trinkglas, Holztafeln mit Mitschriften von Predigten Martin Luthers oder ein Vorläufer des Rollstuhls. Mit anderen Worten: Die Bibliothek war zugleich Museum, als „hybride" Einrichtung beherbergte sie neben Büchern auch Artefakte.

Die Anfänge einer solchen multifunktionalen Nutzung lassen sich bis in das Jahr 1486 zurückverfolgen: Damals schenkte der Franziskanermönch Stephan Fridolin († 1498) dem Rat eine der ältesten im deutschen Sprachraum nachweisbaren Münzsammlungen.[2] Die 41 Münzen aus der römischen Kaiserzeit wurden im Auftrag der Ratsherren vergoldet und auf einer Tafel montiert in der 1370 erstmals erwähnten, damals im Rathaus aufbewahrten Ratsbibliothek aufgehängt. Einem vom Schenker verfassten Begleittext zufolge sollte der Anblick die Ratsherren zu einem Gott und den Menschen wohlgefälligen Lebenslauf ermahnen.

1 Müller: Beschreibung 1793, S. 195–197, das folgende Zitat auf S. 197.

2 Sauer: Rats- und Stadtbibliothek 2013, S. 24f. Ausführlich dazu Petra Seegets: Passionstheologie und Passionsfrömmigkeit im ausgehenden Mittelalter. Der Nürnberger Franziskaner Stephan Fridolin (gest. 1498) zwischen Kloster und Stadt (Spätmittelalter und Reformation N.R. 8), Tübingen 1998, S. 143–167.

Die im Folgenden im Mittelpunkt stehende, mit den Beständen von Kunst- und Wunderkammern vergleichbare Sammlung wird erstmals im 17. Jahrhundert fassbar und ist Teil der Geschichte einer Nachfolgeinstitution, in der die Ratsbibliothek aufging: Gemeint ist die im ehemaligen Dominikanerkloster nach Einführung der Reformation 1525 eingerichtete *bibliotheca publica Norimbergensis* oder Stadtbibliothek Nürnberg.[3] Diese in der lokalen Tradition bevorzugt als *memorabilia* oder als Merk- bzw. Denkwürdigkeiten bezeichneten Gegenstände[4] bildeten innerhalb der Stadtbibliothek keinen eigenständigen und räumlich abgegrenzten Komplex. Vielmehr lagerten die unterschiedlichen Objekte stets in den Räumlichkeiten, die primär der Aufbewahrung, der Benutzung und der Präsentation der Bücher dienten.[5] Die Raritätensammlung kann somit nicht losgelöst vom Domizil und von der für die Bücher gewählten Ordnung in diesen Gemächern verstanden und betrachtet werden.[6] Für eine Rekonstruktion der Einheit von Kunstkammer und Bibliothek am Beispiel der ehemaligen Reichsstadt Nürnberg stehen zahlreiche bisher in dieser Hinsicht noch nicht ausgewertete Quellen zur Verfügung: Auf der einen Seite entstanden seit dem 17. Jahrhundert Beschreibungen der Memorabilien- und Büchersammlung, die eine Erfassung der ehemals vorhandenen Bestände, ihres Verhältnisses zueinander, ihrer Entwicklung und ihrer Aufbewahrung bis zum Jahr 1806 zulassen.[7] Viele der beschriebenen Objekte haben sich andererseits im Germanischen Nationalmuseum oder in den Museen der Stadt Nürnberg im Original erhalten. Hier soll erstmals der Versuch unternommen werden, beide Überlieferungsstränge zusammenzuführen.[8]

---

3 Zur Geschichte dieser Einrichtung s. Goldmann: Stadtbibliothek 1957; Sauer: Rats- und Stadtbibliothek 2013.

4 S. dazu unten Abschnitt 3 in diesem Beitrag.

5 Sauer: Rats- und Stadtbibliothek 2013, S. 80–86. Es existierte keine Trennung nach Sammlungsgut, auch eine Separierung nach Funktionalitäten wie Lagerung, Benutzung und Bearbeitung von Büchern in unzugängliche Magazine und Büroräume sowie Lesesaal und Ausleihe war dieser Zeit fremd und wurde erst im 20. Jahrhundert realisiert.

6 Beßler: Sammlungen 2015 versuchte erstmals eine vergleichende Darstellung von städtischen Kunst- und Wunderkammern und bezeichnete eine eingehende Untersuchung derselben als Desiderat; vgl. auch Beßler: Kunst- und Wunderkammern 2015, Abschnitt 23–25.

7 In chronologischer Abfolge: Saubert: Historia 1643; zu einem Bibliotheksrundgang im Jahr 1658 Bock: Bibliotheksbesuch 1952; Leibnitz: Memorabilia 1674; Wagenseil: Commentatio 1697, S. 77–86; Blainville: Extract 1765, S. 49–52 (Besuch in der Nürnberger Stadtbibliothek im Juni 1705); Neickel / Kanold: Museographia 1727, S. 25f.; Keyssler: Neueste Reise 1741, S. 1188–1193 (Besuch in Nürnberg im Jahr 1730); Schramm: Reise-Lexicon 1744, Sp. 1222–1225; Murr: Beschreibung 1778, S. 60–65; Murr: Memorabilia 1786, S. 5–13; Murr: Beschreibung 1801, S. 396–408; Ranner: Beschreibung 1821. Dazu kommt ein handschriftliches Inventar der Realien, das 1806 anlässlich des Übergangs an das Königreich Bayern erstellt wurde (StAN, Rep. 45 Nr. 2239, f. 38–89). – Viele Gemälde sowie einige der Münzsammlungen wurden erst nach 1806 in Verbindung mit der Neuordnung des Stiftungswesens nach dem Übergang Nürnbergs an das Haus Wittelsbach in die Stadtbibliothek transferiert; dieser Aufsatz beschränkt sich auf die Gegenstände, die in den bis 1806 erschienenen oder entstandenen Quellen genannt werden.

8 Eher aufzählenden Charakter haben die bisher vorliegenden Aufsätze zur Memorabiliensamm-

1 Domizil in zentraler Lage

Von ihrer Gründung um 1538/43 bis zum vernichtenden Luftangriff auf die Stadt Nürnberg am 2. Januar 1945 war die Stadtbibliothek im ehemaligen Dominikanerkloster untergebracht.[9] Für das Konventsgebäude entschied sich der Rat, nachdem er am 12. November 1538 die beiden Ratsherren Hieronymus Paumgärtner d. Ä. (1498–1565) und Erasmus Ebner (1511–1577) mit der Suche nach einem geeigneten Ort beauftragt hatte, um zentral die Bücher aufzustellen, die aus den aufgehobenen, im Stadtgebiet gelegenen Klöstern übernommen worden waren: Entstehen sollte eine *ordentliche feine liberej*. Für das Dominikanerkloster sprachen nicht nur die Dimensionen des vorhandenen, im ersten Obergeschoss über dem Kreuzgang unmittelbar bei den Schlafzellen der Mönche gelegenen Bibliotheksraums (vgl. Abb. 2.4).[10] Auch die unmittelbare Nachbarschaft von Kloster und Rathaus hat sicherlich die Entscheidung begünstigt: Die Ansiedelung direkt neben dem Macht- und Schaltzentrum der Stadt sollte die Bedeutung der neuen Bildungseinrichtung und die ihr von ihren Gründern entgegengebrachte Wertschätzung vor Augen führen. Die Zugänge zu Klosterkirche und Kloster befanden sich an den der Burgstraße (ehemals ‚Unter der Vesten') zugekehrten Flanken, so dass die neue öffentliche Bibliothek zusätzlich prominent an der den Rathausplatz und die Kaiserburg verbindenden Route lag, die die Kaiser bei ihren festlichen Einzügen in die Stadt benutzten (Abb. 2.1; vgl. Abb. 3.2).[11]
Allerdings spiegelte sich das in der Ortswahl zum Ausdruck kommende Ansehen der Büchersammlung nicht in der äußeren Gestaltung des Domizils: Anders als in der nahe gelegenen Reichsstadt Augsburg[12] verzichtete der Rat Nürnbergs auf einen eigenständigen Bibliotheksneubau und nutzte stattdessen ein Gebäude nach, dessen ursprüngliche Funktion über die Jahrhunderte hinweg unmissverständlich erkennbar blieb: Bis zum Einsturz und Abriss der an den Kreuzgang unmittelbar anschließenden Predigerkirche im Jahr 1806/07 präsentierte sich das Ensemble als typischer Klosterbau, von außen deutete nichts auf die im ersten Obergeschoss der Konventsgebäude aufgestellten Bücher hin (Abb. 2.2). Wer vom Rathaus kommend die Burgstraße betrat, musste zunächst an der Westfassade der Klosterkirche mit ihrem Portal

lung der Stadtbibliothek: Schwemmer: Kunstsammlungen 1949; Schwemmer: Gemälde 1954; Schwemmer: Museum 1957; Sauer: Vom Museum zur Forschungsbibliothek 2013.

9 Zur Geschichte des Klosters s. Friedrich Bock: Das Nürnberger Predigerkloster. Beiträge zu seiner Geschichte, in: MVGN 25 (1924), S. 145–213, sowie mit weiterer Literatur Sauer: Rats- und Stadtbibliothek 2013, S. 32–38.

10 Dazu Sauer: Reformation der Bücher 2017, S. 102–105; Wolfgang Mährle: Hieronymus I. Paumgartner (1498–1565) und das nachreformatorische Kirchen- und Bildungswesen der Reichsstadt Nürnberg, in: Stadt und Reformation. Krakau, Nürnberg, Prag (1500–1618), hrsg. von Michael Diefenbacher / Olga Fejtová / Zdzislaw Noga (Documenta Pragensia Monographia 33,2), Prag 2019, S. 369–400.

11 Rudolf Käs (Hrsg.): Der Kaiser kommt!, Nürnberg 2005. – Zur Bedeutung der Lage einer Kunstkammer Felfe: Raum 2007, S. 192.

12 Zum ersten eigenständigen Bibliothekszweckbau aus den Jahren 1562/63 s. Günther Grünsteudel / Günter Hägele / Rudolf Frankenberger (Hrsg.): Augsburger Stadtlexikon, 2. Aufl., Augsburg 1998, S. 461f. (mit Abb.) und S. 828f.

Abb. 2.2 (links): Ansicht des Dominikanerklosters; in den beiden Anbauten an die Kirche befand sich die Stadtbibliothek im ersten Obergeschoss hinter den großen Fenstern mit Butzenscheiben (Kupferstich; Johann Alexander Boener: Des Heil. Röm Reichs Stadt Nürnberg Zierdte, Nürnberg 1702; StadtBN, Stoer. 1259, Bl. 48)
Abb. 2.3 (rechts): Kreuzgang des Dominikanerklosters mit Blick vom Aufstieg zur Stadtbibliothek auf die Klosterkirche (Kupferstich in Saubert: Historia 1643; StadtBN, Solg. 2911.8°, Kupfertitel)

und den vorgelagerten Verkaufsbuden vorbei, bevor er dann auf eine kleine Holztür zusteuern konnte, die in die Mauer des parallel zur Straße verlaufenden Kreuzgangflügels eingelassen war. Beim Eintritt gelangten Bibliotheksbesucher keineswegs in eine Eingangshalle, sondern fanden sich nach Durchqueren des Einlasses im Innenhof des ehemaligen Kreuzgangs wieder (Abb. 2.3). Sie mussten sich sodann nach Norden orientieren und den Treppenaufgang in den ersten Stock erklimmen, um am Kopf der Stiege der Eingangstür gegenüber zu stehen. Im Erdgeschoss waren die Fensteröffnungen der ebenerdigen, mit Kreuzgratgewölben versehenen Flügel des Kreuzgangs zugemauert und die so entstandenen Räume zumindest im 18. Jahrhundert als Kramen oder Lager vermietet worden, während die über der Bibliothek liegenden Dachböden bis in das frühe 20. Jahrhundert hinein zur Einlagerung von Getreide genutzt wurden.[13] Die öffentliche Bibliothek befand sich somit in einem für eine monastische Gemeinschaft entstandenen Gebäudekomplex, der von verschie-

13 StadtBN, B.IV.12: handgezeichneter Plan, um 1790; dazu Günter Tiggesbäumker: Handgezeichnete Karten & Pläne der Stadtbibliothek Nürnberg (Beiträge zur Geschichte und Kultur der Stadt Nürnberg 23), Nürnberg 1988, S. 67 Nr. 199, Getreideböden sind hier in der Legende über der Nr. 20 =

denen Parteien für unterschiedliche Zwecke nachgenutzt wurde.
In den ersten auf die Gründung folgenden Jahrzehnten füllten die Büchersammlungen nur einen Teil des Obergeschosses. Erst infolge starker Bestandszuwächse musste zwischen 1620 und 1622 ein Umbau geplant werden, nach dessen Umsetzung von 1624 bis 1626 die Bibliothek das gesamte erste Stockwerk belegte (Abb. 2.4).[14] Ein anschauliches Bild von Grundriss und Möblierung vermittelt der Bibliothekscustos Karl Friedrich Giesberg († 1842) in einer Bestandsaufnahme aus dem Jahr 1834 und einer diesen Bericht begleitenden Skizze (Abb. 2.5); obwohl mehr als 200 Jahre seit dem Umbau verstrichen waren, hatte sich an der Raumdisposition fast nichts verändert: *Rings um denjenigen Hof des Prediger-Klosters, welchen wir ein für allemal den Bibliothekhof nennen wollen, laufen somit die Bücher-Gallerien durch drei Seiten seines Quadrats ununterbrochen fort, während die 4. Seite nur eine halbe Bücher-Gallerie bildet – indem der Rest dieser Seite von der stockfinstern Haustreppe, von den zwei Bibliothek-Eingängen und der Treppe zu den Getreidböden, welche über den zwei Bücher-Gallerien herumlaufen, in Beschlag genommen werden.*[15] Es handelte sich also um einen durchgehenden, von keiner Wandeinteilung unterbrochenen Raum, der auf der Nordseite

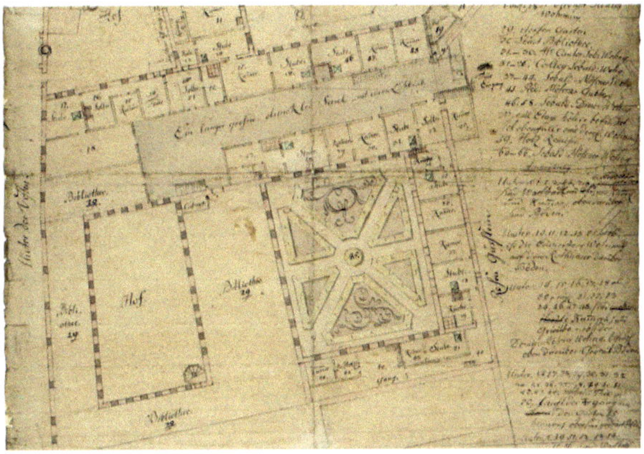

Abb. 2.4: Grundriss des Predigerklosters auf der Höhe des ersten Obergeschosses (Nr. 20: Stadtbibliothek) (Kolorierte Federzeichnung, um 1790; StadtBN, B. IV. 12)

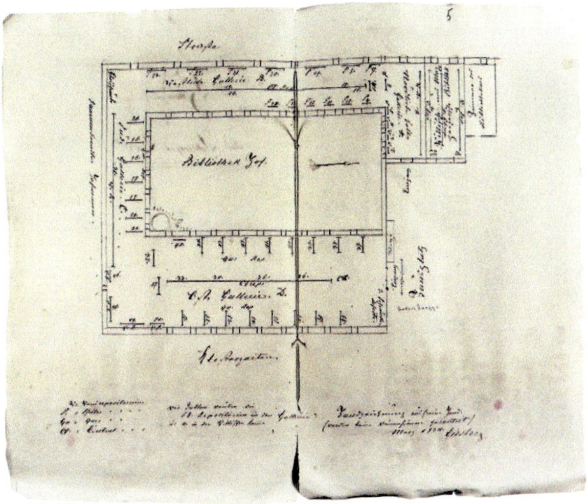

Abb. 2.5: Plan der Stadtbibliothek mit eingezeichneten Regalen (Zeichnung von Karl Friedrich Giesberg, 1834; StadtAN, C 7/I Nr. 10.030, Beilage 2)

Stadtbibliothek ausgewiesen. Wiederholt hatte die Bibliothek wegen darüber lagerndem Getreide oder Tabak mit Schädlingsbefall zu kämpfen; Goldmann: Stadtbibliothek 1957, S. 76f.

14 Bock: Reich 1944, S. 202f.; Sauer: Rats- und Stadtbibliothek 2013, S. 52–57.

15 StadtAN, C 7/I Nr. 10.030, hier ‚Vortrag des [desig]nirten Custos Giesberg über Statistik der Nürnberger Stadt-Bibliothek', p. 2f. mit Beilage 2 auf Bl. 4v–5r, einer Handzeichnung des Bibliothekslokals.

wegen der geschilderten Eingangssituation mit dem Treppenaufgang nur die Hälfte des Kreuzgangflügels einnahm. Auf diese weitgehend fensterlose und deshalb als dunkel beschriebene Halle (das ehemalige Dormitorium mit den Schlafzellen) mündete auch der am Nordende des Ostflügels gelegene Ausgang aus der Bibliothek. Der vierflügelige Raum hatte laut Giesberg eine Gesamtlänge von rund 76 m (261 bayerische Fuß à 29,2 cm); davon entfielen 11 m (38 Fuß) auf den Nordflügel und im Durchschnitt jeweils 16,7 m auf die anderen drei Flügel.[16] Während der nördliche und der südliche Umgang mit einer Breite ca. 4,4 m (15 Fuß) bzw. 4,7 m (16 Fuß) eher schmal geschnitten und nur zur Hofseite hin durchfenstert waren, hatten die westliche und die östliche Galerie eine Breite von ca. 5,25 m (18 Fuß) bzw. von ca. 10,5 m (36 Fuß). Die beiden zuletzt genannten Umgänge wiesen an jeweils beiden Längsseiten zum Innenhof bzw. zur Burgstraße oder zum Klostergarten Fenster auf. Das erste Obergeschoss war außerdem ungewöhnlich hoch, denn Karl Friedrich Giesberg gibt für die vom Boden bis zur Decke reichenden Regale eine Höhe zwischen 2,60 m und 3,20 m (9 bis 11 Fuß) an. Insgesamt 49 Fenster versorgten die Räume mit Tageslicht, der Lichteintrag war jedoch durch die Butzenscheibenverglasung merklich gemindert.

2 Ideelle Ordnung der Bücher und physische Raumdisposition

Mit den 1538 bezeugten Maßnahmen zur Einrichtung einer Bibliothek folgte der Rat einer 1524 von Martin Luther in seiner Missive ‚An die Ratsherren aller Städte deutschen Landes' formulierten Forderung: Zur Verbesserung des unzulänglichen städtischen Bildungssystems und zur Verfestigung der neuen Glaubenslehre sollten öffentlich zugängliche Wissensspeicher angelegt werden.[17] Nach dem Übertritt Nürnbergs zum neuen Glauben im Jahr 1525 musste das gesamte die Stadtgemeinde regulierende Normengefüge konsequent angepasst werden. Als eine Maßnahme dieser Umgestaltung ist die Bibliotheksgründung zu verstehen: Der Rat flankierte seine Bemühungen um die Einführung und Verstetigung der Reformation durch die Bereitstellung eines Informationsspeichers mit den Errungenschaften auf allen Wissensgebieten sowie einer Rüstkammer mit den für die neue Glaubenslehre fundamentalen Schriften; die von der Stadt finanzierte Einrichtung sollte allen Gelehrten offen stehen.[18] Trotz des tendenziell hohen Anteils an scholastischem Schrifttum wurden die aus den aufgelösten Klöstern übernommenen Bibliotheken Gründungs- und Kernbestand der *bibliotheca publica Norimbergensis*. Noch 1554/55 standen diese Bücher nach Provenienzen geordnet beieinander.[19] Angestellt wurden die mit nicht

16 Zu den folgenden Maßangaben s. StadtAN C 7/I Nr. 10.030, hier ‚Vortrag des [desig]nirten Custos Giesberg über Statistik der Nürnberger Stadt-Bibliothek', p. 10f.; Giesberg nennt die Gesamtlänge des Raums und die Länge des Wandregals im Nordflügel, die mit der Raumlänge identisch ist. Ergänzend wurde Beilage 3 mit Längen- und Höhenangabe zu den verschiedenen Regalen im Gebäude herangezogen. – Zur Verglasung s. ebenda im ‚Vortrag', p. 5–8.

17 Zur Missive von 1524 s. D. Martin Luthers Werke. Kritische Gesamtausgabe, Bd. 15, Weimar 1899, S. 9–53; Sauer: Reformation der Bücher 2017, S. 107.

18 Sauer: Reformation der Bücher 2017, S. 107–110.

19 Sauer: Rats- und Stadtbibliothek 2013, S. 26–46.

unerheblichen finanziellen Mitteln neu beschafften, für die Verteidigung des neuen Glaubens erforderlichen Schriften, nämlich Bibelausgaben in verschiedenen Sprachen, Publikationen aller reformierten Kirchen sowie ihrer Kritiker und Gegner, Texte der Kirchenväter etc.[20] Die Übernahme zahlreicher Bibliotheken seit Ende des 16. Jahrhunderts führte zu einer zunehmend drängenden Raumnot, so dass unter dem Stadtbibliothekar Christoph Reich (1567–1632, Stadtbibliothekar seit 1616) für den stark gewachsenen Bestand 1624/1626 das gesamte Obergeschoss freigeräumt und hergerichtet wurde.[21] Ein Versuch zur Katalogisierung der juristischen Bestände aus dem Jahr 1596 belegt erstmals eine Neuordnung des stark angewachsenen Bestandes nach Themen.[22] Anlässlich des Einzugs in den Umbau ist die ideelle Ordnung der Bücher geschickt mit den vorgefundenen realen Räumlichkeiten in Einklang gebracht und in den folgenden Jahrhunderten für den Stammkomplex nicht wesentlich verändert worden.[23] Diesen Zustand dokumentiert die 1643 vom Theologen und Stadtbibliothekar Johannes Saubert d. Ä. (1592–1646, Stadtbibliothekar seit 1637) verfasste Bibliotheksgeschichte in Wort und Bild.[24] Der Text setzt sich aus zwei Reden (*orationes*) zum Lob der Bibliotheksförderer und der Bibliotheksbestände sowie dem ältesten gedruckten Inkunabelkatalog Europas als Anhang zusammen. In seiner ‚Oratio posterior' führt Saubert den Leser imaginär durch den aus den vier Flügeln des Kreuzgangs gebildeten Bibliotheksraum und fügte der Beschreibung zur besseren Veranschaulichung einen Kupfertitel mit einer Ansicht des Kreuzgangs nach Süden (Abb. 2.3) sowie vier Illustrationen mit Innenansichten der Galerien bei (Abb. 2.6).[25] Demnach war die Bibliothek beim Umbau 1624/26 mit raumhohen, parallel zu den Wänden verlaufenden Holzregalen ausgestattet worden: In Nord- und Südflügel konnten entlang der fensterlosen Wände Regale platziert werden, während für Ost- und Westflügel parallel zur Längsachse verlaufende, frei in der Mitte der Räume aufgestellte und von beiden Seiten bestückbare Repositorien gewählt wurden. Diese Regale waren 1834 noch vorhanden, als Karl Friedrich Giesberg die bereits genannte Skizze anfertigte; die zahlreichen von ihm eingezeichneten, zwischen den Fenstern aufgestellten Wand- und Querregale sind dagegen Ergänzungen vor allem des späten 18. und frühen 19. Jahrhunderts, um Zuwächse an Büchern aufzunehmen (Abb. 2.5). Aufgrund der enormen Höhe der Längsregale von bis zu 3,20 m mussten Leitern zum Erreichen der oberen Fächer eingesetzt werden. Aus mehreren Reiseberichten geht die Funktion der 1643 an den Regalböden angebrachten, bereits 1674 nicht mehr vorhandenen

20 Sauer: Reformation der Bücher 2017.

21 Bock: Reich 1944, S. 202f.; Sauer: Rats- und Stadtbibliothek 2013, S. 52–57.

22 Zu StadtBN, AK. 31 s. Goldmann: Geschichte 1957, S. 16.

23 Zu Kunstkammern als physische, semantische und ästhetische Räume s. Felfe: Umgebender Raum 2003; ders.: Raum 2007.

24 Saubert: Historia 1643.

25 Die vier Innenraumansichten wurden in eine Platte gestochen auf Einzelblätter abgezogen, die dann zum Binden zerschnitten werden mussten; die Stiche mit einer im Zentrum platzierten Titelkartusche: *AMBULACRA QUATUOR BIBLIOTHECÆ NORIB*[ERGENSIS] wurden auch als Einzelblätter vertrieben (StadtBN, Graphikkasten).

Holzbretter hervor, die in den Kupferstichen zu Johannes Sauberts Beschreibung auffallen: Sie waren klappbar und sollten die springenden Buchrückenhöhen kaschieren. Nach seinem Besuch 1663 schrieb Balthasar de Monconys (1611–1665) über den Bibliotheksraum: *Der Buecher mochten an der Zahl etwa 12. bis 15000 seyn / und waren sie noch auff die alte Art eingebunden; .... den Buechern eine gleiche Hoehe zu geben / war ein Band von Holtze angemacht / welches aufgeschlagen werden konte.*[26] An den Fensterseiten angebrachte oder im Raum aufgestellte Klapptische sowie halbhohe Regale boten Auflageflächen für die gerade in Benutzung befindlichen Bücher. Nach inhaltlichen Kriterien sind die Bücher den vier Universitätsfakultäten zugeordnet worden, wobei sich das mit dem Humanismus stark gestiegene Ansehen der Geschichte in der Ausbildung einer fünften Fachgruppe widerspiegelt. Mit einer Ausnahme war den Büchern einer jeden Fakultät einer der vier Flügel vorbehalten: Im kurzen Nordflügel waren die Bände der philosophischen Fakultät untergebracht, der die bereits im Westflügel an dessen nördlichem Ende in einem Doppelregal aufgestellten *libri historici* noch zuzurechnen sind. Letztere teilten sich den westlichen Umgang mit den Beständen des medizinischen Fachs: Durch einen schmalen Durchlass getrennt, schloss sich an das erste ein identisches zweites Regal an, das die Bücher der *facultas medica* aufnahm.[27] Auf diese folgte dann im Südflügel die juristische und im Ostflügel die theologische Literatur. Eine solche am Universitätsstudium orientierte Aufstellungssystematik war keineswegs originell, sondern entsprach einer lange etablierten Praxis.[28] Bei der Neueinrichtung konnte nicht nur die Folge der vier physischen, um einen Innenhof gelegenen Umgänge mit der ideellen Aufstellungssystematik in Einklang gebracht werden. Weil Eingang und Ausgang klar definiert worden waren und somit die Richtung beim Durchschreiten der Galerien vorgaben, gelang es außerdem, beim Rundgang die Abfolge der Fakultäten in ihrer aufsteigenden Wertigkeit erfahrbar zu machen.[29] Eindrucksvoll spiegelt sich diese Ordnung in Johannes Sauberts Beschreibung. Er wies zunächst

26 Balthasar de Monconys: Des Herrn de Monconys ungemeine und sehr curieuse Beschreibung Seiner In Asien und das gelobte Land / nach Portugall / Spanien / Italien / in Engelland / die Niederlande und Teutschland gethanen Reisen ... Leipzig: Zeidler 1697 (VD17 39:129508T), S. 732; s. dazu Karp: Stadträume 2020, S. 110 und 113.

27 Zu den Nachweisen für diese Disposition s. unten Abschnitt 4.2 in diesem Beitrag

28 Zur Aufstellung nach Fakultäten s. Franz Josef Worstbrock: Hartmann Schedels ‚Index librorum'. Wissenschaftssystem und Humanismus um 1500, in: Studien zum 15. Jahrhundert. Festschrift für Erich Meuthen, hrsg. von Johannes Helmrath, München 1994, Bd. 2, S. 697–715, wiederabgedruckt in Franz Josef Worstbrock: Ausgewählte Schriften, hrsg. von Susanne Köbele / Andreas Kraß, Bd. 2: Schriften zur Literatur des Humanismus, Stuttgart 2005, S. 290–310. Zu Samuel Quicchebergs (1529–1567) Bibliotheksordnung s. Roth: Anfang 2000, S. 252–255; Kaltwasser: Bibliothek als Museum 1999, S. 27–32. Zur Aufstellung nach Themen oder Sprachen s. Neickel / Kanold: Museographia 1727, S. 6.

29 Zu physischer und ideeller Ordnung in Kunstkammern s. Felfe: Raum 2007, S. 194; den Einklang von Raum und Aufstellung befürworten Neickel / Kanold: Museographia 1727, S. 6: Die Aufstellung der Bücher solle so erfolgen, *daß eine iegliche Facultät absonderlich ihr eigenes Repositorium und Stelle behalte.*

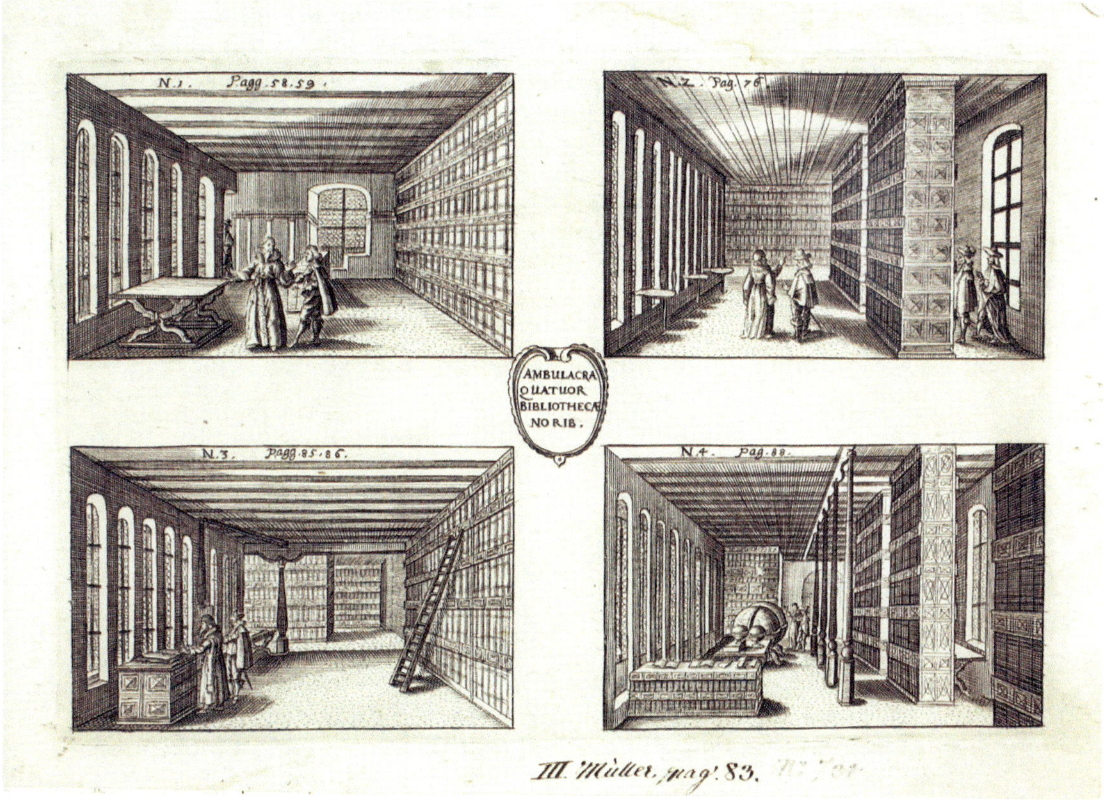

Abb. 2.6: Innenansichten der vier Umgänge der Stadtbibliothek im Dominikanerkloster: N1 philosophische Fakultät, N2 historische und medizinische Fakultät, N3 juristische Fakultät, N4 theologische Fakultät (Kupferstich, entstanden für Saubert: Historia 1643; StadtBN, Graphikkasten)

auf die Disposition des Gebäudes und sodann auf die im Eingangsbereich stehenden *libri philosophici* hin (Abb. 2.6, N1): *Ædificium ipsum ut Ambulacris quatuor constat, formâ quadrangulari; ita ab omni parte libros confertim exhibet. Intrantibus enim per januam, quæ Occidentem spectat, statim in conspectum veniunt FACVLTATIS PHILOSOPHICÆ libri; quòd ea non dignitate, sed ordine prima sit & à discentiu*[m] *mentibus removeat caliginem…*[30] Zum zweiten Umgang leitete der Bibliotheksführer dann mit der folgenden Bemerkung über (Abb. 2.6, N2): *Pergendum hinc est Meridiem versus, ad Libros Historicos, tum recentiores, tum veteres,* um dann zur ebendort aufgestellten Literatur der medizinischen Fakultät überzugehen: *Facultatem MEDICAM, quæ superioribus vicina est, spectabilem reddunt.*[31] Sodann eilte er zum nächsten Um-

30 Saubert: Historia 1643, S. 58f.
31 Saubert: Historia 1643, S. 76, 80.

gang mit den juristischen Büchern (Abb. 2.6, N3): *Nunc ad Amplissimum Jureconsultorum Ordinem, Orie*[n]*tem versus, depropero.*[32] Zuletzt folgte die Theologie als Königsdisziplin im Ostflügel (Abb. 2.6, N4): *Ulterius autem, & Septentrionem versus, si gressus movebitis, ad Facultatem Theologicam venitur, cui Imperatrici omnes jam nominatæ fasces submittunt.*[33] Visuell unterstützten diese Überleitungen von einem Raumabschnitt zum nächsten vier durchnummerierte Kupferstiche, die mit den entsprechenden Seitenangaben 48, 76, 85 und 88 versehen sind, um das korrekte Einfügen in den Buchblock durch den Buchbinder zu garantieren. Die Leser konnten sich so unmittelbar bei jedem Übergang von einem in den anderen Kreuzgangflügel sprichwörtlich ein Bild von dem jeweiligen Raum und seiner Möblierung machen, so dass Johannes Saubert auf eine schriftliche Beschreibung verzichten konnte. Er zählte stattdessen in den Anschlusstexten die wertvollsten und bedeutendsten Bestände in jeder Fachgruppe auf.

Seinen Ausführungen zufolge waren Handschriften und Drucke ohne Unterschied allein nach inhaltlichen Kriterien auf die fünf Fachgruppen verteilt und innerhalb dieser nach Formaten geordnet worden. Die Folianten belegten die untersten, die Quart- und Oktavbände die oberen Regalböden.[34] Zumindest bei den philosophischen Beständen muss eine Feingliederung nach verschiedenen Disziplinen bestanden haben, denn Saubert geht nacheinander auf Beispiele aus den Bereichen Mathematik, Astronomie, Astrologie, Geographie, Geometrie, Metaphysik, Physik, Logik, Poesie und Musik ein.[35] Anhand der zu den mathematischen Fächern aufgezählten Titel lässt sich unschwer ersehen, dass die relative Stärke der Stadtbibliothek in diesem Bereich auf den Ankauf des Nachlasses von Johannes Regiomontanus († 1476) 1522 zurückzuführen ist (s. Kat. 36–37). Die Auswahl der dem philosophischen Fach zugeordneten Bücher ist deutlich vom Aristotelismus geprägt und bietet darin eine Parallele zur Ausrichtung des Lehrplans an der philosophischen Fakultät der Semiuniversität in Altdorf, die von Scholarchen gesteuert wurde, aus deren Kreis wiederum der für die Stadtbibliothek zuständige Kirchenpfleger hervorging.[36] Nicht zufällig widmete Johannes Saubert den vorhandenen Schriften des Aristoteles daher einen eigenen Abschnitt.[37] Der anschließend von ihm skizzierte Reichtum an historischen Werken in vor allem älteren Ausgaben ist durch den in Nürnberg stark

32 Saubert: Historia 1643, S. 85.

33 Saubert: Historia 1643, S. 88.

34 Die Signaturenvergabe innerhalb der Fachgruppen und der Formate erfolgte im Centuriensystem: Eine römische Ziffer bezeichnete die Hundertschaft, eine arabische die laufende Nummer.

35 Saubert: Historia 1643, S. 58–76.

36 Wolfgang Mährle: Academia Norica. Wissenschaft und Bildung an der Nürnberger Hohen Schule in Altdorf (1575–1623) (Contubernium 54), Stuttgart 2000, S. 261–396; ders.: Philippismus, Ramismus, Aristotelismus. Didaktische Konzepte an der Nürnberger Hochschule in Altdorf (1575–1623), in: Morgen-Glantz 12 (2002), S. 63–80. – Zu den Scholarchen jetzt Peter Fleischmann: Das Verhältnis des Nürnberger Rats zur Universität Altdorf, in: Akademie und Universität Altdorf. Studien zur Hochschulgeschichte Nürnbergs, hrsg. von Hanns Christof Brennecke / Dirk Niefanger / Werner Wilhelm Schnabel, Köln 2011, S. 7–28.

37 Saubert: Historia 1643, S. 69–71.

ausgeprägten Humanismus zu erklären, der die Bücheranschaffungen für die Bibliotheken der Klöster und des Rats in der vorreformatorischen Jahrzehnten prägte.[38] Einen bemerkenswert guten Bestand an medizinischer Literatur konnte die Stadtbibliothek durch Ankäufe aus den Hinterlassenschaften der Stadtärzte Hermann (1410–1485) und Hartmann Schedel (1440–1514), Georg Forster (1510–1568), Georg Palma (1543–1591) sowie vielleicht auch Volcher Coiter (1534–1576) vorweisen.[39] Unter den vorhandenen botanischen Werken sticht das zweibändige altkolorierte Exemplar des ‚Hortus Eystettensis' hervor, das dem Rat verehrt worden war und das als besondere Zimelie auch von Johannes Saubert erwähnt wird: *Accedunt Codices Botanicorum, cum duobus illis qui florum Eistettensium ex vivo ductas, & colorib*[us] *aptissimis expressas icones præ se ferunt.*[40] Die Vorgeschichte der Stadtbibliothek als Ratsbibliothek und ihre bis in das frühe 16. Jahrhundert fortwährende Verwaltung durch Juristen spiegelt sich in den ebenfalls gut ausgebauten juristischen Beständen.[41] Beim theologischen Fach hob Johannes Saubert vor allem den *ingens & pene invidendus librorum manu exaratorum thesaurus* hervor, nämlich den großen Vorrat an handgeschriebenen Bibeln, an Texten der Kirchenväter und der mittelalterlichen Theologen, an Bibelglossen und Bibelkommentaren sowie an Schriften in alten Sprachen wie Hebräisch, Chaldäisch, Syrisch oder Äthiopisch.[42] Als Glanzstück im Bestand und als ein Zeugnis weiblicher Kunstfertigkeit benannte er ein achtbändiges, illuminiertes Chorbuch, das von der Dominikanerin Margareta Kartäuser (1404–1489) zwischen 1458 und 1470 geschrieben worden war (Kat. 31)[43]; als weiteren Höhepunkt führte er bisher unedierte Traktate Martin Luthers an.[44] Von einem besonderen Interesse Sauberts zeugen die immer wieder eingestreuten Hinweise auf Autographe berühmter Persönlichkeiten im Bestand der Stadtbibliothek (vgl. Kat. 16).[45]

3 Mediales Crossover in der Stadtbibliothek: Die Einheit von Buch und Objekt als Programm

Nur an wenigen Stellen ging Johannes Saubert auf die weitere Ausstattung der Bibliothek mit unterschiedlichen Gegenständen ein: Zum ersten Umgang erwähnte er eine Tischplatte mit in das Holz kunstvoll eingeschnitzter Chronologie des Alten Testaments (Kat. 27), deren in Schrift gefasste Botschaft zeitlos sei und nicht an Bedeutung verliere wie z. B. die sinnlosen Hieroglyphen der ‚Mensa Isiaca'. Er zog

38 Saubert: Historia 1643, S. 76–80; Sauer: Rats- und Stadtbibliothek 2013, S. 15–22, 29–43.

39 Saubert: Historia 1643, S. 80–84; Sauer: Gelehrten- und Institutsbibliotheken 2013, S. 349–351, 353–356.

40 Saubert: Historia 1643, S. 83f.; Sauer: Rats- und Stadtbibliothek 2013, S. 61 mit Abb. 36.

41 Saubert: Historia 1643, S. 85–88; Sauer: Rats- und Stadtbibliothek 2013, S. 10–25, 52–57.

42 Saubert: Historia 1643, S. 88–96.

43 Zu StadtBN, Cent. V, App. 34p-w s. Christine Sauer: Chorbücher eines mobilen Buchmalers aus dem süddeutschen Raum. Zur Einordnung eines Antiphonars aus dem Klarissenkloster St. Maria Magdalena in Regensburg (im Druck).

44 Saubert: Historia 1643, S. 95f.

45 Saubert: Historia 1643, S. 92f., s. auch S. 71–73, 78f., 82–84.

damit einen Vergleich zu einer wohl spätrömischen, nach der Plünderung Roms 1527 aufgetauchten Bronzeplatte, die mit Imitationen von ägyptischen Schriftzeichen in Einlagen aus Silber und Email versehen und seit ihrer Auffindung Gegenstand zahlloser Interpretationsversuche gewesen ist.[46] In der ersten Galerie waren außerdem ein Himmelsglobus und zwei Erdgloben aufgestellt (Kat. 33.1–3).[47] Summarisch wies er auf die bei den Büchern der medizinischen Fakultät aufbewahrten Naturalien und Antiquitäten hin (Kat. 1–2, 3–4, 8)[48], während er am Schluss seiner ‚Oratio posterior' auf die bei den Büchern aufgehängten Porträts berühmter Männer einging und dabei Bildnisse als durchaus für Bibliotheken übliche Schmuckstücke ausgab (Kat. 18–21, 26).[49]

Rund 30 Jahre später stellte der Student Johann Jacob Leibnitz (1653–1705) die über die Bücher hinaus in der Stadtbibliothek aufbewahrten Objekte in den Mittelpunkt einer eigenen Betrachtung. Gegenstand einer am 12. Juni 1673 an der Universität Altdorf öffentlich gehaltenen Rede waren die *inclutae Bibliothecae Norimbergensis Memorabilia*; im Herbst des Folgejahres veröffentlichte Leibnitz den Text im Druck (Abb. 1.1).[50] Im dem Titel nachgeschobenen Nebensatz konkretisierte der Redner bzw. Autor die Art der Denkwürdigkeiten, auf die sich sein Publikum einstellen musste: *Inclutae Bibliothecae Norimbergensis Memorabilia, hoc est, Naturae Admiranda, Ingenii humani Artificia, et Antiquitatis Monumenta*. Er ordnete die bei den Büchern aufbewahrten Dinge den Kategorien bewunderungswürdige Schöpfungen der Natur (*naturalia*), Kunstwerke menschlichen Erfindergeistes (*artificia*) und Zeugnisse der Antike (*antiquitates*) zu und signalisierte mit dieser Klassifizierung die Nähe zu den zahlreichen Kunst- und Naturaliensammlungen der Zeit.[51] Mit diesen Beständen, die je nach Anlage Aspekte des Seltenen, des Seltsamen, des Sonderbaren und des Abartigen möglichst breit oder in einzelnen Feldern mit größtmöglicher Tiefe abdeckten, war ein Forschungs- und Bildungsanspruch verknüpft. Die Gegenstände sollten betrachtet und berührt werden, Staunen erregen und Neugier entfachen, Assoziationen auslösen und so zu neuen Erkenntnissen führen.[52] Das im 17. und

46 Saubert: Historia 1643, S. 65–67; vgl. Wagenseil: Commentatio 1697, S. 83–85. Zur ‚Mensa Isiaca' oder ‚Tabula Bembi', einer vor 1520 in Rom aufgefundenen, 75x126 cm großen, mit Hieroglyphen verzierten Bronzetafel, deren Deutung und Entzifferung die Gelehrten seit dem 16. Jahrhundert beschäftigte, s. Effinger / Logemann / Pfisterer: Götterbilder 2012, Kat. II.33 (Nathalie M. Freytag) und II.34 (Dania Schüürmann).

47 Saubert: Historia 1643, S. 67; s. Abschnitt 5 in diesem Beitrag.

48 Saubert: Historia 1643, S. 84; vgl. Abschnitt 4 in diesem Beitrag.

49 Saubert: Historia 1643, S. 96f. sowie unten Abschnitt 7 in diesem Beitrag mit Anm. 205.

50 Leibnitz: Memorabilia 1674.

51 Zu den Gegenständen von Kunstsammlungen Major: Bedencken 1674, Kap. VII; Moller: Commentatio 1704, S. 200–204 und Sturm: Raritäten- und Naturalien-Kammer 1704, S. 26–72. – Grundlegende Überblicke zu Kunst- und Wunderkammern: Bredekamp: Antikensehnsucht 2012 (1993); Grote: Macrocosmos 1994; Beßler: Wunderkammern 2012 (2009); Beßler: Kunst- und Wunderkammern 2015. – Zum Begriff *memorabilia* s. auch den Beitrag von Eva Dolezel in diesem Band.

52 Zu dieser Funktion der Kunstkammern s. z. B. Findlen: Zeit 1994; zusammenfassend Felfe: Kunstkammer 2014, bes. S. 345–347.

18. Jahrhundert omnipräsente Konzept der Neugier oder *curiositas* einte, faszinierte und motivierte Sammler und Wissenschaftler gleichermaßen.[53] Die Wissbegierde entzündete sich an Gegenständen mit bestimmten Qualitäten, die von Adjektiven wie fremd, seltsam, beachtenswert, schön, neu, rar, ausgesucht, verborgen, unterhaltend, interessant, ausländisch, exotisch oder eben merkwürdig und denkwürdig beschrieben wurden.[54]

Mit dem von ihm gewählten Begriff *inclutae Bibliothecae Norimbergensis Memorabilia* blieb Johann Jacob Leibnitz im Hinblick auf die Sammlungsschwerpunkte im Vagen. Interessant ist auch sein Verzicht auf eine physische Trennung von Realien und Büchern: Schon im Titel wurden die Dinge als ein integraler Teil des Bücherraumes ausgewiesen. Gerade vor dem Hintergrund der zeitgenössischen theoretischen Schriften zur Praxis des Sammelns sticht diese Eigenschaft prominent heraus: Sowohl Johann Daniel Major (1634–1693)[55] als auch Daniel Wilhelm Moller (1642–1712)[56] und Leonhard Christoph Sturm (1669–1719)[57] diskutierten 1674 bzw. 1704 die unterschiedlichen bekannten Bezeichnungen für solche Sammlungen und entschieden sich für Kunstkammer, Technophysiotameum (Kunst- und Naturalienkammer) oder Raritätenhaus, d.h. sie beschrieben einen den Sammlungen vorbehaltenen, separaten Raum oder ein eigenes Behältnis; mögliche Namensvarianten waren (Vorrats-)Kammern, Stuben, Galerien, Häuser oder (Kabinett-)Schränke. Nichtsdestotrotz sind Bücher von jeher bei den Objekten aufbewahrt oder Bibliotheken komplementär zu den Sammlungen vorgehalten worden.[58] Der Altdorfer Professor Moller umschrieb 1704 die möglichen Varianten im Verhältnis von Kunstkammer und Bibliothek, während der Hamburger Kaufmann Kaspar Friedrich Neickel (Jencquel) 1727 die Kombination von Buch und Objekt als Ideal vorstellte: Man fände *heutiges Tages gar viele Bibliothequen ..., allwo man nicht nur Buecher und Schrifften, sondern auch allerley natuerliche und kuenstliche Seltsamkeiten bey einander aufhebt.*[59] Er bezeich-

53 Zum Konzept der Neugier s. Daston: Neugierde 1994; Lorraine Daston: Die Lust an der Neugier in der frühneuzeitlichen Wissenschaft, in: Curiositas. Welterfahrung und ästhetische Neugierde in Mittelalter und früher Neuzeit, hrsg. von Klaus Krüger (Göttinger Gespräche zur Geschichtswissenschaft 15), Berlin 2002, S. 147–175; zu Kunstkammerprinzipien am Beispiel der Textproduktion s. Flemming Schock: Die Text-Kunstkammer. Populäre Wissenssammlungen des Barock am Beispiel der ‚Relationes Curiosae' von E.W. Happel (Beihefte zum Archiv für Kulturgeschichte 68), Köln / Weimar / Wien 2011, S. 84–166.

54 Neil Kenny: Curiosity in early modern Europe word histories (Wolfenbütteler Forschungen 81), Wiesbaden 1998, S. 134–143; zur Faszination am Abnormen s. Daston / Park: Wunder 2002.

55 Major: Bedenken 1674, Kapitel IV und V.

56 Moller: Commentatio 1704, S. 193–197.

57 Sturm: Raritäten- und Naturalien-Kammer 1704, S. 15–18; zu dieser und den in den beiden vorangehenden Anm. genannten Schriften s. Becker: Vom Raritäten-Kabinett 1996; Beßler: Kunst- und Wunderkammern 2015; Dolezel: Raritätenhaus 2018.

58 Ausführlich dazu Eva Dolezel in ihrem Beitrag in diesem Band.

59 Moller: Commentatio 1704, S. 219, zu den *Technophysiotamea*; *An bibliothecis vel inserta, vel adjuncta, vel distinctis quaeque conclavibus, & quam amplis, & quomodo comparatis, & quo numero constantibus concredita sint?* – Neickel / Kanold: Museographia 1727, S. 5f. – Zum Verhältnis von

nete solche hybriden Sammlungsräume, bestehend aus einem Möbel mit Realien und einem Schrank für die Bücher, *deren Materie von dem Inhalt des dabey befindlichen Cabinets* [mit der Objektsammlung] *handelt*, als Museen und beschrieb im Anschluss anschaulich den Nutzen, den die Besucher durch das Betrachten der Gegenstände und das Nachlesen in der dazu bereitgestellten Fachliteratur aus solchen multimedialen Sammlungen ziehen konnten. Über solche Museen könne man das Motto setzen *Hier findet man Bild und Uberschrifft*, denn der Besitzer könne in den Büchern die notwendigen Informationen zu einem ihm unbekannten Gegenstand nachlesen. In der Folge werde er *alsdenn mit Fundament und Gewißheit von solchen Sachen raisonniren und reden* können.[60]

Das mediale Crossover, also die gemeinsame Präsentation von Buch und Objekt, bei gleichzeitiger deutlicher Dominanz der Schriftträger, scheint eher ein Charakteristikum der Stadtbibliotheken gewesen zu sein. In der Nürnberger Einrichtung wurden Realien und Bücher zu keinem Zeitpunkt physisch voneinander getrennt oder auf anstoßende Räume in einem Gebäude verteilt, sondern stets untereinander vermischt präsentiert – wohl auch, weil der Bücherbestand mengenmäßig stets vorherrschend blieb.[61] Leibnitz umschrieb diesen Zustand im Titel zu seiner Rede mit einer räumlich vagen Formulierung, die jedoch eine lange Nachfolge haben sollte: Bis in das 19. Jahrhundert hinein sprachen die Besuchenden stets von den Memorabilien bzw. den Denk- oder Merkwürdigkeiten in der Bibliothek.

Die Brüder Grimm lieferten im ‚Deutschen Wörterbuch' für den Begriff ‚Denkwürdigkeit' folgende Definition: *eine des andenkens und der betrachtung würdige sache.*[62] Die hier nur mitschwingende sinnliche Komponente war 1674 offensichtlich von höchster Bedeutung, wie aus der vom Dekan der Philosophischen Fakultät in Altdorf, Christoph Molitor (1627–1674), verfassten Einführung hervorgeht, die im Druck der Ansprache des Theologiestudenten Johann Jacob Leibnitz vorangestellt wurde.[63] Im Paratext werden Begründung und Programm für eine um Gegenstände angereicherte Bibliothek geboten und die Nützlichkeit multimedialer Sammlungen thematisiert.[64] Erkenntnis, so Molitor, habe in einem Zweiklang zu erfolgen, nämlich durch die Betrachtung von Dingen und die Lektüre von Büchern (*cupimus ipsarum intuitu rerum, non minùs quàm librorum lectione doceri).* Die Zierde lobenswerter Bibliotheken beruhe daher nicht nur in der Menge der Schriften, sondern auch in der Durchmischung (*farrago*) verschiedener den Wissenschaften dienender

---

Bibliothek und Kunstkammer s. auch Fechner: Einheit 1977 und spezifischer Kaltwasser: Bibliothek als Museum 1999, S. 27–57; Roth: Anfang 2000, S. 249–258; Beßler: Sammlungen 2015; Laube: Luthers Maske 2017 sowie den Beitrag von Eva Dolezel in diesem Band.

60 Neickel / Kanold: Museographia 1727, S. 7f., zitiert von Eva Dolezel in ihrem Beitrag in diesem Band, bei Anm. 16ff.

61 Vgl. dazu den Beitrag von Eva Dolezel in diesem Band.

62 Jacob und Wilhelm Grimm: Deutsches Wörterbuch. 16 Bände in 32 Teilbänden, Leipzig 1854–1961, Bd. 2, Leipzig 1860, Sp. 944.

63 Leibnitz: Memorabilia 1674.

64 Leibnitz: Memorabilia 1674, S. 3–7, bes. S. 4.

Dinge: *Hinc laudandarum Bibliothecarum decus & ornamentum non tantum in multitudine scriptorum consistit; verùm etiam variarum rerum ad scientiam pertinentium farragine.* Zu den wünschenswerten Objekten zählte Molitor Porträts berühmter Persönlichkeiten, weil diese mehr beeindrucken als deren längste Abhandlungen: *Quemadmodum enim imagines fortium Virorum si inspiciuntur, tenacius inhærent animis, quàm longus de ipsis sermo.* Von Interesse seien ferner Kupferstiche und antike Münzen, sodann Beispiele der unbelebten Natur von Metallen über diverse Gesteine bis hin zu Naturspielen (*metallorum origines & incrementa … lapidum lusus & naturæ jocantis exempla*) sowie schließlich aus dem Bereich der belebten Natur menschliche und tierische Skelette.[65] Zum Schluss führte Molitor noch Missbildungen (*aberrantis naturæ monstra*), exotische Arzneien und aus dem Fernen Osten oder der Neuen Welt importierte Raritäten an. Als solche *rara* nannte er die aus minderwertigen Materialien hergestellten, mit hässlichen Gesichtszügen erschreckenden Götzenbilder, die ihm auch Belege für die Inferiorität der heidnischen Völker lieferten: *quicquid etiam remotis à Sinensium Indorúmq*[ue] *gentibus, novóq*[ue] *orbe rarum exportatur, exponitur: Ipsa miserorum numina, fragili ex materia & flavo terræ luto conflata, vel ad risum, vel ad promovendam misericordiam ob cæcos rationalium animos, qua forma, quo vultu sint tetro, & horribili aspectu conspicienda, proponuntur.* Solch ein Haus der Weisheit, Heiligtum der Schriften und Palast hochgesinnter Männer werde zurecht eine öffentliche Bibliothek genannt, die tagtäglich durch die Großherzigkeit der Obrigkeit Nürnbergs sowohl an gelehrten Büchern als auch an seltensten Dingen zunehme: *Tale Sapientiæ Domicilium Literarúmque Sacrarium magnarúmque animarum Palatium, merito vocatur Bibliotheca, quæ quotidiana DOMINORUM NOSTRORUM Munificentia Noribergæ & libris doctissimis & rebus rarissimis locupletatur, publica.*

Die Einheit von Bibliothek und Kunstkammer, die im Obergeschoss des Nürnberger Predigerklosters über Jahrzehnte gewachsen war, wurde in der Veröffentlichung der Rede von 1673 als Ergebnis eines Forschung und Bildung dienenden, gezielt verfolgten Projektes präsentiert. Die städtische Büchersammlung in Nürnberg scheint bewusst um Objekte angereichert worden zu sein, die stets eine Minderheit unter den vielen Bänden bildeten und nie in einem eigenen Raum separat untergebracht werden sollten.[66] Aus Sicht der Autoren und damit der gelehrten Nutzer eigneten sich solche „hybride" Sammlungen gut für Wissenserweiterung und Wissensvermittlung. Gerade im Kontext einer Büchersammlung liegt der Schluss nahe, die im Raum präsentierten Realien wären als besserer Ersatz für Buchillustrationen verstanden worden: Als dreidimensionale Objekte boten sie die unschlagbare Möglichkeit zu einer Erfassung mit allen Sinnen, die Gelegenheit zur Kommunikation und zur Ent-

65 Zum ‚Steinernen' sowie zu Naturspielen die Beiträge im Band Adamowsky / Böhme / Felfe: Ludi naturae 2011 sowie Felfe: Formkräfte 2015.

66 Fechner: Einheit 1977; Kaltwasser: Bibliothek als Museum 1999; Beßler: Sammlungen 2015; Laube: Luthers Maske 2017.

stehung von Assoziationen nach dem Zufallsprinzip[67]. Bei gemischten Beständen dieser Art sollte sich die Lektüre mit der Betrachtung und der Berührung von Gegenständen paaren – ein Konzept, das durchaus auch für andere öffentliche Sammlungen in städtischem Besitz bekannt ist. So fand eine Anreicherung von Rats- oder Stadtbibliotheken um Gegenstände auch in Bern, Halle, Heilbronn, Leipzig, Lindau, Rothenburg ob der Tauber, Zittau oder Zürich statt.[68] Kurz und knapp ist diese Doppelfunktion in dem Motto zusammengefasst, das im Frontispiz zum Druck der Rede von Johann Jacob Leibnitz auf einem in der Fensterleibung scheinbar befestigten Zettel zu lesen ist: *et Visui et Usui* (Abb. 1.1).[69] Dabei übernahmen Stadtbibliothek und von ihr beherbergte Memorabiliensammlung wegen des nie versuchten Anschlusses an eine Schule, eine Universität oder eine Akademie eine Funktion nicht, die für die Kunstkammern im 18. Jahrhundert dominant werden sollte: Sie wurde nie Schauplatz von Lehrveranstaltungen Lehrveranstaltungen. Das schließt die gelegentliche Nutzung für private Angebote in einem Liebhaberkreis nicht aus; so fanden in den 1670er-Jahren Einführungen in den Gebrauch von Globen am Beispiel der in der Stadtbibliothek aufgestellten Exemplare statt.[70]

4 Eine Momentaufnahme: Der Memorabilienbestand der Stadtbibliothek im Jahr 1674

Als Sohn des gegenwärtigen Stadtbibliothekars Justus Jacob Leibnitz (1610–1683, Stadtbibliothekar seit 1669) verfügte der Redner 1673 über die besten Voraussetzungen zur Beschreibung des Memorabilienbestandes und zur Einholung von Informationen aus erster Hand. Johann Jacob Leibnitz stellte die *memorabilia* nicht in Gruppen gemäß der von ihm im Titel genannten Systematik vor, sondern knüpfte bewusst an Johannes Sauberts Bibliotheksgeschichte von 1643 an und bettete die Vorstellung der Merkwürdigkeiten ebenfalls in einen imaginären Rundgang durch

67 Zusammenfassend Felfe: Kunstkammer 2014, bes. S. 345–347; vgl. Rütsche: Kunstkammer 1997, S. 263.

68 Beßler: Sammlungen 2015; Sauer: Kloster- und Stadtbibliotheken 2021, S. 127f. Zu Zittau s. Winzeler: Weises Geschenk 2011 und Fröde / Kahl: Donatorenbücher 2014, bes. S. XXIII–XXXII; zur Marktbibliothek in Halle s. Laube: Luthers Maske 2017; zu Bern und zu Zürich, wo Bibliothek und Kunstkammer allerdings schon früh auf getrennten Stockwerken in der Wasserkirche aufbewahrt wurden, s. Barraud Wiener / Jezler: Kunstkammer 1997, S. 100–154, 239–260.; Rütsche: Kunstkammer 1997. S. auch den Beitrag von Eva Dolezel im vorliegenden Band.

69 Leibnitz: Memorabilia 1674, Frontispiz; s. dazu Ladislaus Buzás: Deutsche Bibliotheksgeschichte der Neuzeit (1500–1800) (Elemente des Buch- und Bibliothekswesens 2), Wiesbaden 1976, S. 73 und den Beitrag von Eva Dolezel in diesem Band. - Zu kurz greift die Deutung des Spruchs allein in Bezug auf die Bücher bei Werner Oechslin: „Mentalmente architettato": Geistiges in physischer Form, verfestigt oder dynamisch? Der Fall der Bibliothek, in: Schramm / Schwarte / Lazardzig: Kunstkammer 2003, S. 123–146, bes. S. 138f.

70 Der Ratsschreiber Georg Arnold Burger (1649-1712), der in Jena auch Mathematik studiert hatte, *zeigte zu gewissen Zeiten auf der Stadt-Bibliotheck den Gebrauch der Globorum mit den daselbst befindlichen Globis*; WGN Bd. 1, 1755, S. 154. – Zur Verbindung von Sammlung und Akademie im 18. Jahrhundert s. Dolezel: Traum vom Museum 2019, bes. S. 19–61.

die Räumlichkeiten im ersten Obergeschoss des Predigerklosters ein.[71] Mit der dadurch gegebenen Verortung der Objekte ermöglicht er eine Vorstellung von der Raumausstattung zu einem konkreten Zeitpunkt. Seine Erläuterungen erlauben ferner eine Rekonstruktion des Ordnungsgefüges, in das die Realien eingebettet wurden, sowie der Relationen, die für die Zeitgenossen unter den Ausstellungsstücken sowie zwischen diesen und den umstehenden Büchern bestanden.[72]

4.1 Der erste Flügel des Kreuzgangs

Wie bereits Johannes Saubert zitierte Johann Jacob Leibnitz zu Beginn eine über der Eingangstür wohl in Verbindung mit der Sanierung des Gebäudes 1624/26 angebrachte Inschrift, in der die vom Rat eingerichtete Bibliothek als Sitz der Musen ausgegeben und der Fremde zu respektvollem Verhalten aufgefordert wird: *Illustris cura, studioq*[ue] *fave*[n]*te Senatus, / Heic habitant Musæ, Pallas, Hygeia, Themis: / Et Dea, Lux veri: & Reverentia Numinis. Hospes / Pasce volens licitis mentem, oculosq*[ue] *modis: / Ast ungues cohibe: Rhamnusia non procul,* & quæ / *Supremu*[m] *claudit Mortis imago locu*[m].[73] Leibnitz schlussfolgerte, dass bei der Bibliothek nicht die äußere Gestalt, sondern das darin Aufbewahrte für die Ewigkeit bestimmt sei (... *non saxorum mole æstimandum, aut lapidum congestu stare credendum; ... Interna perpetua sunt*).[74] Im Raumabschnitt mit der Eingangstür, reserviert für die philosophischen Schriften, hatte das erste von Johann Jacob Leibnitz beschriebene Kunstwerk seinen Platz gefunden: Ein wohl von Bartholomäus Wittig (1613/14–1684) gemaltes und von dem Drucker Jeremias Dümler (1598–1668) 1665 überreichtes Nachtstück mit dem Durchgang eines der beiden Kometen von 1664/65 im Querformat (Kat. 60).[75] Da das Ölgemälde seit 1843 verschollen ist, muss für sein mögliches Aussehen auf Kupferstiche der Zeit rekurriert werden.[76] Als zweites Objekt führte Leibnitz die bereits von Johannes Saubert erwähnte Tischplatte an, nannte aber – wohl durch die nahebei stehenden Schriften verwirrt – fälschlicherweise als deren Schöpfer Johannes

---

71 Vgl. oben Abschnitt 2 dieses Beitrags.

72 Zur Präsenz fremder Dinge, ihrer De- und Rekontextualisierung s. zusammenfassend Neumann: Präsenz (Einleitung) 2015.

73 Saubert: Historia 1643, S. 52; auf einer Tafel folgte laut Saubert eine weitere Inschrift: *Pvlchra quidem res est, Mundi sapientia Mundo, / Atq*[ue] *suæ Charites concomitantur opes: / Vna sed ante omnes omnis sapientia Cœlo / Regnat, & eximium est, quicquid Olympus habet.* – Leibnitz: Memorabilia 1674, S. 11 mit S. 27f.

74 Leibnitz: Memorabilia 1674, S. 11.

75 Leibnitz: Memorabilia 1674, S. 11f. mit S. 28f.; zu den Büchern im ersten Umgang s. oben Abschnitt 2 dieses Beitrags. Zu den beiden Kometendurchgängen 1664/65 (C/1664 W1) und 1665 (C/1665 F1) und der Literatur über diese Anna Jerratsch: Der frühneuzeitliche Kometendiskurs im Spiegel deutschsprachiger Flugschriften (Boethius 71), Stuttgart 2020, S. 384–443. Zu Bartholomäus Wittig vgl. Grieb: NKL 2007, S. 1692.

76 Die Durchgänge des Kometen C/1664 W1 und C/1665 F1 hält in einem Kupferstich fest Paul Michael Spieß: Gottes Deß Königes aller Königen als höchsten Potentaten / zween ausgesandte Himmels-Herolden ... Nürnberg: Endter 1666 (VD17 27:710986X; https://zs.thulb.uni-jena.de/rsc/viewer/jportal_derivate_00172473/K_1666_0551.tif, 13.11.2020) (StadtBN, Amb. 990.2°(8)).

Regiomontanus (Kat. 27).[77] Von späteren Bibliotheksbesuchern wurde der Fehler korrigiert und die Platte seit 1778 dem Schreib- und Rechenmeister Johann Neudörffer d. Ä. (1497–1563) zugeschrieben.[78] Es muss sich um eine fast quadratische, geschnitzte Holzplatte gehandelt haben, bei der sich von einem dunklen Grund Namenszüge in Gold, verbunden oder gegliedert durch rote Linien, abhoben.[79] Offensichtlich beschloss die chronologische, listenförmige Reihung von Namen der Patriarchen, Fürsten und Propheten des Alten Testaments der Apostel Petrus als erster Bischof von Rom und Papst. Die Zeittafel könnte, verknüpft mit einer für die Reformationszeit typischen Polemik, suggeriert haben, das Papsttum habe die Nachfolge des alten, von Gott mit dem Volk Israel geschlossenen Bundes angetreten. Die immer wieder geäußerten Hinweise auf die Kunstfertigkeit der Ausführung sprechen für eine kalligraphische Gestaltung der Namenszüge und bestätigen somit die späteren Zuweisungen: Johann Neudörffer arbeitete stets mit exzellenten Holzschneidern zusammen, die für die Illustrationen zu seinen gedruckten Lehrbüchern und Schreibmeisterblättern die geschriebenen Vorlagen bis in die feinsten Zierzüge hinein adäquat in Holz schneiden konnten.[80] Es ist wahrscheinlich, dass der von Johann Neudörffer gestaltete Tisch im Vordergrund der 1643 in Kupfer gestochenen Innenansicht des Kreuzgangflügels mit den philosophischen Büchern zu sehen ist; mit Zeigegesten macht die neben dem demontierbaren Schragentisch stehende, wohl als Führer oder Kämmerer identifizierbare Figur ihren adeligen Begleiter ausdrücklich auf diesen aufmerksam (Abb. 2.6, N1). Bemalte oder geätzte Tischplatten waren keine Alltagsgegenstände. Häufig sind sie als Kunstkammerstücke bezeugt; das in der Stadtbibliothek aufbewahrte Exemplar lässt sich nun erstmals in Sujet, Materialität und Farbgestaltung genauer fassen.[81]

4.2 Der zweite Flügel des Kreuzgangs

Den Abschnitt zum zweiten Umgang leitete Johann Jacob Leibnitz mit dem Hinweis auf die hier präsentierten Antiquitäten und Naturalien ein: *Museo nunc oculos curiosos applicabimus, antiquitate amœno, & Naturæ miris curioso.*[82] Er erwähnte nicht ausdrücklich, was im Frontispiz explizit vor Augen geführt wird: Die kleinformatigen Antiquitäten und Naturalien wurden gemeinsam in einem verschließbaren Schrank aufbewahrt, der sich etwa in der Mitte des Raumabschnitts als Einbaumöbel im Doppelregal mit der medizinischen Literatur befand (Abb. 1.1). Der Stecher des Blatts, Johann Alexander Boener (1647–1720), dürfte denselben Standpunkt gewählt haben wie der Künstler, der die Raumansicht zur Bibliotheksbeschreibung des Jo-

77 Saubert: Historia 1643, S. 65–67; Leibnitz: Memorabilia 1674, S. 11f. mit S. 29f.
78 Murr: Beschreibung 1778, S. 61; Murr: Memorabilia 1786, S. 5.
79 Zur Farbgebung s. Blainville: Extract 1765, S. 51.
80 Linke: Werk 2007, S. 39–51, 55–67, 82–88.
81 Zu bemalten bzw. geätzten Tischplatten s. Kremb: Tischplatten 2016; Baier: Musiktisch 2014.
82 Leibnitz: Memorabilia 1674, S. 13.

hannes Saubert von 1643 anfertigte (Abb. 2.6, N2).[83] Obwohl sich dieser jeweils im Norden am Übergang vom ersten in den zweiten Umgang befand, ist der in den Fokus genommene Raumabschnitt links oder rechts des Mittelregals variiert worden. 1643 war es der zum Innenhof gelegene Gang, 1674 die zur Burgstraße gekehrte Seite. Nur so ist die am Ende der Flucht gelegene Wand mit aufgehängten Bildern erklärbar: Das für die juristischen Bücher bestimmte Wandregal füllte nachweislich nicht die gesamte Länge der Mauer, so dass später am zur Straße gelegenen Ende der Südwand Glasschränke errichtet werden konnten, die in Karl Friedrich Giesbergs Plan von 1834 dokumentiert sind (Abb. 2.5, zwischen den Wandregalen mit der Nummer 23 und 24).[84] Ein aus dem ersten Umgang mit den philosophischen Beständen in den zweiten Flügel des Kreuzgangs einbiegender Besucher passierte also zunächst das erste der beiden in der Raummitte stehenden Regale mit den historischen Büchern und traf dann auf das zweite, für die medizinische Literatur bestimmte Repositorium. Auf dessen der Burgstraße zugekehrten Seite ist wahrscheinlich bereits beim Umbau des Kreuzgangs 1624/26 ein Schrank für bereits vorhandene Naturalien eingelassen worden, die seit 1627 stetig durch Schenkungen erweitert wurden.[85] Hinter den zwei meist versperrten, rund zwei Meter hohen Holztüren lagerten spätestens seit 1643 Antiquitäten und Naturalien dichtgedrängt und ohne erkennbare Ordnung auf drei Regalböden (Abb. 2.7).[86] Für größere Objekte waren separate Holzkisten mit Türen und Holzschiebedeckeln an den Wänden zwischen den auf die Burgstraße hinausgehenden Fenstern aufgestellt worden.

Abb. 2.7: Einblick in den zweiten Umgang der Stadtbibliothek, Detail: Zentralregal mit medizinischen Beständen und geöffnetem Naturalienschrank, an der Fensterwand zur heutigen Burgstraße weitere Holzkisten mit Skeletten (Kupferstich von Johann Alexander Boener in Leibnitz: Memorabilia 1674; StadtBN, Solg. 1549.4°, Frontispiz, Detail; vgl. Abb. 1.1)

83 Zu Johann Alexander Boener s. Grieb: NKL 2007, S. 156; das Frontispiz behandelt auch Eva Dolezel in ihrem Beitrag in diesem Band.

84 StadtAN, C 7/I Nr. 10.030, Beilage 2.

85 S. dazu unten bei Anm. 110.

86 Zur Inszenierung der Sammlung s. unten Abschnitt 11.

Für den Raumabschnitt mit den historischen Büchern erwähnte Johann Jacob Leibnitz als einziges Objekt eine kolorierte Weltkarte aus der Offizin Blaeu in Amsterdam, die der Schenker, der Kriegsherr Georg Christoph Volckamer (1610–1679), 1672 am von ihm bestimmten Ort hatte aufhängen lassen (Kat. 33.5).[87] Um so ausführlicher fiel sein Bericht über den Inhalt des Schrankes und der in der Nähe stehenden Holzkisten aus.[88] Die Vorstellung der Einzelobjekte folgte dabei einer durchdachten Ordnung, die von dem im Kupferstich vermittelten visuellen Eindruck eines beliebigen Nebeneinanders der unterschiedlichen Gegenstände abweicht. Der zunächst ungewöhnlich erscheinenden, gemeinsamen Präsentation von *antiquitates* und *naturalia* in einem Behältnis liegt eine eigene Logik zugrunde, die sich nur implizit erschließen lässt. An die Spitze der kleinen, aus vier Einheiten bestehenden Gruppe der Antiquitäten stellte Leibnitz zwei *vascula fictilia*.[89] An die kleinen irdenen oder tönernen Gefäße schloss er zwei Öllampen aus Ton sowie aus dem Bereich der Naturalien Objekte an, die das ‚Steinerne' in seinen unterschiedlichen Facetten spielten. Überwiegend belegten die angeführten Beispiele die Vielfalt der von der Natur hervorgebrachten Formen bis hin zur Natur als bildender Künstlerin.[90] Die Materialität der beschriebenen Objekte betonte Leibnitz durch eine entsprechende Wortwahl, wie die nachstehenden Zitate andeuten. Nach den „steinernen" Objekten behandelte er Missbildungen und Kuriositäten und leitete damit direkt zu den vorhandenen Tier- und Menschenskeletten über. Die aus seiner Sicht bemerkenswertesten Objekte wählte er für die Illustrationen auf den in den Text eingeschobenen Kupferstichtafeln aus, manche sind zusätzlich im Frontispiz ausmachbar, das den Schrank im geöffneten Zustand zeigt (Abb. 2.7).

Im Frontispiz sind auf dem obersten Schrankboden einige Gefäße angedeutet, bei denen es sich vermutlich um die kleine, aber bemerkenswerte Gruppe von Antiquitäten in der Stadtbibliothek handelt: In der linken Hälfte können die beiden römischen Öllämpchen aus Ton (Kat. 2) ausgemacht werden, die wohl aus der Zeit des ersten bis dritten Jahrhunderts nach Christus stammten; im rechten Fach dürften die beiden in Unteritalien im vierten vorchristlichen Jahrhundert angefertigten Keramiken mit rotfiguriger Malerei auf schwarzem Grund gestanden haben, eine Lekanis und eine Oinochoe (Kat. 1) (Abb. 2.8–9). Die Existenz dieser antiken Gefäße ist erstmals durch Johannes Saubert bezeugt. In die Aufzählung der bei der medizinischen Fachliteratur aufbewahrten *Monstrorum quoq*[ue] *vestigia quædam, animalium varioru*[m] *anatomiæ … & humanorum Corporum lapides complures* fügte er den Hinweis auf in heidnischen Bräuchen verwendete Gefäße ein: *vasa aliquot à vanissima Gentilitate sacrificiis destinata*.[91] Diese Ausführungen bestätigen zum einen

87 Leibnitz: Memorabilia 1674, S. 21; erwähnt wird die Karte nicht beim Rundgang durch die Bibliothek, sondern im Rahmen eines Einschubs zu aktuellen Neuzugängen.

88 Leibnitz: Memorabilia 1674, S. 13–19 mit Tafeln zu S. 13, 14, 16.

89 Leibnitz: Memorabilia 1674, S. 13.

90 Zum Konzept der *natura naturans* zuletzt mit weiterer Literatur Felfe: Formkräfte 2015.

91 Saubert: Historia 1643, S. 84.

Abb. 2.8 (links): Lekanis und Oinochoe in rotfiguriger Vasenmalerei, Unteritalien, 4. Jahrhundert v. Chr. (Kupferstich in Leibnitz: Memorabilia 1674; StadtBN, Solg. 1549.4°, Taf. zu S. 13)
Abb. 2.9 (rechts): Zwei römische Öllampen, 1.–3. Jahrhundert n. Chr. (Kupferstich in Leibnitz: Memorabilia 1674; StadtBN, Solg. 1549.4°, Taf. zu S. 14)

eine bereits 1643 bestehende gemeinsame Aufbewahrung von Antiquitäten und Naturalien. Sie beinhalten aber auch eine kleine Sensation, denn während Öllampen in Sammlerkabinetten zahlreich vorkommen, sind Nachweise von bemalten unteritalischen Keramiken in Kunstkammern nördlich der Alpen vor der Mitte des 17. Jahrhunderts von größter Seltenheit.[92] Johann Jacob Leibnitz stellte die antiken Gefäße im Bewusstsein um ihre Bedeutung an den Anfang seiner Beschreibung des Schrankinhalts und ließ alle vier zusätzlich auf zwei Tafeln im Text abbilden.[93] Bei den beiden später wahlweise als campanisch oder etruskisch bezeichneten Gefäßen verlor er sich nicht in einer Auslegung der aufgemalten Motive und erwähnte weder

92 Alle Angaben zu Kat. 1 verdanke ich Dr. Georg Simon Gerleigner, Bayerische Akademie der Wissenschaften / Corpus Vasorum Antiquorum.
93 Leibnitz: Memorabilia 1674, S. 13f. mit S. 31–35 und den beiden zugehörigen Kupferstichtafeln.

den aufwendig frisierten Frauenkopf noch den unbekleideten Satyr mit Opferschale. Stattdessen suchte er nach Nachweisen für eine Nutzung der *vasa* im Rahmen kultischer Handlungen, weil eine solche Funktion zur Wertsteigerung beitrug (Abb. 2.8).[94] Aus Ton gefertigte Öllampen mit am Boden eingestempelten Herstellernamen sind Massenware gewesen. Leibnitz deutete die Buchstabenfolgen auf diesen Firmalampen als Inschriften und bot Varianten für deren Auflösung an (Abb. 2.9).

Die von Leibnitz als *vascula fictilia* bezeichneten Objekte verband mit den nachfolgenden steinernen Artefakten wahrscheinlich auch die nicht von ihm erwähnte, aber zu seiner Zeit geläufige Tatsache, dass sie bei Grabungen dem Erdboden entrissen worden waren.[95] Unmittelbar im Anschluss würdigte Johann Jacob Leibnitz eine ebenfalls im Schrank vorgefundene *cistella*, die *reliquiæ è terra sancta* enthielt (Kat. 8.1).[96] In diesem Kästchen lagen nicht, wie die verwendeten Begriffe erwarten lassen, Objekte eines Heiligenkultes, sondern Erinnerungsstücke oder Glücksgüter (*fortuna*) aus dem Heiligen Land, die mit dem Gottessohn oder ausgewählten Personen des Alten und Neuen Testaments in Berührung gekommen sein könnten. In den meisten Fällen handelte es sich tatsächlich um vom Schenker persönlich an *loca sancta* genommene Bodenproben, darunter als Krönung ein Stück vom Golgathafelsen. Der Stifter, der reisefreudige Nürnberger Kaufmann Johann Michael Mendlein (1642–1695), hatte nach seiner Ausbildung in Venedig zwischen 1658 und 1663 fünf Jahre in Aleppo verbracht und an diesen Aufenthalt eine viermonatige Reise durch das Heilige Land, die Sinai-Halbinsel und Ägypten angeschlossen; vermutlich übergab er das Kästchen 1663 nach seiner Heimkehr dem Rat seiner Geburtsstadt.[97]

Im Anschluss führte Johann Jacob Leibnitz ein Zeugnis für die wunderbare Vielseitigkeit der Natur (*mira Naturæ vicissitudine*) an. Ein angeblich von einem Hahn gelegtes Ei wurde auch auf der zugehörigen Kupferstichtafel abgebildet und mit dem Findedatum 6. Mai 1661 versehen (Kat. 3.4, Abb. 2.10).[98] Darauf folgen drei weitere Spielarten des Materials Stein als Beispiele für die Schöpfungskraft der Natur.

Nieren-, Gallen- und Blasensteine sind aufgrund der von ihnen verursachten Schmerzen ein prominentes Thema in frühneuzeitlichen Leichenpredigten. Nicht selten wurden Personen für die über Jahre hinweg geduldig ertragenen Koliken oder für schmerzhafte Operationen als tugendhafte und gottgefällige Vorbilder gepriesen.[99]

94 Alltags- und Kultgegenstände sind im Idealentwurf eines Raritätenhauses in verschiedenen Räumen untergebracht; Sturm: Raritäten- und Naturalien-Kammer 1704, S. 28, 32–34.

95 Zu dieser Verbindung von Antiquitäten und Fossilien s. Felfe: Formkräfte 2015, S. 99.

96 Leibnitz: Memorabilia 1674, S. 14f. mit S. 35f.

97 1654 zeigte Johann Michael Dilherr bereits Bodenproben aus dem Heiligen Land; der Besucher Georg Rumpel († 1702) hielt fest, er habe gesehen *Erde vom Berg Sinai auch vom Berg Golgatha*; dazu Karp: Stadträume 2020, S. 105. – Zu Johann Michael Mendlein und seinem mehrjährigen Aufenthalt in Aleppo mit anschließender Reise ins Heilige Land s. StadtBN, Will. III. 487.4°; Murr: Memorabilia 1786, S. 11 liegt aufgrund der Reisedaten wohl falsch, wenn er von einer Übersendung der Reliquien aus Aleppo 1661 berichtet.

98 Leibnitz: Memorabilia 1674, S. 15 mit S. 36f. und Tafel zu S. 16.

99 Kümmel: Blasenstein-Operation 2013.

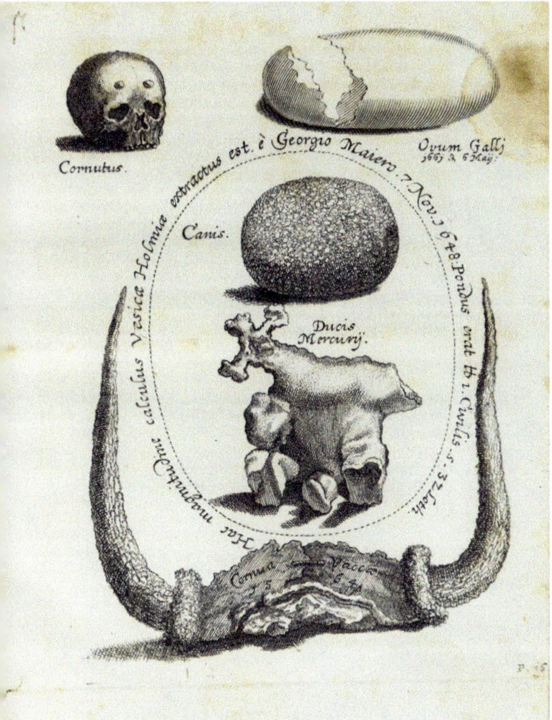

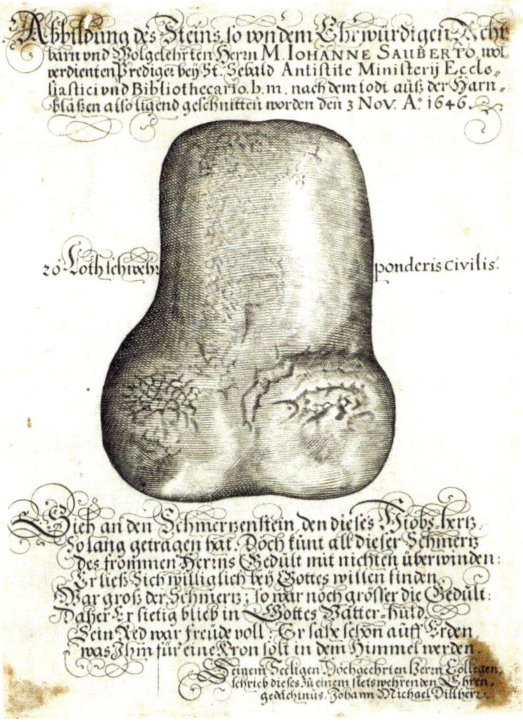

Abb. 2.10 (links): Konkremente und Missbildungen in der Naturaliensammlung der Stadtbibliothek (Kupferstich in Leibnitz: Memorabilia 1674; StadtBN, Solg. 1549.4°, Taf. zu S. 15)
Abb. 2.11 (rechts): Blasenstein des Johannes Saubert, 1646 (Kupferstich, Dilherr: Abbildung [1647]; StadtBN, Graphikkasten Medizin)

Gerade in einer Großstadt wie Nürnberg mit einer gut ausgebauten medizinischen Versorgung erschienen wiederholt genealogische Schriften über entsprechende Patienten sowie medizinische Fachliteratur.[100] Die bei einer Sektion nach dem Tod entnommenen oder bei einer Steinschnitt-Operation entfernten Steine sind häufig in Einblattdrucken oder Leichenpredigten abgebildet und somit vervielfältigt und verbreitet worden. Sie wurden außerdem im Original oder als Modell aus Wachs bzw. Holz – zum Teil mit einer Fassung oder einem Kästchen versehen – in Privatbesitz aufbewahrt oder Naturalienkabinetten einverleibt und Besuchern gezeigt. Die Stadt-

100 Hans Krauß: Zur Geschichte des Steinschnittes, in: Zeitschrift für Urologie 8 (1939), S. 481–486; Herbert H. Böttger: Der rauhen Steine Schmerz. Eine medizingeschichtliche Betrachtung über „Nürnberger Blasensteinblätter", in: Therapeutische Berichte 32 (1960), S. 211–214; Ruisinger: Lithobiographie 2012. – Im Schrank lagerten 1786 auch Schriften über Missbildungen und Steinschnitt aus dem 17. Jahrhundert (Kat. 3.12–13); Murr: Memorabilia 1786, S. 11.

bibliothek konnte 1674 mit gleich vier bemerkenswerten Konkrementen aufwarten (Kat. 4).[101] Als *saxum ingens* bezeichnete Leibnitz den außerordentlich großen, 318 Gramm schweren Blasenstein des 1646 verstorbenen Stadtbibliothekars Johannes Saubert, der nicht auf der begleitenden Tafel abgebildet wurde, weil er bereits unmittelbar nach der Sektion der Leiche in einem Kupferstich von Johann Michael Dilherr (1604–1669, Stadtbibliothekar seit 1646) publiziert worden war (Kat. 4.3; Abb. 2.11).[102] Das Exemplar, das in Nürnberg bei der Balsamierung des Leichnams von Philipp Emanuel de Lorraine, Duc de Mercœur, 1602 gefunden worden war und das durch seine seltsame Gestalt (*calculum … formæ in tantùm prodigiosæ*) als Handfläche mit Fingeransätzen sowie einem Fortsatz in Kreuzform auffiel, ist dagegen als Beispiel eines Naturspiels in allen Einzelheiten nachgestochen worden (Kat. 4.1, Abb. 2.10). Der dritte, aus einem Georg Maier in Stockholm 1648 herausgeschnittene Blasenstein stach durch sein Gewicht von rund einem Pfund heraus (*mole utrique superior tertius est calculus*). Aufbewahrt wurde der schwerste Stein der Sammlung, dessen Umfang im Kupferstich eine gestrichelte Linie andeutet (Kat. 4.4, Abb. 2.10), in einem silbernen Kästchen. Der vierte, ebenfalls wiedergegebene Stein stammte von einem Hund und war das einzige im Original in der Sammlung vorhandene Konkrement (Kat. 4.5, Abb. 2.10). Von den menschlichen Steinen wurden nur Nachbildungen aus Holz (Georg Maier) bzw. aus Wachs aufbewahrt. Ein solches Wachsmodell, in diesem Fall vom Blasenstein des Johannes Saubert, hat sich in Gotha erhalten; durch einen Metallkern ist es auf das für das Original bezeugte Gewicht gebracht worden.[103]

Nach den Blasensteinen wandte sich Johann Jacob Leibnitz einem vorhandenen Fossil zu, einem verkieselten, zu sehr festem Stein verdichteten Birnbaumstamm (*pyrus lapidescens … quæ in lapidem solidissimè congelavit*) (Kat. 6.1).[104] Den Abschluss bildete ein Hafen, der angeblich Gifte durch Ausschleudern der eingefüllten Flüssigkeit oder durch das Zerbrechen der Gefäßwand anzeigte (*olla veneni impatiens*). Dessen Wert sei mit Gefäßen aus Onyx oder Flussspat gleichzusetzen (*vasculum, Murrhinis et Onychinis contra carum*) (Kat. 8.2).[105]

Mit drei Missbildungen (*aberrantis etiam Naturæ in alienos fœtus vestigia*) leitete Leibnitz auf die große Gruppe der von ihm mit Stolz beschriebenen Menschen- und Tierskelette über.[106] Zwei der Fehlbildungen hob der Autor hervor, indem er sie auf

101 Leibnitz: Memorabilia 1674, S. 15f. mit S. 37 und Tafel zu S. 16.

102 Dilherr: Abbildung [1647], Weber: Leichpredigt 1647, zu S. 39; Ruisinger: Porträt 2007; Ruisinger: Stein 2008; Ruisinger: Lithobiographie 2012. – Zum Stein s. auch den Beitrag von Eva Dolezel in diesem Band.

103 Gotha, Schloss Friedenstein, Museum der Natur; für Literatur s. Anm. 102.

104 Zu Versteinerungen in Nürnberger Sammlungen s. Haarländer: Anfänge 1964.

105 Leibnitz: Memorabilia 1674, S. 16f. mit S. 38. – Mit Hinweis auf die Materialität des Gefäßes (*ollam ex terra Insulae Malthae confectam*) verwies Johann Michael Dilherr 1654 unter konfessionellen Vorzeichen auf dessen giftabweisende Qualität; er führte aus, *dasz selbige Erde wieder alles gifft nützte, seint der Zeit Pauly die schlangen darselbst abgeschüttelt hatte, ut in actis Apostol: legit*[ur]; dazu Karp: Stadträume 2020, S. 105f.

106 Leibnitz: Memorabilia 1674, S. 18f. mit S. 39–41 und Tafel zu S. 16.

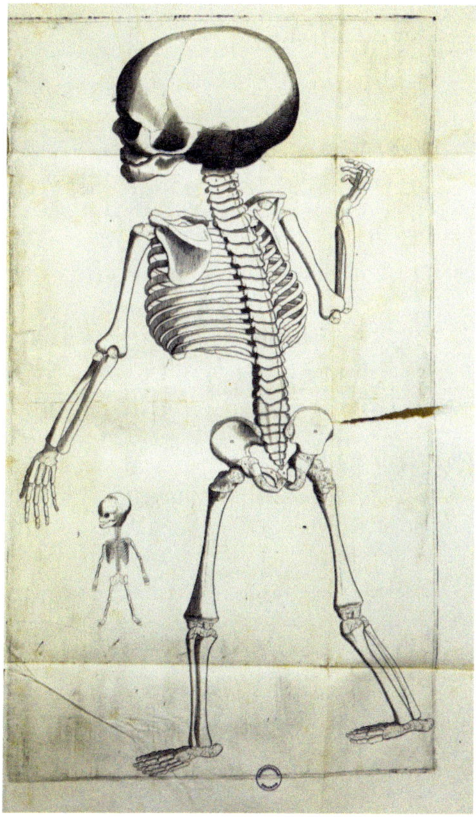

Abb. 2.12 (links): Knochenpräparat eines vierfüßigen Huhns von Georg Palma, 1573 (Kupferstich in Coiter: Explicationes 1575; StadtBN, 1 an Med. 238.2°, Taf. III, Detail)
Abb. 2.13 (rechts): Knochenpräparat eines Embryos von Volcher Coiter (Kupferstich in Coiter: Tabulæ 1572; StadtBN, Med. 238.2°, Taf. 2)

einer Kupferstichtafel und im Frontispiz abbilden ließ (Abb. 2.7 und 2.10). Als ein Fund aus dem Jahr 1564 ausgewiesen wurden Kuhhörner, die in ihrer Materialität einem Hirschgeweih glichen (Kat. 3.3). Ein menschlicher Schädel ist wegen der Hornansätze auf der Stirn (Kat. 3.5), das Skelett eines Huhns als Missgeburt mit vier Beinen (Kat. 3.1, Abb. 2.12) gewiesen worden.[107]
Zu den von Johann Jacob Leibnitz erwähnten menschlichen Skeletten zählten weitere Schädel, unter denen das von einem Schweden stammende Exemplar durch seine außergewöhnliche Härte auffiel (Kat. 3.6), und das Präparat eines Embryos oder Kleinkindes, das im Frontispiz vielleicht auf einem der unteren Regalböden darge-

107 Zum gehörnten Schädel s. auch den Beitrag von Eva Dolezel in diesem Band.

stellt ist (Kat. 3.1, Abb. 2.13). Des Weiteren waren in der Stadtbibliothek Präparate von Eule, Frosch, Schildkröte, Wiesel, Reiher, Luchs, Storch, Adler, Wolf und Affe sowie der Schädel einer Gazelle vorhanden; ein Eichhörnchen in einem Holzkasten ging 1627 als Geschenk des Ratsschreibers und Unterbibliothekars Christoph Girschner (1552–1629) ein (Kat. 3.2). An den Schluss setzte Johann Jacob Leibnitz ein hölzernes Écorché (*fabrica hominis*), als dessen Autor er den von 1569 bis 1575 in Nürnberg tätigen Anatomen und Arzt Volcher Coiter (1534–1576) bezeichnete (Kat. 3.1; vgl. Kat. 21.1 mit Abb. 2.51).[108] Dessen Bildnis hing zusammen mit dem 1672 übergebenen Porträt seines Nachfolgers Georg Palma (1543–1591, Kat. 21.2) an einer Wand des zweiten Kreuzgangflügels und damit in unmittelbarer Nachbarschaft. Es zeigt ein ebensolches Modell des menschlichen Körpers mit Knochen und Muskeln, aber ohne Haut vor dem Mediziner auf einem Tisch stehend.[109] Nicht von Leibnitz angesprochen wurde das auf dem untersten Regalboden abgebildete ausgestopfte Tier.[110] Die gemeinsame Überlieferung von Porträt und Écorché bietet das überzeugendste Indiz für die Herkunft der für eine Bibliothek ungewöhnlich umfangreichen Kollektion von Knochenpräparaten: Sie ist vermutlich aus dem Nachlass des 1576 verstorbenen Volcher Coiter von der Stadt übernommen worden und befand sich bereits im frühen 17. Jahrhundert in der Bibliothek, so dass zu ihrer Aufbewahrung beim Umbau 1624/26 ein Einbauschrank mitgeplant und auch realisiert wurde (Abb. 1.1, 2.7).[111] Über den Verkauf der Skelette hatte die Witwe 1577 erfolglos Verhandlungen mit Kurfürst August von Sachsen (1526–1586) geführt; im Briefwechsel werden neben Affen auch *zwei Skelette von Mann- und Weibsperson, daran kein Gebein fehle,* erwähnt.[112] Eines dieser Menschenskelette ist im Frontispiz zu den ‚Memorabilia' von Johann Jacob Leibnitz in einem der im Gang stehenden Kästen zu erkennen; es blieb vom Verfasser aber unerwähnt (Abb. 2.7).[113] Für die genannte Provenienz spricht auch die oben erwähnte Missgeburt eines Huhns mit vier Beinen: Es handelte sich wahrscheinlich um ein Präparat, das von Georg Palma 1573 für seinen Freund und Kollegen Volcher Coiter angefertigt und auf dem zugehörigen Holzssockel signiert und datiert worden war. Als Abbildung ist es eingegangen in Volcher Coiters 1575 erschienenes Werk ‚Diversorum animalium sceletorum explicationes iconibus ... illustratae' (Abb. 2.12).[114] Bereits 1572 hatte Coiter seine Forschungsergebnisse

108 Leibnitz: Memorabilia 1674, S. 19 mit Erläuterung auf S. 41.

109 Sowohl Johannes Saubert als auch Johann Michael Dilherr erwähnen das Porträt, wollen im Dargestellten aber übereinstimmend Georg Palma erkennen; dessen Porträt erhielt die Bibliothek aber nachweislich erst 1672 (Kat. 21.2). Die Verwechslung entstand wohl, weil im Bildnis Volcher Coiters eine den Dargestellten identifizierende Inschrift fehlt und weil die Übernahme von Palmas Büchersammlung im Jahr 1592 noch präsent war; Saubert: Historia 1643, S. 97; Bock: Bibliotheksbesuch 1952, S. 224 Anm. 17.

110 In späteren Beschreibungen ist von der *Haut eines Luchsen* die Rede; Blainville: Extract 1765, S. 51.

111 Herrlinger: Coiter 1952, S. 104–108.

112 Weber: Anna 1865, S. 315.

113 Weber: Anna 1865, S. 315.

114 Coiter: Explicationes 1575, Tab. III; dazu Herrlinger: Coiter 1952, S. 47–103.

zu Embryonen veröffentlicht; in Verbindung mit diesen Studien entstanden wohl die von Johann Jacob Leibnitz erwähnten und von Johann Alexander Boener im Schrank abgebildeten Präparate von Föten oder Kleinkindern, die den Illustrationen zu Coiters Publikation ähneln (Abb. 2.13, vgl. Abb. 2.7).[115] In der Summe sprechen die Indizien dafür, dass der Komplex von Knochenpräparaten und Écorché als die älteste für die Bibliothek übernommene Objektsammlung anzusehen ist; Vorbesitzer dürfte Volcher Coiter gewesen sein. sein. Mit den Naturalien könnte auch das Porträt des Arztes übernommen worden sein.

4.3 Der dritte Flügel des Kreuzgangs

Im dritten Umgang bei den juristischen Büchern war seit der Übergabe durch den Kirchenpfleger Lukas Friedrich Behaim von Schwarzenbach (1587–1648, Kirchenpfleger seit 1643) im Jahr 1645 ein Reliquienschrein ausgestellt, der 1513 für die dann 1553 abgebrochene, vor den Toren der Stadt gelegene Hauskapelle des Sebastianspitals bestimmt gewesen war (Kat. 11, Abb. 2.14–15).[116] In der reformierten Stadt seines ursprünglichen Zwecks enthoben und der von ihm umschlossenen Reliquien des Hl. Sebastian beraubt, wurde der Schrein für seine Materialität geschätzt, als Zeugnis einer verwerflichen Verehrung aber verachtet.[117] Johann Jacob Leibnitz bezeichnete das auf einer Kupferstichtafel detailliert abgebildete Reliquiar als *Chalciœcon* und verglich dessen mit Silberblechen beschlagenen Holzkorpus mit dem Tempel der Athena Chalkioikos in Sparta, der mit Erzplatten verkleidet gewesen sein soll. Die Bemerkung ist mehr als einer der zahlreich vom Verfasser eingestreuten Belege seiner Gelehrsamkeit; er verband den subtilen Hinweis auf eine heidnische Götterverehrung mit einer expliziten Aussage zur Verehrung von Reliquien aus der Sicht des evangelischen Glaubens: *Reliquiis olim sacrum erat, nobis non relictis.*[118] Leonhard Christoph Sturm hielt 1704 ausdrücklich fest, dass neben den Zeugnissen heidnischer Kulthandlungen auch Denkwürdigkeiten der drei Hauptreligionen zu den für Kunstkammern begehrten Objekten zählen; gerade *in den protestirenden Orten* bewahre man gerne *noch die Reliquien bey den Raritaeten* auf, *die von den Paebstischen Vorfahren zuruecke gelassen worden.*[119]

115 Coiter: Tabulæ 1572, Taf. 1–3; für Literatur s. die vorangehende Anm. – 1654 sah auch Georg Rumpel († 1702) in der Bibliothek neben Tierskeletten einen *foetus ex utero exfecti*; s. dazu Karp: Stadträume 2020, S. 105.

116 Zum Schrein zuletzt Frank Matthias Kammel: Das repetierte Bild. Vervielfältigte Bauplastik im Mittelalter, in: Anzeiger des Germanischen Nationalmuseums 2014, S. 9–50, hier S. 27f. – Für alle Angaben zum Schrein habe ich dem für die Skulpturen im Germanischen Nationalmuseum zuständigen Sammlungsleiter Dr. Markus T. Huber zu danken; er ist derzeit an der Entwicklung eines Restaurierungskonzepts für den Schrein beteiligt.

117 Leibnitz: Memorabilia 1674, S. 20 mit S. 41f. und Tafel zu S. 20.

118 Zu dieser Umdeutung s. Laube: Reliquie 2007, bes. S. 204–232.

119 Sturm: Raritäten- und Naturalien-Kammer 1704, S. 42.

Abb. 2.14: Reliquienschrein des Hl. Sebastian, Nürnberg, um 1510 oder 1645; Mesoamerikanische Statuette, genannt Vitzliputzli, Mittelamerika, wohl 13.–15. oder 16. Jahrhundert (Kupferstich in Leibnitz: Memorabilia 1674; StadtBN, Solg. 1549.4°, Taf. zu S. 20)

4.4 Der vierte Flügel des Kreuzgangs

Bei seiner Ankunft im vierten Umgang unterbrach Johann Jacob Leibnitz zunächst seinen imaginären Rundgang und schob zum Lob der gegenwärtigen Stifter einen Hinweis auf die letzten von der Bibliothek empfangenen Zuwendungen ein (*hæc recentia pignora sunt…*).[120] Der Kirchenpfleger Georg Sigmund Fürer (1612–1677, Kirchenpfleger seit 1666) hatte soeben am 26. Juli 1674 ungefähr acht hölzerne Schreibtäfelchen mit Predigtmitschriften Martin Luthers in Bleistift von der Hand Johann Friedrichs I., Kurfürst von Sachsen (1503–1554), übergeben (Kat. 16.2). Auf eine am 13. August 1672 verehrte Weltkarte ist bereits am Ort ihrer Aufhängung bei den historischen Büchern eingegangen worden (Kat. 33.5).

Sodann griff Johann Jacob Leibnitz die Abhandlung des letzten und schönsten Raums wieder auf (*Theologorum nunc Chorus se pandit, & elegantia & pretio omni hactenus foro superior*).[121] Er führte den Betrachter erneut zu einem Schrank, dessen genauer Standort in der Raummitte unerwähnt bleibt. In seinen Ausführungen gelang es ihm, die vier hier aufbewahrten Artefakte bei aller Unterschiedlichkeit in eine Beziehung zueinander zu setzen und für ihre gemeinsame Präsentation einen Kontext zu bieten. Hier verwahrte man als besondere Zimelien die in der Einführung von Christoph Molitor erwähnten *rara* auf, die äußerst selten nach Europa gelangten Importwaren aus China und der neuen Welt.[122] Das Behältnis bewache, so führt Johann Jacob Leibnitz aus, nach dem Vorbild der römischen Laren oder Hausgötter ein mexikanisches Götzenbild (*Mexicanum … Idolum*), das zwar aus Gold, Perlen und Edelsteinen schön gefertigt, aber von einzigartiger Hässlichkeit der Glieder (*una… membrorum fœditas*)

120 Leibnitz: Memorabilia 1674, S. 20f. mit S. 43.

121 Leibnitz: Memorabilia 1674, S. 21.

122 S. dazu unten Abschnitt 4.4 und 4.5.

Abb. 2.15: Reliquienschrein des Hl. Sebastian, Nürnberg, um 1510 oder 1645 (Holzkorpus mit Silberblechapplikationen; Nürnberg, GNM, Pl.O. 3486, Leihgabe Kunstsammlungen der Stadt Nürnberg)

sei (Kat. 9, Abb. 2.14, 2.16).[123] Die winzige Figur mit einem ehemals als Spiegel benutzten, in einer Schale eingesetzten Pyrit-Klumpen auf dem Rücken wurde in einer begleitenden Kupferstichtafel abgebildet; ihre Lokalisierung und Datierung sind von der Forschung noch nicht endgültig geklärt. Bereits 1662 hatte Johann Michael Dilherr (1604–1669, Stadtbibliothekar seit 1646) die Statuette als *Bildniß eines Indianischen Abgotts* identifiziert und als Abbild des mexikanischen Kriegsgottes Huitzilopochtli oder Vitzliputzli bezeichnet (Abb. 2.22).[124] Leibnitz wies nur allgemein auf die Herkunft der Figur aus Mexiko hin, schloss sich aber mit einem abschließenden Ausruf Johann Michael Dilherr und Christoph Molitor in der Verachtung heidnischer Völker für die Verehrung abscheulicher, tierähnlicher Götzen an: *Indignum humanarum mentium ludibrium!*[125] Dasselbe Behältnis barg als weiteres *rarum* einen chinesischen Druck

123 Leibnitz: Memorabilia 1674, S. 22 mit S. 43 und Tafel zu S. 20. – Zur Statuette s. Anders: Huitzilopochtli 1992; Willers: Focus Behaimglobus 1992, Bd. 2, Kat. 5.67; Thomas Eser: Ordnende Dinge in unordentlichen Zeiten. Die „kulturelle Gelegenheit" des 16. Jahrhunderts, in: Luther, Kolumbus und die Folgen. Welt im Wandel 1500–1600, hrsg. von Thomas Eser / Stephanie Armer, Nürnberg 2017, S. 64–72, bes. S. 66f. mit Kat. 67.

124 Dilherr: Propheten-Schul 1662, S. 469f.

125 Leibnitz: Memorabilia 1674, S. 22, 43. Christoph Molitor hatte ebenda in der Einleitung formuliert

(Kat. 10.1, Abb. 2.17), dessen Materialität und Zeichensystem Leibnitz faszinierten: Die Blätter seien angeblich aus Seidenfäden hergestellt, die chinesische Schrift kenne einige Tausend von unterschiedlichen Zeichen.[126]

Nach der gemeinsamen Vorstellung der beiden *exotica* unter den Memorabilien beschrieb Leibnitz die zwei letzten kunsthandwerklichen Objekte, indem er sie zum mexikanischen Götzenbild in Bezug setzte: Er vertausche nun die Kapelle der Schutzgeister mit dem Delphischen Orakel (*Ego quod modo lararium vidistis, non ingrata forsan vice Delphicam instruo*) und kündige einen Becher aus schimmerndem Erz, mit einzigartigem Erfindergeist zubereitet, und ein Trinkglas an (*at scypho ex orichalco nitido, raro cum ingenio parato, dein Vitro … vestro satisfacturus*). Als Erinnerungsstück an Martin Luther (1483–1546) bewahrte die Stadtbibliothek seit der Übergabe durch den Lehrer Johann Christoph Stoy († 1708) am 31. März 1672 ein Trinkglas (*Vitrum Lutheri*) samt hölzerner Kapsel auf, das der Reformator selbst in Gebrauch gehabt und kurz vor seinem Tod Justus Jonas (1493–1555) als Gastgeschenk überlassen haben soll (Kat. 14, Abb. 2.18–19).[127] Ein bei der Seite eingebundener Kupferstich zeigt die beiden mit Farbe auf den Glaskörper aufgemalten, heute kaum noch sichtbaren halbfigurigen Porträts von Schenker und Beschenktem sowie einen Teil der den Trinkspruch Martin Luthers wiedergebenden Inschrift, in dem dieser die Zerbrechlichkeit des Glases mit der Gebrechlichkeit der beiden Freunde verglich: *DAT VITRUM VITREO JONAE VITRUM IPSE LUTHERUS UT VITRO FRAGILI SIMILEM SE NOSCAT UTERQUE*. Dieses Glas sei nicht so sehr durch das Material, sondern vielmehr als Andenken an die menschliche Vergänglichkeit von herausragendem Wert (*Vitrum Lutheri est … non materia magis, quam fragilitatis humanæ hoc monumento splendidum*).

Mit ungewöhnlicher und deshalb herausstechender Ausführlichkeit wird am Schluss des Rundgangs ein aus drei Teilen bestehendes mathematisches Multifunktionsgerät beschrieben, das der Mathematiker und Instrumentenbauer Christian Heyden (1526–1576) 1552 als Erstlingswerk seinem Mäzen und Förderer, dem Kirchenpfleger Hieronymus Paumgärter d. Ä. (1498–1565; Kirchenpfleger seit 1532), gewidmet hatte (Kat. 34, Abb. 2.20–21). Die begleitende Kupferstichtafel bietet sowohl aussagekräftige Ansichten der drei Einzelteile als auch einzelner herausgegriffener Details sowie eine Gesamtansicht der zur Aufbewahrung aufeinander montierten Teile: Dar-

(S. 5): *Ipsa miserorum numina … vel ad risum, vel ad promovendam misericordiam ob cœcos rationalium animos … propununtur*. Zu Nürnberg als Druckzentrum von Literatur zur Abgötterei Mulsow: Lafitau 2012, S. 38f.

126 Leibnitz: Memorabilia 1674, S. 22 mit S. 43f.

127 Leibnitz: Memorabilia 1674, S. 22f. mit Tafel zu S. 22. – Pechstein: Luthergläser 1983; Jutta Zander-Seidel: Lutherbilder. Vom Augustinermönch zum Reformator, in: Renaissance – Barock – Aufklärung. Kunst und Kultur vom 16. bis zum 18. Jahrhundert, hrsg. von Daniel Hess / Dagmar Hirschfelder, Nürnberg 2010, S. 101–111, bes. S. 109f. mit Abb. 79 und Kat. 382f.; Stefan Laube: Süchtig nach Splittern und Scherben. Energetische Bruchstücke bei Martin Luther, in: Luthermania. Ansichten einer Kultfigur, hrsg. von Hole Rößler, Wiesbaden 2017, S. 69–90, bes. S. 82–88 und Kat. Nr. 7 (Constanze Baum).

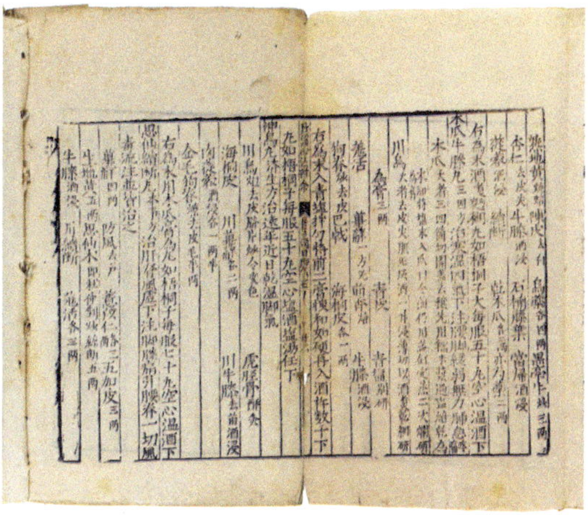

Abb. 2.16 (links): Mesoamerikanische Statuette, genannt Vitzliputzli, Mittelamerika, wohl 13.–15. oder 16. Jahrhundert (vergoldetes Silber, Pyrit, Perle; Museen der Stadt Nürnberg, Kunstsammlungen, Pl.O. 1248)
Abb. 2.17 (rechts): Chinesischer Druck, vor 1674 (StadtBN, Cent. V, App. 34b)

gestellt sind der Becher mit darin untergebrachter Hohlkugel-Sonnenuhr, das als Deckel des Gefäßes konzipierte Astrolab sowie die auf den Deckel aufschraubbare Säulchensonnenuhr.[128] Keinem anderen Objekt widmete Leibnitz so viel Aufmerksamkeit. Dieser *scyphus mathematicus* sei ein Beispiel einzigartigen Fleißes und von solcher Feinheit, dass man wohl glaube, der Bildner habe alle Kunst ausgeschöpft (*raræ hoc specimen industriæ est, ejusque elegantiæ, ut sculptoris omnem exhausisse artem credas*). In einem vormals unüblichen Unternehmen habe Christian Heyden als nicht geringster Gebieter der Zahlen, der fast den gesamten Himmel in einem kurzen Abriss zusammengefasst habe, so viele Dinge mit kleinen Linien ausfindig gemacht (*Næ, inusitato antea conatu, tantas res parvis lineis reperit non infimus numerorum arbiter Christianus Heiden, qui universum fermè cœlum brevi hoc compendio contraxit*). Die vielfältigen Funktionalitäten des Gerätes waren sodann Gegenstand der den Rundgang beschließenden Ausführungen.

128 Leibnitz: Memorabilia 1674, S. 23–25 mit S. 44 und Tafel zu S. 23. – Zum Gerät s. Willers: Focus Behaimglobus 1992, Bd. 2, Kat. 1.107 (Johannes Willers), zu Christian Heyden s. Hans Gaab: Astronomie in Nürnberg. Das Astronomieportal in der Region, https://www.astronomie-nuernberg.de/index.php?category=personen&page=heyden-christian, 16.11.2020).

4.5 Das Fremde einbinden: Ordnung geben und Kontexte anbieten

Bei den Büchern wurden also, wie von Johann Jacob Leibnitz angekündigt, neben Naturalien auch von menschlicher Hand geschaffene Kunstwerke und Antiquitäten aufbewahrt. Der ersten Gruppe sind ausschließlich Beispiele aus dem Bereich der *mineralia* und *animalia*, der zweiten eine geschnitzte Tischplatte, ein gemaltes Nachtstück und kunsthandwerkliche Gegenstände vom Reliquienschrein über ein Trinkglas bis hin zu einem mathematischen Multifunktionsgerät zuzurechnen; die letzte Gruppe bestand aus vier Gefäßen aus Ton. Als von Christoph Molitor angekündigte Raritäten kamen dazu ein chinesischer Druck und die Statuette des Vitzliputzli.

Die Aufstellung der Realien war der Ordnung der Bücher angepasst worden: Aus der Beschreibung von Johann Jacob Leibnitz lässt sich eine zwar nicht konsequent durchgehaltene, aber dennoch erkennbare planvolle Verteilung der in die Bibliothek aufgenommenen Objekte auf die fünf Fakultäten in den vier Umgängen ablesen. So erlaubte das im Nordflügel präsentierte Gemälde mit einer sehr frühen gemalten Darstellung eines Kometendurchgangs die unmittelbare Konsultation der relevanten, nahebei aufgestellten mathematischen und astronomischen Schriften aus dem philosophischen Fach (Kat. 60).[129] Bei den historischen Büchern hing passend eine Weltkarte (Kat. 33.5), unmittelbar im Regal mit den medizinischen Texten war ein Schrank mit der Naturaliensammlung untergebracht, weitere Kisten mit einzelnen Skeletten standen benachbart im Gang (Kat. 3.1–3.6). Das Steinerne in diesen Beständen rechtfertigte auch die Einbeziehung der vier antiken Tongefäße (Kat. 1–2), die zusätzlich durch die in der Nähe des Schrankes aufgestellten historischen Werke begründet werden konnte. Auch bei dem Trinkglas Martin Luthers (Kat. 14) oder dem Götzenbild (Kat. 9) kann ein Bezug zu den umstehenden Schriften der theologischen Fakultät hergestellt werden, während für die Einordnung des chinesischen Drucks die im vierten Umgang aufbewahrten Bücher in orientalischen Sprachen ausschlaggebend gewesen sein könnten (Kat. 10.1). Bei einzelnen Objekten wie der von Johann Neudörffer gestalteten Tischplatte (Kat. 27) oder dem mathematischen Becher Christian Heydens (Kat. 34) kann ein solcher Bezug nicht festgestellt werden; hier mögen praktische Gründe wie der verfügbare Platz oder die Sicherung gegen Diebstahl eine Rolle gespielt haben. Die frei im Raum aufgestellten oder in Möbeln eingeschlossenen Gegenstände traten also einerseits in Relation zueinander, andererseits in Beziehung zu den daneben auf Regalböden stehenden Büchern – so, wie von Christoph Molitor im Vorwort beschrieben und von Kaspar Friedrich Neickel 1727 für Museen zum Vorteil der Benutzer gefordert.[130]

Der Momentaufnahme aus dem Jahr 1674 ist zu entnehmen, dass der an die „hybride“ Sammlung gestellte Anspruch, im Zusammenspiel von Objekt und Schriftträger zu belehren, durch das räumliche Zusammenrücken der Medien bei verwandten Inhalten auch eingelöst wurde. Zum Teil etwas angestrengt wirkt der Versuch des Johann Jacob Leibnitz, für als Gruppe gemeinsam präsentierte Objekte eine Begründung zu

---

129 S. oben bei Anm. 75–76.

130 S. dazu oben Abschnitt 3 sowie den Beitrag von Eva Dolezel in diesem Band.

liefern. So stellte er für so unterschiedliche Gegenstände wie antike Tongefäße, Materialproben von biblischen Orten im Heiligen Land, Fossilien wie verkieselte Hölzer oder Konkremente die allen gemeine steinerne Materialität heraus. Die Diversität der unter dem Oberbegriff *mineralia* subsummierten Gegenstände wirkt heute überraschend, war aber für Kunstsammlungen seit dem 16. Jahrhundert gängige Praxis.[131] Auch weil er seine Zuhörer mit seiner Gelehrsamkeit beeindrucken wollte, nahm seine Argumentation manchmal etwas verwegene Züge an, so wenn er bei den menschlichen Blasen-, Nieren- und Gallensteinen auf den Deukalion-Mythos verwies und in den Konkrementen Reste der Nachkommen zu entdecken vermeinte, die Deukalion und seine Frau durch das Werfen von Steinen über ihre Schultern zeugten[132], oder wenn er den Wert des giftabweisenden Hafens mit Gefäßen aus Onyx und Flussspat gleichsetzte, um einen Beleg für die steinerne Materialität zu liefern[133].
Insbesondere anhand der Präsentation von fremden Objekten aus längst vergangener Zeit oder geographisch weit entfernten Kulturräumen lassen sich Prozesse einer kreativen Aneignung ablesen.[134] So suchte Johann Jacob Leibnitz, unter Heranziehung wissenschaftlicher Literatur für Öllampen und bemalte Keramiken aus der Antike eine Verwendung in religiösen Handlungen bzw. im Rahmen des Totenkults nachzuweisen (Abb. 2.8–9). Die Re-Kontextualisierung des bedeutendsten *ethnographicum* in der Stadtbibliothek erfolgte nach einem für Nürnberger Theologen um 1650 typischen Deutungsmuster: Die affenartige Figur wurde als Darstellung des aztekischen Kriegsgottes identifiziert und so zu einem Beleg für die in einer inferioren Kultur praktizierte Götzenverehrung.[135] In der Ostgalerie mit den theologischen Büchern fand sie als Negativbeispiel ihren Ort. Gleichzeitig lud die originelle Präsentation Seite an Seite mit zwei weiteren kunsthandwerklichen Objekten in einem Schrank zum Staunen ein und vermochte durch die vergleichende Betrachtung Assoziationen auszulösen und Erkenntnisprozesse anzustoßen.[136] Die Konfrontation des hockenden, einen Spiegel tragenden Äffchens mit dem Lutherglas und einem multifunktionalen mathematischen Gerät erlaubte Vergleiche im Hinblick auf die verwendeten Materialien und die Kunstfertigkeit der Ausführung. Während die mexikanische Figur auch aufgrund der abnormen Darstellung in hockender Position mit aus dem

131 Zum Steinernen s. Bredekamp: Antikensehnsucht 2002, S. 19–26; Daston / Park: Wonders 1998, S. 135–172, bes. S. 146–159; Felfe: Formkräfte 2015; vgl. die Beiträge in Adamowsky / Böhme / Felfe: Ludi naturae 2011.

132 Leibnitz: Memorabilia 1674, S. 16.

133 Leibnitz: Memorabilia 1674, S. 17.

134 Zu diesem Begriff und diesen Prozessen s. Neumann: Präsenz (Einleitung) 2015. - Zur sich wandelnden Deutung von Objekten und zur Präsentation eines Objekts in einer Sammlung als Deutung desselben s. Krzysztof Pomian: Der Ursprung des Museums. Vom Sammeln (Wagenbachs Taschenbuch 302), Berlin 1998 (deutsche Erstausgabe 1988), S. 38–70.

135 Zur Identifikation s. Anders: Huizilopochtli 1992; zu Nürnberg als Druckzentrum von Literatur zur Götzenverehrung Mulsow: Lafitau 2012, S. 38f.

136 Zur Präsentation von Objekten in Wunderkammern s. Daston: Neugierde 1994; Findlen: Zeit 1994; Park / Daston: Wonders 1998, S. 120–126, 255–301; Neumann: Präsenz (Einleitung) 2015, S. 12–23. S. auch den Beitrag von Eva Dolezel in diesem Band.

Abb. 2.18 (links): Trinkglas Martin Luthers (Kupferstich in Leibnitz: Memorabilia 1674; StadtBN, Solg. 1549.4°, Taf. zu S. 22)
Abb. 2.19 (rechts): Trinkglas Martin Luthers, Tirol (?), um 1530/40, Futteral aus gedrechseltem und bemaltem Holz (Nürnberg, GNM, Gl 206a und 206b, Leihgabe Kunstsammlungen der Stadt Nürnberg)

Maul hängender Zunge abqualifiziert wurde, stachen das Trinkglas durch immaterielle Qualitäten als emotional aufgeladenes Relikt des großen Reformators und als Mahnmal der menschlichen Vergänglichkeit sowie der *scyphus mathematicus* als multifunktionales Präzisionsgerät durch Wissen und Gelehrtheit seines Schöpfers hervor (Abb. 2.14 unten; 2.16, 2.18–19). Das zu diesem Zeitpunkt einzige *scientificum* unter den Memorabilien der Stadtbibliothek gewann im Kontrast mit den beiden anderen Artefakten als Beleg für den menschlichen Erfindergeist und für eine meisterhafte Anwendung der Gesetze der Mathematik an Bedeutung und wurde in diesem Sinn am Ende quasi als Höhepunkt des Rundgangs in aller Ausführlichkeit vorgestellt.

4.6 Anfänge der Memorabiliensammlung und frühe Nutzung zur Wissensgenerierung

Wahrscheinlich referierte der junge Student in seiner Rede Wissen um die wohlgeordnete und aufeinander abgestimmte Präsentation von Büchern und Dingen, das er von seinem Vater in seiner Funktion als Stadtbibliothekar erhalten hatte. Indizien deuten jedoch darauf hin, dass das Konzept für die parallele Anordnung von Büchern und Dingen bereits auf die Vorgänger des Justus Jacob Leibnitz zurückgehen muss. Der Einbau des Schrankes für die zu diesem Zeitpunkt bereits vorhandenen Naturalien aus dem Nachlass Volcher Coiters und für die Antiquitäten mit unbekanntem Zugangsdatum dürfte mit der Erweiterung des Bibliotheksraumes im Jahr 1624/26 unter Beteiligung des Stadtbibliothekars Christoph Reich stattgefunden haben. Johannes Saubert erwähnte dessen Inhalt summarisch 1643; für die zahlreichen Führungen durch Bücher- und Memorabilienbestand wird der Stadtbi-

Abb. 2.20 (links): Christian Heyden, sog. *scyphus mathematicus*, bestehend aus Bechersonnenuhr, Astrolab und Zylindersonnenuhr, Nürnberg 1552 (Kupferstich in Leibnitz: Memorabilia 1674; StadtBN, Solg. 1549.4°, Taf. zu S. 23)
Abb. 2.21 (rechts): Christian Heyden, sog. *scyphus mathematicus*, bestehend aus Bechersonnenuhr, Astrolab und Zylindersonnenuhr, Nürnberg 1552 (vergoldetes Messing; Nürnberg, GNM, WI 0029, WI 0019, WI 0035, Leihgabe Kunstsammlungen der Stadt Nürnberg)

bliothekar im Nachruf 1647 gelobt.[137] Intensiver beschäftigte sich mit dem Bestand Johann Michael Dilherr. Seine umfassenden Kenntnisse lassen sich dem einzig erhaltenen Protokoll einer Bibliotheksführung vom 17. August 1658 entnehmen, die der Stadtbibliothekar zu Papier brachte, nachdem er Kaiser Leopold I. anlässlich von dessen erstem Einzug in Nürnberg durch die Bibliothek hatte führen dürfen.[138] Vielleicht war es eine Funktion dieser Niederschrift, seinen Nachfolgern als Muster für die Gestaltung eines Rundgangs mit einer geschickt gemischten Präsentation des „hybriden“ Bestandes zu dienen. In mindestens zwei Buchprojekten verwertete Dilherr Erkenntnisse, die auf eine intensive Beschäftigung mit einzelnen Memorabilien schließen lassen. In der 1662 veröffentlichten ‚Propheten Schul‘, einer Betrachtung und Auslegung der alttestamentlichen Prophetenbücher, nutzte er das 16. Kapitel über den Propheten Jeremia für Ausführungen zu Abgötterei und Götzendienst – ein Thema, das in zahlreichen Publikationen Nürnberger Verlage zu dieser Zeit abgehandelt wurde.[139] Den Abschnitt illustrieren sieben Kupferstiche mit Beispielen für die Verehrung von teufels- oder tiergestaltigen Gottheiten durch heidnische Völker.[140] Die letzte Tafel zeigt eine Reproduktion der mexikanischen Statuette, die – auf übermenschliche Größe gebracht – auf einen Sockel gesetzt wurde und vor der fünf

137 Saubert: Historia 1643, S. 84.
138 Bock: Bibliotheksbesuch 1952; zu weiteren von Dilherr geführten Besuchern Karp: Stadträume 2020, S. 95–131. Ausführlich dazu Abschnitt 11 dieses Beitrags.
139 Mulsow: Lafitau 2012, S. 38f.
140 Dilherr: Propheten-Schul 1662, zu S. 469; dazu Anders: Vitzliputzli 1992.

Abb. 2.22: Vitzliputzli als Abgott (Kupferstich in Dilherr: Propheten-Schul 1662; StadtBN, Solg. 455.4°, Taf. VII zu S. 469)

Männer in indianischer Kleidung anbetend knien (Abb. 2.22). In der zugehörigen Legende gibt der Autor scheinbar wohlinformiert Auskunft über Identifikation, Herkunft und Aufbewahrung der Statuette: *Bildniß eines Indianischen Abgotts: wie solches mit aus Indien Herausgebracht, und in die Bibilothec* [sic!] *zu Nurnberg Verehret worden.* Im Begleittext *Von dem fürnehmsten Gözen der Indianer, den sie VITZLIPUTZLI … nennen* identifizierte er unter Bezugnahme auf ältere Publikationen das Figürchen mit der heraushängenden Zunge als Darstellung des Vitzliputzli, des Kriegs- und Sonnengotts der Azteken. Obwohl Johann Jacob Leibnitz nur von einem mexikanischen Götzenbild (*Mexicanum… Idolum*) sprach und Dilherrs Beschreibung entlegen publiziert wurde, hat sich die Bezeichnung der Statuette als Vitzliputzli bis heute gehalten; in der Bibliothek dürften daher separat auf Johann Michael Dilherr zurückgehende mündliche Informationen vorgelegen haben und tradiert worden sein.

Bereits 1641 war Johann Michael Dilherr – zu diesem Zeitpunkt noch als Professor in Jena – an der Schlussredaktion der von der Nürnberger Familie Endter verlegten Weimarer oder Kurfürstenbibel beteiligt gewesen.[141] Als elf Jahre später die vierte Ausgabe dieser Bibel um neue Illustrationen vermehrt werden sollte, dürfte Johann Michael Dilherr für die neun Bildnisse von Moses, vier Propheten und vier Evangelisten Hinweise geliefert und dabei aus seiner Kenntnis der mittlerweile von ihm als Stadtbibliothekar betreuten Bestände geschöpft haben. In den Beischriften wird stets das hohe Alter der verwendeten Vorlagen und damit die Authentizität der Darstellungen betont. Der griechischen Inschrift zur Figur des Propheten Ezechiel und der Abbildungslegende ist zu entnehmen, dass in diesem Fall eine im Vatikan aufbewahrte byzantinische Handschrift reproduziert wurde: *Bildnis deß Propheten*

141 Zur Weimarer oder Kurfürsten Bibel s. Oertel: Endter-Bibeln 1983, bes. S. 87–91; Jahn: Kurfürstenbibel 1986, bes. S. 36, 56–59, 78.

Abb. 2.23 (links): Bildnis des Propheten Ezechiel nach einer im Vatikan aufbewahrten Handschrift (Kupferstich von Peter Troschel, entstanden für die vierte Ausgabe der Kurfürstenbibel von 1652, hier abgebildet nach der neunten Auflage von 1700; StadtBN, Theol. 1194.2°, bei S. 140)
Abb. 2.24 (Mitte): Bildnis des Moses nach einer in der Stadtbibliothek aufbewahrten byzantinischen Ikone (?) (Kupferstich von Peter Troschel, entstanden für die vierte Ausgabe der Kurfürstenbibel von 1652, hier abgebildet nach der neunten Auflage von 1700; StadtBN, Theol. 1194.2°, bei S. 1)
Abb. 2.25 (rechts): Bildnis des Moses nach einer in der Stadtbibliothek aufbewahrten byzantinischen Ikone (?) (Kupferstich von Joseph von Montalègre, entstanden für die elfte Ausgabe der Kurfürstenbibel von 1708, hier abgebildet nach der zwölften Ausgabe von 1720; StadtBN, Theol. 30.2°, bei S. 1)

Ezechiel, Wie es in etlichen vralten Bibliothecen zu sehen ist (Abb. 2.23).[142] Für die Darstellung des Moses mit Stab in der Hand vermittelte Johann Michael Dilherr dem Kupferstecher Peter Troschel (1615–1680) eine Vorlage aus der Stadtbibliothek; in der Beischrift heißt es: *Das Bildnis Mosis Wie es auf einer alten Tafel in der Bibliothec zu Nürnberg zu sehen* (Abb. 2.24). Als die Kupferplatte 1708 erneuert werden musste, nutzte der Stecher Joseph von Montalègre († 1718) gemäß Inschrift abermals die genannte Vorlage: *Das Bildnus Deß großen Israelitischen Heerführers Mose / nach dem in der Nürnbergischen Stadt-Bibliothec von vielen Jahren her aufbehaltenen ur-*

142 Als Vorlage diente ein Reproduktionsstich nach einer Vorlage im Vatikan in Jerónimo de Prado / Juan Bautistat Villalpando: In Ezechielem explanationes, et apparatus urbis ac templi Hierosolymitani, commentariis et imaginibus illustratus, Rom 1596 (https://reader.digitale-sammlungen.de/de/fsl/object/display/bsb10142955_00028.html; 21.5.2020); dazu und zum Bibelprojekt Oertel: Endter-Bibeln 1983, bes. S. 91, 97; Jahn: Kurfürstenbibel 1986, bes. S. 36, 56–59, 78.

alten Gemähld abgezeichnet (Abb. 2.25). Fast zur selben Zeit, nämlich im Jahr 1654, behauptete Johann Michael Dilherr bei einem Bibliotheksrundgang, das Bildnis des Moses stamme aus einer Kunstkammer in Mantua und falle durch seine ungewöhnliche Ikonographie auf: So wie in Wittenberg ein altes Bildnis des Apostels Paulus gewiesen würde, so habe man in Nürnberg eine Darstellung von *Moysis, welcher wie ein Mohr schwartzbraun mit einem schmalen kurtzen bart und krauses Haar gemahlet war, und soll dieses effigies … von Mantua ausz der Kunstkammer nach Nbrg bracht worden seÿn.*[143] Johann Michael Dilherr übertrug somit eine aus der Textkritik bekannte Argumentation auf Bilder. Die Analogie erschließt sich anhand seines Umgangs mit einem von ihm ebenfalls im Bestand der Stadtbibliothek vorgefundenen griechischen Evangelistar. Die von ihm bis in die Zeit der Urkirche zurückdatierte Handschrift legte er 1658 Kaiser Leopold I. mit einer konfessionell motivierten verbalen Spitze vor, indem er ausgab, sich als Anhänger des evangelischen Glaubens an alten, somit authentischen Quellen zu orientieren und sich nicht auf im Verlauf der Jahrhunderte „verderbtes“ Brauchtum zu verlassen: *„Dieses ist das rareste Buch der Bibliotheck“; Der Ertz-Hertzog besahe es sehr fleissig, und sagte: „Wir können es nicht lesen; da werdet ihr ja finden, wie es vor Alters gewesen“. Ich antwortete: „Ja, Gnädigster Herr, und nach solchen uhralten Exemplaren richten wir uns. Dann es stehet im Jure Canonico aus dem Hieronymo: Ut veterum librorum fides de Ebreis voluminibus examinanda est: Ita novorum Graeci sermonis normam desiderat“.*[144] 1786 hing das Bildnis des Moses im Umgang mit den theologischen Büchern; es muss sich gemäß einer Beschreibung aus dem Jahr 1843 um eine Darstellung in Halbfigur gehandelt haben, die zusammen mit einer ebensolchen Darstellung des Apostels Paulus 1852 versteigert wurde (Kat. 26.1).[145] Die Stecher hielten sich 1652 und 1708 nicht sklavisch an die Vorlage und ergänzten die Halb- zur Vollfigur vor einer Landschaft. Markant ist jedoch der bereits 1654 vermerkte Kopf von orientalischem Typus mit dunklem, lockigem Bart- und Haupthaar, der entschieden von der abendländischen Moses-Ikonographie abweicht. Vermutlich handelte es sich somit bei der Vorlage um ein spätantikes Bildnis oder eine byzantinische Ikone und somit tatsächlich um ein Gemälde von beträchtlichem Alter.

143 Aus der Reisebeschreibung des Georg Rumpel († 1702) zitiert Karp: Stadträume 2020, S. 106.

144 Bock: Bibliotheksbesuch 1952, S. 220f. – Gegenstand der Ausführungen war ein heute in das 12. Jahrhundert datiertes Evangelistar (StadtBN, Cent. V, App. 40); zu diesem s. Ingeborg Neske: Die lateinischen mittelalterlichen Handschriften 2: Bibelhandschriften und Liturgica einschließlich der griechischen Texte (Die Handschriften der Stadtbibliothek Nürnberg 2), Wiesbaden 1987, S. 70f. 1788 vermerkte der Ansbacher Universalgelehrte Friedrich Karl Gottlob Hirsching (1762–1800) zu diesem Band, man habe *so gar im vorigen Jahrhundert diese Handschrift fuer so alt gehalten, als die Apostel* (Hirsching: Versuch 1788, S. 28f.). – Vgl. Karp: Stadträume 2020, S. 95–109, bes. S. 100.

145 Murr: Memorabilia 1786, S. 12; Schwemmer: Kunstsammlungen 1949, S. 197–203 zitiert als Beilage IV ein *Verzeichnis aller der Commune gehörigen Gemälde* aus dem Jahr 1843 (StadtAN, V d 4, Nr. 13); als Nr. 282 wird hier ein aus der Stadtbibliothek stammender *Kopf des Moses* genannt, der zusammen mit einem Kopf des Paulus und einer Darstellung von Paulus und Timotheus 1852 versteigert worden ist.

Als Bibliothekar und Kämmerer beschäftigte sich Johann Michael Dilherr nicht nur intensiv mit den ihm anvertrauten Objekten; in Einzelfällen nutzte er sie wie Primärquellen, interpretierte und publizierte sie und führte sie so in den wissenschaftlichen Diskurs ein. Die mexikanische Statuette genauso wie das heute verlorene Bildnis des Moses nahmen lange eine prominente Stellung unter den Schätzen der Stadtbibliothek ein. Es ist nicht gänzlich von der Hand zu weisen, dass Johann Michael Dilherrs Forschungen entscheidend zu einem höheren Ansehen der Memorabiliensammlung beitrugen. Eine Momentaufnahme von den zu den einzelnen Artefakten vorliegenden Informationen und ihrer Ordnung lieferte Johann Jacob Leibnitz 1674.

5 *Scientifica* in der Stadtbibliothek: Die Ayrerische Instrumentensammlung

Im ausgehenden 17. Jahrhundert dürfte die Memorabiliensammlung ihre Hochzeit erreicht haben: Nachdem Johann Jacob Leibnitz ihr 1674 mit dem Druck seiner Universitätsrede zu öffentlicher Aufmerksamkeit verholfen und dabei der besonderen Wertschätzung des einzigen vorhandenen mathematischen Geräts Ausdruck verliehen hatte, entschloss sich der Rat 1675 zu einer namhaften Erweiterung. Er erwarb auf Betreiben des Kirchenpflegers Georg Sigmund Fürer (1612–1677, Kirchenpfleger seit 1666) von dem seit 1672 in Nürnberg als Arzt tätigen Immanuel Wilhelm Ayrer (1647–1690) für 225 Gulden einen 44 Nummern umfassenden Bestand an mathematischen und astronomischen Instrumenten, der von dem Arzt Melchior Ayrer (1520–1579) angelegt und von dessen Sohn Julius (1555–1612) bzw. von dessen gerade verstorbenem Enkel Johann Aegidius (1598–1674) ausgebaut und gepflegt worden war.[146] Einer Aufzählung im Testament des Julius Ayrer sind Umfang, Inhalt und geschätzter Wert der Kunstkammer zu entnehmen; seinem noch unmündigen Sohn vermachte er im frühen 17. Jahrhundert im Voraus *alle solche Künst* (nämlich ein vom Vorlasser aufgebauter und geordneter Bestand an Gemälden und Graphiken) *beneben der bibliothec, Rüstungen, Wehrn, wie In gleichen meinen globis, instrumentis musicalibus, Conterfeiten, vnnd was Ich sonsten an Geometrischen oder Astronomisch sachen hinderlassen, vnnd vorhanden sein wird, nichts außgenommen, welches alles miteinander Ich vngefehr vf Eintausend gulden werth scheze.*[147] Nach dem Tod des Erben Johann Aegidius begann mit dem gut abgrenzbaren Bestand der wissenschaftlichen Geräte der Ausverkauf eines der bedeutendsten privaten Kunstkabinette in Nürnberg, das vor allem für seine Sammlungen an Gemälden sowie an ca. 20.000 Kupferstichen, Holzschnitten und Zeichnungen gerühmt wurde. Das Eintreffen der Neuerwerbung des Kirchenpflegers in der Stadtbibliothek datiert Justus Jacob Leibnitz laut Zugangsverzeichnis auf den 21. März 1675: [1675] *d*[en] *21. Martij die*

---

146 Zu Melchior Ayrer und seinen Nachfahren s. Wolfangel: Ayrer 1957, bes. S. 29–39; zur Kunstsammlung zusätzlich WGN Bd. 5, 1755, S. 41; Hampe: Kunstfreunde 1904, S. 87; Schwemmer: Kunstsammlungen 1949, S. 125 sowie jetzt ausführlich Kettner: Beginn 2013, S. 73–87. Vgl. zu Kunstkammern in Nürnberg auch den Beitrag von Claudia Valter in diesem Band.

147 Aus dem Testament (StAN, Rep. 78, Reichsstadt Nürnberg, Testamente, Nr. 1254, S. 158–162) zitiert erstmals Kettner: Beginn 2013, S. 79f.

Ayrerischen Instrumenta Mathematica, 44 Stück, samt beygefügtem Catalogo. Welche Instrumenta in einem neuen Schranck oder Behalter, neben dem Anatomico, zusam-[m]*en geordnet worden in dem andern Ambulacro Bibliothecæ. Sind gekaufft worden p*[ro] *225 fl.*[148] Um den ansehnlichen Bestand mit über 40 Positionen angemessen unterzubringen, wurde im zweiten Umgang des Kreuzgangs bei den historischen und medizinischen Büchern ein Pendant zum Schrank mit den Naturalien eingerichtet. Am 11. August 1675 bereicherte der Kirchenpfleger – selbst ein Liebhaber von Mathematik, Geographie und Astronomie – den von ihm erworbenen Bestand um einen der auch in Nürnberg produzierten Proportionalzirkel, ein Gerät für das Rechnen mit Streckenlängen und Streckenverhältnissen (Kat. 59): [1675] *Zu diesen Instrumentis Mathematicis verehrte H*[errn]. *KirchenPflegers Herrl*[ichkeit]. *einen Proportional Circul, d*[en] *11. Augusti.*[149]

Als gesicherter Bestandteil dieser Sammlung gelten die neun von Johannes Praetorius (1537–1616) in Zusammenarbeit mit Nürnberger Goldschmieden zwischen 1562 und 1571 für Melchior Ayrer ausgeführten Prunkgeräte aus vergoldetem Messing und mit eingravierten Bildprogrammen (Kat. 44–45, 47–48, 51–55, Abb. 2.29–32).[150] Mit dem Erwerb von Instrumenten in einer solchen Pracht begab sich der Besitzer einer bürgerlichen Kunstkammer in direkte Konkurrenz zu fürstlichen Sammlungen: Kurfürst August von Sachsen (1526–1586) bestellte zeitgleich bei Johannes Praetorius Erd- und Himmelsglobus sowie Astrolab in exakt derselben Ausführung.[151] Die genaue Zusammensetzung der insgesamt aus mehr als 40 Einheiten bestehenden Ayrerischen Sammlung war bisher unbekannt, da der mit den Objekten eingelieferte Katalog im Original verloren gegangen ist. 1821 edierte Gottfried Christoph Ranner (1754–1839, Stadtbibliothekar seit 1814) jedoch als Beilage A zu seiner Geschichte der Stadtbibliothek *das alte schriftliche Verzeichniß aller der mathematischen Instrumente, welche die Bibliothek vormals gehabt hat.* Im Abdruck gesondert ausgewiesen sind die von Johann Christoph Stürmer von Unternesselbach (1775–1828), Advokat und Professor für Mathematik am Egidiengymnasium, nach einer Revision eingetragenen Korrekturen.[152] In Anbetracht der gezählten 44 Nummern liegt die Ver-

148 StadtBN, AK. 1, f. 100v.

149 Zur Schenkung s. StadtBN, AK. 1, f. 100v; zur Biographie Georg Sigmund Fürers s. Arnold: Memoria Fureriana 1677, S. 34–41.

150 Zu diesen s. Willers: Focus Behaimglobus 1992, Bd. 2, Kat. 1.124–129; zu den Bildprogrammen Remmert: Analyse 2019 sowie Julia Ellinghaus / Volker Remmert: The depictions of Hezekiah's life prolonged and Joshua stopping the sun on scientific instruments (im Druck); zu Johannes Praetorius s. Hans Gaab: Astronomie in Nürnberg. Das Astronomieportal in der Region: https://www.astronomie-nuernberg.de/index.php?category=personen&page=praetorius-johann, 16.11.2020. – Für den Austausch zur Bildausstattung der astronomischen Instrumente danke ich Dr. Christian Forster, Leipzig, und Dr. Julia Ellinghaus, Bergische Universität Wuppertal.

151 Dolz: *scientifica* 2012, S. 195–198; vgl. auch den Beitrag von Elke Valentin bei Anm. 20.

152 Ranner: Beschreibung 1821, S. 33–42, Zitat nach Anm. * auf S. 42; zu Stürmer von Unternesselbach s. Pilz: Astronomie 1977, S. 333f., Hans Gaab: Astronomie in Nürnberg (https://www.astronomie-nuernberg.de/index.php?category=personen&page=stuermer-jc, 2.5.2020); zur Aufzählung der 1806 in der Stadtbibliothek vorgefundenen Instrumente StAN, Rep. 45 Nr. 2239, f. 69r–71v; zur

mutung nahe, es könnte sich bei dem von Ranner herausgegebenen Verzeichnis um den 1675 erwähnten Katalog zu den 44 von der Familie Ayrer erworbenen Gerätschaften handeln. Diese Annahme unterstützen folgende Beobachtungen: Es fehlen im Grundbestand sowohl der nachträglich übergebene Proportionalzirkel als auch der 1674 bereits in der Stadtbibliothek vorhandene und von Johann Jacob Leibnitz ausführlich beschriebene *scyphus mathematicus* Christian Heydens aus dem Jahr 1552 (Kat. 34, Abb. 2.20–21). Letzterer ist erst im 19. Jahrhundert bei der genannten Revision der Instrumentensammlung anstelle eines vermissten Stückes in das Inventar eingereiht worden, wie einer Fußnote der Edition zu entnehmen ist: *Nr. 23 fehlt. An dessen Stelle steht nun … Heydens Sonnenuhr.*[153] Außerdem weist keines der im Verzeichnis aufgeführten Objekte ein Entstehungsdatum nach 1602 auf.[154] Den entscheidenden Beweis liefert Christoph Arnold (1627–1685) im biographischen Teil seines 1677 zum Tod des Kirchenpflegers Georg Sigmund Fürer verfassten Nachrufs. Er erwähnt in der ‚Memoria Fureriana' nicht nur den Ankauf der Ayrerischen Instrumentensammlung im Jahr 1675, sondern hebt auch einige herausragende Stücke aus dieser Kollektion hervor und nennt dabei neben den von Johannes Praetorius angefertigten Prachtgeräten zwei arabische Astrolabien: *In illis præterea instrumentis eminent atq*[ue] *apparent Astrolabia duo Arabica, ab exteris procul dubio ascita, atq*[ue] *arcessita.*[155] Tatsächlich werden in dem 1821 edierten Inventar exakt zwei arabische Astrolabien verzeichnet, von denen eines noch erhalten ist (Kat. 38, Abb. 2.26).[156]
Damit aber ergeben sich gänzlich neue Einsichten in die Zusammensetzung der Ayrerischen Instrumentensammlung: Sie beschränkte sich keineswegs nur auf die kostbaren, von Johannes Praetorius für Melchior Ayrer angefertigten Geräte, sondern war sehr viel breiter angelegt und umfasste eine bedeutende Kollektion von mittelalterlichen und spätmittelalterlichen, in Syrien und Europa hergestellten Astrolabien sowie zahlreiche portable Sonnenuhren in verschiedensten Ausführungen. Auffallend viele Geräte stammten aus dem Vorbesitz oder der Produktion bekannter Nürnberger Astronomen, Mathematiker und Handwerker, so dass die von den Ayrers erworbenen Geräte auch einen guten Überblick über die Palette von in Nürnberg hergestellten exquisiten Präzisionsgeräten zur Zeit-, Winkel- und Längenmessung für die unterschiedlichsten Zwecke bietet. Dagegen dürften die auf den letzten drei Positionen des Verzeichnisses gelisteten Möbel und Maschinen nie oder nicht vollständig an die Stadtbibliothek abgeliefert worden sein; im 19. Jahrhundert wurden nur Teile eines Perspektivenzeichentischs in der Art des von Albrecht Dürer

Sammlung s. auch Schwemmer: Kunstsammlungen 1949, S. 113f.; Schwemmer: Museum 1957, S. 124; Wolfangel: Ayrer 1957, bes. S. 29–39; vgl. Willers: Focus Behaimglobus 1992, Bd. 2, S. 637–645 mit Kat. 1.124–1.129.

153 Ranner: Beschreibung 1821, S. 37f. Nr. 23 mit Anm.* auf S. 38.

154 Ranner: Beschreibung 1821, S. 40 Nr. 39: Kanonenrichtgerät von Paul Reinmann, datiert 1602 (Kat. 56).

155 Arnold: Memoria Fureriana 1677, S. 58f. mit S. 86.

156 Ranner: Beschreibung 1821, S 34f. Nr. 6 und 10. – Zum Astrolab s. Willers: Focus Behaimglobus 1992, Bd. 2, Kat. 1.71 (David A. King).

Abb. 2.26 (links): Astrolab von Al-Sahl al-Nisaburi, Syrien, zwischen 1180 und 1299 (Messing mit Silberauflagen; Nürnberg, GNM, WI 0020, Leihgabe Kunstsammlungen der Stadt Nürnberg)
Abb. 2.27 (Mitte): Klappsonnenuhr, Johannes Regiomontanus (?), Wien, ca. 1464–1467 (Messing; Nürnberg, GNM, WI 0007, Leihgabe Kunstsammlungen der Stadt Nürnberg)
Abb. 2.28 (rechts): Astrolabscheibe, Johannes Regiomontanus (?), deutscher Sprachraum oder Ungarn, 1468 (Messing; Nürnberg, GNM, WI 0005, Leihgabe Kunstsammlungen der Stadt Nürnberg)

eingesetzten Geräts und von einem Instrumentenschrank lediglich die Zirkel als vorhanden genannt; fehlend war ein Flaschenzug (Kat. 58.6–8).[157]
Mit dem Ankauf verfügte die Stadtbibliothek auf einen Schlag über einen Bestand an *scientifica,* der sich in Umfang, materiellem Wert, künstlerischer Ausstattung und Bedeutung mit fürstlichen Kunstkammern messen konnte.[158] Analog zu den Antiquitäten und Naturalien wurden die Geräte in einem verschließbaren Schrank separat aufbewahrt, dessen genaue Position im zweiten Umgang des Kreuzgangs nicht bekannt ist, der sich jedoch damit in unmittelbarer Nähe zu den entsprechenden Fachpublikationen in der philosophischen Fakultät im ersten Kreuzgangflügel befand. Angaben bei Gottfried Christoph Ranner lässt sich entnehmen, dass die Instrumente teilweise in zwei Reihen hintereinander auf den Einlegeböden präsentiert wurden.[159] Die Ausstellung im Inneren des Behältnisses dürfte damit dem bekannten Naturalienschrank geglichen haben (Abb. 1.1, 2.7). Erhalten haben sich insgesamt 23 Objekte: ein syrisches Astrolab (Kat. 38, Abb. 2.26)[160]; eine Klappsonnenuhr

157 Ranner: Beschreibung 1821, S. 40–42 Nr. 42–44.
158 Zu *scientifica* in Kunstkammern s. Sturm: Raritäten- und Naturalien-Kammer 1704, S. 52–56, 116–131; Alfred Walz / Susanne König-Lein (Hrsg.): Weltenharmonie. Die Kunstkammer und die Ordnung des Wissens, Braunschweig 2000, S. 312–349; Dolz: *scientifica* 2012.
159 Ranner: Beschreibung 1821, S. 22 Anm. **.
160 S. dazu oben Anm. 155; zusätzlich zu diesem und den nachfolgenden Astrolabien David A. King

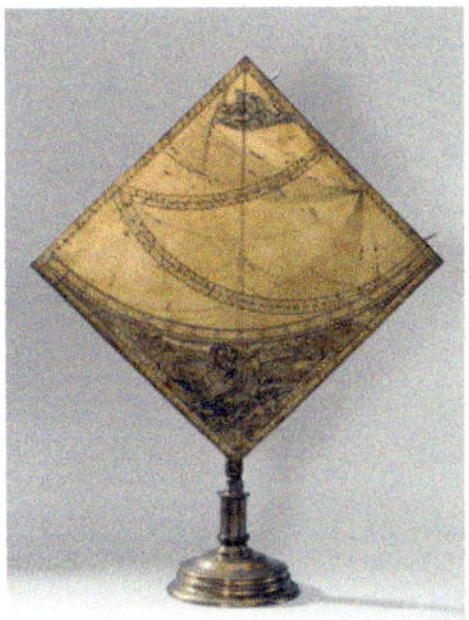

Abb. 2.29 (links): Erdglobus von Johannes Praetorius und Hans Epischofer, Nürnberg, 1566 (vergoldetes Messing; Nürnberg, GNM, WI 0003, Leihgabe Kunstsammlungen der Stadt Nürnberg)
Abb. 2.30 (Mitte links): Sonnenquadrant mit Standfuß von Johannes Praetorius und Hans Epischofer, Nürnberg, 1571 (vergoldetes Messing; Nürnberg, GNM, WI 0012, Leihgabe Kunstsammlungen der Stadt Nürnberg)
Abb. 2.31 (Mitte rechts): Astrolab mit Standfuß von Johannes Praetorius und Hans Epischofer, Nürnberg, 1568 (vergoldetes Messing; Nürnberg, GNM, WI 0004, Leihgabe Kunstsammlungen der Stadt Nürnberg)
Abb. 2.32 (rechts): Torquetum von Johannes Praetorius und Monogrammist WW, Nürnberg, 1568 (vergoldetes Messing; Nürnberg, GNM, WI 0033, Leihgabe Kunstsammlungen der Stadt Nürnberg)

(Kat. 36, Abb. 2.27) und eine Astrolabscheibe (Kat. 37, Abb. 2.28), die wahrscheinlich auf Johannes Regiomontanus (1436–1476) zurückgehen[161]; drei weitere Astrolabien aus Wien, Italien und Frankreich (Kat. 35, 39–40)[162]; eine Astrolabscheibe aus dem Vorbesitz des Nürnberger Mathematikers, Astronomen und Astrologen Johannes Werner (1468–1522) aus dem Jahr 1516 (Kat. 41)[163]; das 1523 datierte Allgemeine Uhrtäfelchen des Theologen, Mathematikers und Instrumentenbauers Georg Hartmann (1489–1564, Kat. 42)[164]; eine Armillarsphäre (Kat. 43)[165]; neun von Johannes Praetorius entworfene und von verschiedenen Nürnberger Goldschmieden zwischen

übersetzt von Kurt Maier: Die Astrolabiensammlung des Germanischen Nationalmuseums, in: Willers: Focus Behaimglobus 1992, Bd. 1, S. 101–114.

161 Zu Klappsonnenuhr und Astrolab s. Willers: Focus Behaimglobus 1992, Bd. 2, Kat. 1.98 (Johannes Willers) und Kat. 1.77 (David A. King) sowie Reinhard Riepertinger / Evamaria Brockhoff / Ludwig Eiber / Michael Nadler / Sangestan Shahab / Ralf Skoruppa: Bayern – Italien, Augsburg 2010, Kat. F 67–68 (Tobias Springer). Für Hinweise und den Austausch zu diesen Objekten danke ich Dr. Christian Forster. – Zu Johannes Regiomontanus s. Hans Gaab: Astronomie in Nürnberg. Das Astronomieportal in der Region, https://www.astronomie-nuernberg.de/index.php?category=personen&page=regiomontanus, 16.11.2020.

162 Willers: Focus Behaimglobus 1992, Bd. 2, Kat. 1.73–75 (David A. King).

163 Willers: Focus Behaimglobus 1992, Bd. 2, Kat. 1.78 (David A. King); zu Johannes Werner s. Hans Gaab: Astronomie in Nürnberg. Das Astronomieportal in der Region, https://www.astronomie-nuernberg.de/index.php?category=personen&page=werner-johannes, 16.11.2020.

164 Zinner: Instrumente 1956, S. 114–117, 357–368, bes. S. 362, sowie S. 113–117; zu Georg Hartmann s. Hans Gaab: Astronomie in Nürnberg. Das Astronomieportal in der Region, https://www.astronomie-nuernberg.de/index.php?category=personen&page=hartmann-georg, 16.11.2020.

165 Willers: Focus Behaimglobus 1992, Bd. 2, Kat. 1.17 (Elly Dekker).

1562 und 1571 ausgeführte Globen und Geräte aus vergoldetem Messing (Kat. 44–45, 47–48, 51–55, Abb. 2.29–32)[166]; eine elfenbeinerne Blocksonnenuhr aus dem Jahr 1567 (Kat. 46, Abb. 2.33)[167]; Reisesonnenuhren in Form eines Sterns (Kat. 49, Abb. 2.34) und eines Zylinders (Kat. 50)[168]; ein von Paul Reinmann († 1609) 1602 hergestelltes Kanonenrichtgerät (Kat. 56, Abb. 2.35)[169] sowie ein Maßstab zur Vergleichung des spezifischen Gewichts von sieben Metallen (Kat. 57).[170] Zu den bereits im 19. Jahrhundert vermeldeten Verlusten (Kat. 58) zählen mehrere Astrolabien und Büchsenmeisterstäbe sowie vor allem weitere portable Sonnenuhren aus unterschiedlichen Materialien: zwei 1511 datierte Klappsonnenuhren aus Holz mit *Polushoehen der bekandtesten Oerter in Form eines Land-Kaertleins, von Aequatore an biß auf 66°. gegen Mitternacht* in einem schwarzen Stoff-Futteral[171], fünf aus Kupfer und Messing gefertigte, bemalte oder gravierte Scheiben mit senkrechtem Ziffernblatt[172] sowie zwei Sonnenscheiben mit Hängevorrichtungen, von denen eine das Datum 1571 trug[173].
Die Erkenntnis, dass es sich bei dem 1821 abgedruckten Verzeichnis um das Inventar der 1675 angekauften Ayrerischen Sammlung handelt, wirft auch ein neues Licht auf die Provenienz der als alter Bestand der Stadtbibliothek bekannten und mit Johannes Regiomontanus verknüpften Instrumente: Die drei Astrolabien und die eine Klappsonnenuhr, für die Christoph Gottlieb von Murr 1786 erstmals den bedeutendsten Mathematiker des 15. Jahrhunderts als Vorbesitzer anführte, dürften mitnichten beim Ankauf von dessen Bibliothek 1522 in die Stadtbibliothek gelangt sein.[174] Es handelte sich stattdessen um Erwerbungen der Ayrers, die erst über diese Zwischenstation mit der Übernahme von deren Instrumentensammlung 1675 den Weg in die Stadtbibliothek fanden und deshalb auch in keiner der älteren Bibliotheksbeschreibungen auftauchen. Trotz der berichtigten Provenienz ist von Murrs Rückführung einzelner Geräte auf Johannes Regiomontanus damit nicht widerlegt; im Gegenteil sprechen gute Gründe für eine Herstellung der Klappsonnenuhr aus

166 S. Anm. 150.

167 Zinner: Instrumente 1956, S. 79 und Tafel 9,1.

168 Zinner: Instrumente 1956, S. 107; Willers: Focus Behaimglobus 1992, Bd. 2 Kat. 1.100 (Johannes Willers).

169 Zinner: Instrumente 1956, S. 485–490, bes. S. 488; Herbert Wunderlich: Kursächsische Feldmeßkunst, artilleristische Richtverfahren und Ballistik im 16. und 17. Jahrhundert (Veröffentlichungen des Staatlichen Mathematisch-Physikalischen Salons 7), Berlin 1977, S. 176.

170 Von den 44 Nummern wurden von den Nummern 42–44 nur Teile übergeben (Kat. 58.7–8), die Nummern 8–10, 15, 17, 23, 28, 35–38, 40 wurden bereits im 19. Jahrhundert als fehlend vermerkt (Ranner: Beschreibung 1821, S. 33–42); unter den im GNM erhaltenen Instrumenten bisher nicht identifiziert werden konnten die Nummern 13, 16, 25, 26, 31, 41.

171 Ranner: Beschreibung 1821, S. 37f. Nr. 23.

172 Ranner: Beschreibung 1821, S. 40 Nr. 38.

173 Ranner: Beschreibung 1821, S. 40, Nr. 35f.

174 Murr: Memorabilia 1786, S. 9f.; zum Ankauf der Bibliothek des Johannes Regiomontanus zuletzt Richard Kremer: Text to trophy: Shifting representations of Regiomontanus's library, in: Lost libraries. The destruction of great book collections since antiquity, hrsg. von James Raven, Basingstoke 2004, S. 75–90.

Abb. 2.33 (links): Blocksonnenuhr, Nürnberg, 1567 (Elfenbein; Nürnberg, GNM, WI 0015, Leihgabe Kunstsammlungen der Stadt Nürnberg)
Abb. 2.34 (Mitte): Reisesonnenuhr in Form eines Sterns, Nürnberg (?), 16. Jahrhundert (vergoldetes Messing; Nürnberg, GNM, WI 0008, Leihgabe Kunstsammlungen der Stadt Nürnberg)
Abb. 2.35 (rechts): Geschützaufsatz (Kanonenrichtgerät) von Paul Reinmann, Nürnberg, 1602 (vergoldetes Messing; Nürnberg, GNM, WI 0018, Leihgabe Kunstsammlungen der Stadt Nürnberg)

Messing (Kat. 36, Abb. 2.27) und der Astrolabscheibe von 1468 (Kat. 37, Abb. 2.28) durch diesen Gelehrten oder in dessen Umfeld.

In den hundert Jahren nach dem Ankauf nahmen Besucher der Stadtbibliothek kaum Notiz von den wissenschaftlichen Instrumenten. Auch über einen Ausbau des Bestandes etwa durch Schenkungen ist nichts bekannt. Aus dem Desinteresse muss geschlossen werden, dass der Erwerb von den persönlichen Interessen des verantwortlichen Kirchenpflegers Georg Sigmund Fürer geleitet wurde. Der weltgewandte Patrizier, Mathematiker und Astronom bereicherte die Bibliothek um einen Bestand an lokal- und kunsthistorisch bedeutenden Prachtgeräten, in denen sich analog zu den fürstlichen Kunstkammern Reichtum, Macht, Herrschaft, Wissen und Gelehrsamkeit der Besitzer spiegeln sollten.[175] Offensichtlich machte der Rat nach Fürers Tod von dieser repräsentativen Funktion keinen Gebrauch. Erst 1786 erkannte Christoph Gottlieb von Murr die Bedeutung der Instrumentensammlung und unterzog diese einer gründlichen Untersuchung.[176] Im Anschluss fand eine Revision derselben mit Instandsetzung einzelner Geräte statt. Gottfried Christoph Ranner vermerkte 1821 zu seiner Edition des alten Verzeichnisses mitsamt der Korrekturen des Advokaten und letzten Professors für Mathematik am Egidiengymnasium, Johann Christoph Stürmer von Unternesselbach, dieser habe *nicht nur den alten Catalog revidirt und berichtiget, sondern auch den ganzen Instrumenten-Vorrath durch vorgenommene Reparatur mehrerer*

175 S. dazu die oben in Anm. 151 und 158 genannte Literatur.
176 Murr: Memorabilia 1786, S. 8–10; Murr: Beschreibung 1801, S. 401–407.

mangelhaft befundener Stuecke, mit Beyhuelffe zweyer hiesiger treflichen Mechaniker, der Herren Stoeckel und Beringer und eine lang unterlassene Reinigung aller und jeder, in einen neuen sehr guten Zustand versetzt.[177] Dem Hobby-Astronomen hatten bei Durchsicht und Reparatur der Hersteller von Sonnenuhren und Globen, David Beringer (1756–1821) oder dessen Sohn Johann Ulrich Beringer (1789 – ca. 1852/55), und ein nicht weiter bekannter Mechaniker Stöckel zur Seite gestanden.[178] Bei dieser Durchsicht erfolgte die Umstellung von zwei Objekten auf frei gewordene Nummern im Katalog. Dies betraf zum einen den *scyphus mathematicus* von Christian Heyden als alter, bereits 1674 belegter Bibliotheksbesitz (Kat. 34) sowie zum anderen eine 1590 in München von Markus Purmann (tätig 1583–1616) angefertigte Bechersonnenuhr, von der in keiner Bibliotheksbeschreibung vor 1821 Notiz genommen wurde und die wohl erst nach 1806 in die Stadtbibliothek transferiert worden sein dürfte.[179] Der leicht modifizierte, im Kern auf die Ayrers zurückgehende Instrumentenbestand wurde dann 1877 an das Germanische Nationalmuseum abgegeben, wo er immer noch das Herzstück in der Dauerausstellung der wissenschaftlichen Instrumentensammlung bildet.[180]

Auf der anderen Seite befanden sich vor 1675 tatsächlich mehr *scientifica* in der Stadtbibliothek, als Johann Jacob Leibnitz in seiner Abhandlung über die Memorabilien von 1674 den Anschein erweckt. Er beschrieb zwar den *scyphus mathematicus* des Christian Heyden aus dem Jahr 1552 (Kat. 34) eingehend, überging aber die drei von Johannes Saubert bereits 1643 erwähnten Globen stillschweigend. Saubert vermerkte deren Existenz inhaltlich passend zu seinen Ausführungen über die Literatur zu Mathematik, Astronomie und Astrologie als Bestandteil der im ersten Kreuzgangflügel aufbewahrten Bücher der philosophischen Fakultät, bildete sie aber dann im Kupferstich des vierten Flügels als bei den theologischen Beständen stehend ab (Abb. 2.6, N. 1 und N. 4).[181] Der Standort variierte auch in den späteren Beschreibungen und lässt sich deshalb nicht eindeutig festlegen.[182] Vorhanden waren demnach ein Himmelsmodell und zwei Erdgloben von bemerkenswerter Größe, deren Kugeln nicht mit gedruckten Globensegmenten beklebt, sondern von sehr gelehrten Männern mit der Hand gestaltet worden waren: *Deprehendent quoque Globos raræ, miræq*[ue] *magnitudinis, cœlestem unum, & duos terrestres, non æri incisos, non typothetarum characteribus insignitos, sed doctissimorum hominum manibus scriptos, quorum simi-*

177 Ranner: Beschreibung 1821, S. 42 Anm. *.

178 Zu den Brüdern Beringer s. Grieb: NKL 2007, S. 115; Hans Gaab: Astronomie in Nürnberg (https://www.astronomie-nuernberg.de/index.php?category=personen&page=beringer-david und https://www.astronomie-nuernberg.de/index.php?category=personen&page=beringer-ju, 16.5.2020).

179 Zur Einarbeitung des *scyphus mathematicus* Ranner: Beschreibung 1821, S. 37f. Nr. 23 mit Anm. *. – Zur Bechersonnenuhr (Nürnberg, GNM, WI 0014, Leihgabe Kunstsammlungen der Stadt Nürnberg) s. Ranner: Beschreibung 1821, S. 38f. Nr. 28 mit Anm. * und S. 43–45; Willers: Focus Behaimglobus 1992, Bd. 2, Kat. 1.106 (Johannes Willers).

180 Willers: Focus Behaimglobus 1992, Bd. 2, S. 637.

181 Saubert: Historia 1643, S. 67 mit Kupferstichen zu S. 58f. und 88.

182 Murr: Memorabilia 1786, S. 5f.: erster Umgang mit Globen von Johannes Schöner und der Offizin Blaeu, S. 12f.: vierter Umgang mit Globus von Johannes Praetorius. Murr: Beschreibung 1801, S. 396f.: im ersten Umgang nur noch der Globus von Johannes Schöner.

Abb. 2.36: Erdglobus von Johannes Schöner, Nürnberg, 1520 (bemalte Hohlkugel aus Papiermaché mit Holzgestell; Nürnberg, GNM, WI 0001, Leihgabe Kunstsammlungen der Stadt Nürnberg)

les in toto Germania non apparent…[183] Bei dem einen Erdmodell muss es sich um das berühmte, von Johannes Schöner (1477–1547) 1520 angefertigte und mit der Hand bemalte und beschriftete Exemplar gehandelt haben, das 1531 dem Rat geschenkt und zu einem unbekannten Zeitpunkt in die Stadtbibliothek überführt worden war (Kat. 33.1, Abb. 2.36).[184] Die beiden anderen Globen dürften dagegen – ähnlich wie die 1672 überreichte Weltkarte (Kat. 33.2–3, 33.5) – aus der Produktion des Amsterdamer Verlegers Blaeu gestammt haben.[185] Ein weiterer Globus kam 1675 als Zugabe zur Ayrerischen Instrumentensammlung in die Bibliothek (Kat. 33.4). Es handelte sich um einen Himmelsglobus aus Holz und Pappe mit einem Durchmesser von 122 cm, der 1616 für Johann Aegidius Ayrer von Johannes Praetorius für den Stand der Himmelskörper im Jahr 1650 berechnet und auf dieser Grundlage von dem Maler oder Kupferstecher Christoph Hemrich vollendet worden war.[186] Laut Christoph Gottlieb von Murr stand das Himmelsmodell 1786 im vierten Kreuzgangflügel bei den theologischen Büchern. Von Murr transkribierte 1778 und 1786 nicht nur die über die Entstehung informierende Inschrift, sondern berichtete auch von einer Reparatur der Kugel unter Gustav Philipp Mörl (1673–1750, Stadtbibliothekar seit 1724) durch den von 1720 bis 1733/34 in Nürnberg tätigen Globusmacher Johann Philipp Andreae († 1762), die wohl gleichzeitig mit der Instandsetzung der Erdkugel von Johannes Schöner 1725 stattfand (s. Kat. 33.1): *Der beruehmte Mathematiker Jo-*

183 Saubert: Historia 1643, S. 67.

184 Thomas Eser: Der Nürnberger Schöner-Globus von 1520, in: Der Erdglobus des Johannes Schöner von 1515, hrsg. von Frank Berger (Kunststücke des Historischen Museums Frankfurt 3), Frankfurt / Main 2013, S. 74–79; zu Johannes Schöner s. Hans Gaab: Astronomie in Nürnberg. Das Astronomieportal in der Region, https://www.astronomie-nuernberg.de/index.php?category=personen&page=schoener-johannes, 16.11.2020.

185 Murr: Memorabilia 1786, S. 6.

186 Zum Himmelsglobus s. StAN, Rep. 45 Nr. 2239, f. 69r; Murr Beschreibung 1778, S. 69; Murr: Memorabilia 1786, S. 12f.; Schwemmer: Museum 1957, S. 124; Pilz: Astronomie 1977, S. 252f., 309.

hann Praetorius verfertigte kurz vor seinem Ende fuer Aegidius Ayrer 1616 den schoenen großen Himmelsglobus, aus Holz und Pappe, 4 nuernbergische Schuhe [= 122 cm] *im Durchschnitte, den nachher Christoph Himrich gar zu stande brachte. Man lieset daran: Stellarum loca directa sunt ad Annum Christi MDCL. et apponuntur locis Ptolemaicis gr. 21 min. 50. Alphonsinorum gr. 4. 42'. Copernici gr. 28, 30 min. Quo etiam tempore praecessionis Anomalia reuolutionem suam quasi perfecit, et media praecessio apparenti unita est. Et simul minima Solis Eccentricitas, minima Zodiaci obliquitas, apogaeo solis in Gr. 11 Cancri haerente. M*[agister]. *Iohannes Praetorius F*[ecit]. *Depingebat Christophorus Himricus Diese Himmelskugel wurde 1675... in diese Stadtbibliothek gekaufet.*[187] 1786 ergänzte Murr zur Beschreibung des Globus: *Cel*[ebratus]. *Antistes Sebaldinus Gustauus Philippus Moerl eum reparari curauit a. Ioh*[annis]. *Phil*[ippi]. *Andreae.*[188] Dieses große Himmelsmodell findet nach 1806 in den Bibliotheksbeschreibungen keine Erwähnung mehr und ging demnach im frühen 19. Jahrhundert unter.

6 Bewegung im Raum: Neuerwerbungen und Verlagerungen bis 1786

Der Ankauf einer vollständigen Sammlung stellte eine Ausnahme dar; üblich war es, dass einzelne Objekte der Bibliothek als Schenkungen überlassen wurden. So bereicherte die Naturaliensammlung 1677 ein ausgestopfter Maulwurf, dem die Gestalt eines Lindwurms verliehen worden war (Kat. 5.2). Der steinerne Bestand wurde 1689 um ein Fass mit einem Volumen von ca. 36 Liter erweitert, in dem sich angeblich die in einem ungarischen Bergwerk aufgespürte Materie des Steins der Weisen befand. Der Schenker, der Arzt Heinrich Nicolai, hatte sich bereits während seines Studiums in Altdorf für Alchemie interessiert und überließ der Bibliothek später seine mehrbändige Sammlung an Exzerpten aus alchemistischen Schriften (Kat. 8.3–8.10).[189] Zum versteinerten Birnbaumstamm gesellten sich weitere verkieselte Keuperhölzer, die im 18. Jahrhundert in keinem Naturalienkabinett fehlen durften: ein im Main bei Kulmbach entdecktes Holz (Kat. 6.2), ein zu einem unbekannten Zeitpunkt bei Burgfarrnbach gefundenes Lindenholz (Kat. 6.3), ein vom Einlieferer, dem Goldarbeiter Daniel Eißler (um 1642–1718/20), 1690 bis auf die Sintflut zurückgeführtes Holz (Kat. 6.4) sowie 1714 ein im Garten der Susanna Spielberger, Ehefrau des Rotbierbrauers und Genannten des Größeren Rats Leonhard Spielberger († 1714), in Oberfürberg gefundenes Holz mit einem Gewicht von mehr als 50 Kilo (Kat. 6.5).[190] Im selben Jahr kam dazu ein durch Zahlen und Schriftzeichen ausgezeichnetes Wunderholz (Kat. 6.6, Abb. 2.37).[191]

187 Murr: Beschreibung 1778, S. 63.

188 Murr: Memorabilia 1786, S. 12f.; zu Johann Philipp Andreae s. Hans Gaab: Astronomie in Nürnberg. Das Astronomieportal in der Region, https://www.astronomie-nuernberg.de/index.php?category=personen&page=andreae-jp, 16.5.2020.

189 Zu diesem Vorgang s. Christine Sauer: Eine kunsttechnologische Handschrift aus dem Besitz Albrecht Dürers, in: Dürer-Forschungen 2 (2009), S. 275–296.

190 Haarländer: Anfänge 1964, S. 231.

191 Zu Wunderpflanzen s. Klaus Stopp: Botanische Einblattdrucke und Flugschriften vor 1800, 2 Bde., Stuttgart 2001, bes. S. 2, 48–53 Nr. 153–157.

Im Naturalienschrank lagerten im 18. Jahrhundert auch Zeugnisse aus dem Pflanzenreich. 1730 wurde eine Ähre gezeigt, die aus einer Holzfigur der anlässlich des Einzugs Karls VI. am 15. Januar 1712 errichteten Ehrenpforte gewachsen war (Kat. 6.7; vgl. Abb. 3.2). An der Decke über dem zum Innenhof gelegenen Gang ist beim Repositorium mit den medizinischen Büchern der über acht Meter hohe, getrocknete Stamm der Aloe mit 39 Ästen und Seitentrieben befestigt worden, die im Volkamerschen Garten in Gostenhof geblüht hatte (Kat. 7, Abb. 2.38–39). Dieses 1726 erstmals in Nürnberg geglückte hortikulturelle Experiment war nicht nur ein publikumswirksames Spektakel, sondern wurde auch Gegenstand botanischer Forschungen und ging in Form einer auf das Ereignis geprägten Medaille, eines großformatigen Stiches von Johann Georg Puschner (1680–1749) und des in der Stadtbibliothek präsentierten Präparats in das städtische Gedächtnis ein.[192] Zwischen 1730 und 1778 (vielleicht 1774) musste die Stadtbibliothek einen substantiellen Verlust innerhalb der Naturaliensammlung hinnehmen: Die im Kalter oder Schrank mit den Naturalien lagernden Skelette wurden in das Anatomische Theater im Refektorium des Katharinenklosters überführt (Kat. 3.1–3.7, vgl. Abb. 1.1, 2.7); in der Bibliothek blieben nur die bei dem Möbel ausgestellten Panzer von zwei Schildkröten und ein Haifisch (Kat. 3.9–3.11).[193]

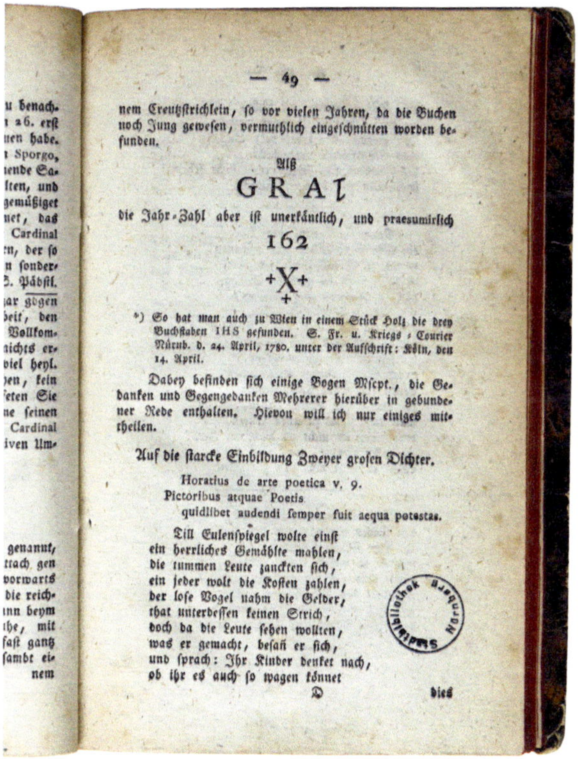
— 49 —

nem Creutzstrichlein, so vor vielen Jahren, da die Buchen noch Jung gewesen, vermuthlich eingeschnütten worden befunden.

Alß

GRAL

die Jahr-Zahl aber ist unerkäntlich, und praesumirlich

162

+X+
+

*) So hat man auch zu Wien in einem Stück Holz die drey Buchstaben IHS gefunden. S. Fr. u. Kriegs-Courier Nürnb. d. 24. April, 1780. unter der Aufschrift: Köln, den 14. April.

Dabey befinden sich einige Bogen Mscpt., die Gedanken und Gegengedanken Mehrerer hierüber in gebundener Rede enthalten. Hievon will ich nur einiges mittheilen.

Auf die starcke Einbildung Zweyer grosen Dichter.

Horatius de arte poetica v. 9.
Pictoribus atquae Poetis
quidlibet audendi semper fuit aequa potestas.

Till Eulenspiegel wolte einst
ein herrliches Gemählte mahlen,
die tummen Leute zanckten sich,
ein jeder wolt die Kosten zahlen,
der lose Vogel nahm die Gelder,
that unterdessen keinen Strich,
doch da die Leute sehen wollten,
was er gemacht, besañ er sich,
und sprach: Ihr Kinder denket nach,
ob ihr es auch so wagen könnet

D dies

Abb. 2.37: Reproduktion der Wunderzeichen im gespaltenen Stamm einer 1713 bei Schnaittach gefällten Buche (Illustration zu Ranner: Beschreibung 1821; StadtBN, HbH 8, 7, S. 49)

Die nun weitgehend leeren Einlegeböden im Naturalienschrank luden zum Einstellen von neu überreichten oder innerhalb der Bibliotheksräume verlagerten Gegenständen ein; dabei wurde das im 17. Jahrhundert geltende Prinzip, die Objekte bei der inhaltlich zutreffenden Literatur zu verorten, zunehmend aufgeweicht. 1786 fand

192 Puschner: Aloe Americana [1726]; Trew: Beschreibung 1727; dazu sowie zur Medaille Maué: Aloe 2015; Dieter Fischer / Hermann Maué: Medaillen und Schaumünzen auf Ereignisse in der Reichsstadt Nürnberg, 1521–1806 (Wissenschaftliche Beibände zum Anzeiger des Germanischen Nationalmuseums 34), Nürnberg 2014, S. 193f. Nr. 230.

193 Murr: Memorabilia 1786, S. 6; zum Datum 1774 ohne Belege s. Schwemmer: Museum 1957, S. 130.

Abb. 2.38 (links): Aloe americana im Volkamerschen Garten in Gostenhof, 1726 (teilkolorierter Kupferstich von Johann Alexander Puschner, Nürnberg [1726]; StadtBN, Will. VIII. 980c M)
Abb. 2.39 (rechts): Innenansicht des zweiten Umgangs im Dominikanerkloster mit an der Decke befestigtem Aloestamm (Fotografie, entstanden für den Fränkischen Kurier vom 9. März 1929; StadtBN, Graphikkasten)

Christoph Gottlieb von Murr im Schrank neben dem von Johann Michael Mendlein übergebenen Kästchen mit den Reliquien aus dem Heiligen Land (Kat. 8.1), den verkieselten Hölzern (Kat. 6.1–6.5), den Blasensteinen (Kat. 4, Abb. 2.10–11) und den vier antiken Tongefäßen (Kat. 1–2, Abb. 2.8–9) Gegenstände vor, die den Gruppen *scientifica* und *artificia* zuordnen lassen.[194] So sind aus dem vierten Umgang mit den theologischen Büchern die drei kunsthandwerklichen Gegenstände umgestellt worden, nämlich die Statuette des Vitzliputzli (Kat. 9, Abb. 2.14, 2.16), das Trinkglas Martin Luthers (Kat. 14, Abb. 2.18–19) und der *scyphus mathematicus* des Christian Heyden (Kat. 34, Abb. 2.20–21); letzterer wanderte um 1800 im Rahmen einer Revision in den benachbarten Schrank mit den mathematischen Instrumenten.[195] Einmalig werden 1786 zwei ausgestellte Kupferstiche mit Missbildungen von Mensch und Kalb genannt (Kat. 3.12). Neu hinzugekommen war ein weiteres, 1721 eingetroffenes Andenken an den Reformator, nämlich ein auf der Veste in Coburg aufgefundenes, von Martin Luther ebendort 1530 getragenes schwarzes Käppchen (Kat. 15). Ebenfalls als Neuzugänge deponiert wurden ein malabarisches Palmblattbuch (Kat. 10.2) und Drechslerarbeiten, nämlich ein hölzerner Dreifaltigkeitsring und Contrefait-Büchsen

194 Zur Verteilung der im Folgenden genannten Objekte auf die Kreuzgangflügel s. Murr: Memorabilia 1786, S. 5–13.

195 S. dazu oben bei Anm. 153.

(Kat. 28.1–2). Letztere zählten ebenso wie ein mit einem Hufeisen beschlagenes Hühnerei (Kat. 28.3) zu den gesuchten Kunstkammerstücken. In den Schrank eingesetzt wurde ferner ein von Christoph Wagenseil übersandtes Modell vom Kunstwagen oder Rollstuhl des Altdorfer Uhrmachers Stephan Farfler (1633–1689), einer mechanischen Erfindung, die im Original 1690/91 ebenfalls von der Stadtbibliothek übernommen wurde (Kat. 62.1–2, Abb. 2.40).[196] Die von Wagenseil erfundenen und der Bibliothek übergebenen Wassertreter fanden ebenso wie das Modell des zugehörigen Wasserschildes bei Besuchern keine Beachtung, ihr Lagerort bleibt unbekannt (Kat. 61.1–2). Schließlich lag im Naturalienschrank noch eine rote Schachtel mit angeblich bei der Zweiten Wiener Türkenbelagerung 1683 als Kriegstrophäen eroberten, noch im selben Jahr von Johann Jakob Kühn angekauften türkischen Priestergewändern und Amuletten (Kat. 12.1–3, Abb. 2.41–42).[197] Außen an einem der Schränke bzw. die diese Schränke beherbergenden Regalen hing seit 1699 ein in Mikrographie angefertigter Ewiger Kalender (Kat. 30.6).[198] Im Gang stand schließlich noch ein Holzmodell der von Johann Christoph Volkamer (1644–1720) entworfenen Meilensäule (Kat. 63, Abb. 2.43, vgl. Abb. 2.39 im Hintergrund), bestehend aus einem Postament mit darauf befestigtem Holzzylinder, auf den der kolorierte Einblattdruck einer Karte aufgezogen worden war. Ihr waren von Nürnberg ausgehend die Distanzen zu allen in Europa gelegenen Städten zu entnehmen.[199] Die Säule bot somit eine Variante der bereits vorhandenen und bei den historischen Büchern hängenden Weltkarten (Kat. 33).

Abb. 2.40: Kunstwagen des Stephan Farfler, Altdorf, 2. Hälfte 17. Jahrhundert, in der ‚Kriminalistisch-kulturhistorischen Sammlung (Folterkammer)' im Fünfeckturm der Kaiserburg in Nürnberg (Fotografie von Johann Weiherer, Nürnberg, 1933/34, in Pilz: Führer 1934; StadtBN, Nor. 4195.8°, S. 31 mit Abb. 7)

1786 lassen sich auch für den vierten Umgang mit den theologischen Büchern Veränderungen durch Umräumen und Bestandsvermehrungen registrieren: Nach dort war im Verlauf des 18. Jahrhunderts der zuvor im dritten Umgang präsentierte Reliquien-

196 Die beste Wiedergabe des 1945 verbrannten Kunstwagens bei Pilz: Führer 1934, S. 31 mit Abb. 7.

197 Ralf Schürer: Die Kunst- und Wunderkammer, in: Renaissance – Barock – Aufklärung. Kunst und Kultur vom 16. bis zum 18. Jahrhundert, hrsg. von Daniel Hess / Dagmar Hirschfelder, Nürnberg 2010, S. 257–269, bes. S. 264f. mit Kat. 469; Jutta Zander-Seidel (Hrsg.): In Mode. Kleider und Bilder aus Renaissance und Frühbarock, Nürnberg 2015, S. 171f. Nr. 93.

198 Für solche Blätter s. die in Anm. 204 und 214 genannte Literatur.

199 Zu dieser Erfindung s. Schewe: Meilen-Säule 2011.

Abb. 2.41 (links): Untergewand, Osmanisch, 17. Jahrhundert, erbeutet beim Entsatz von Wien 1683 (Seidengewebe; Nürnberg, GNM, T 7340, Leihgabe Kunstsammlungen der Stadt Nürnberg)
Abb. 2.42 (rechts): Obergewand, Osmanisch, 17. Jahrhundert, erbeutet beim Entsatz von Wien 1683 (weißes Leinen mit bunter Seidenstickerei; Nürnberg, GNM, T 7341, Leihgabe Kunstsammlungen der Stadt Nürnberg)

schrein (Kat. 11, Abb. 2.14–15) gewandert. Im Umfeld der hier aufbewahrten Druckzeugnisse der katholischen Kirche und der Papstgeschichte hatte er einen ebenso passenden Aufbewahrungsort gefunden wie das vom Fränkischen General-Münzwardein Caspar Gottlieb Lauffer (1674–1740) 1720 übergebene Schränkchen, in dessen elf mit hellblauer Seide ausgeschlagenen Schubladen 247 Münzen mit Papstbildnissen ruhen (Kat. 29, Abb. 2.44).[200] Hier stand außerdem der 1675 übernommene Himmelsglobus von Johannes Praetorius aus dem Jahr 1616 (Kat. 33.4), während im ersten Umgang der Erdglobus des Johannes Schöner von 1520 und die beiden Modelle aus der Offizin Blaeu präsentiert wurden (Kat. 33.1–3, Abb. 2.36). Offensichtlich weil die breiteste Galerie den meisten Raum bot, wurde hier neben dem Globus seit 1690/91 auch der Kunstwagen ausgestellt, der vom gelähmten Altdorfer Uhrmacher Stephan Farfler erfunden und von ihm zur Fortbewegung genutzt worden war (Kat. 62.2, Abb. 2.40).[201]

200 Hermann Maué: In Nürnberg gedruckte Bücher, in: Quasi centrum Europae. Europa kauft in Nürnberg, 1400–1800, hrsg. von Hermann Maué / Thomas Eser / Sven Hauschke / Jana Stolzenberger, Nürnberg 2002, S. 321–363, bes. S. 326–330 mit Kat. 113.

201 Doppelmayr: Nachricht 1730, S. 302f.

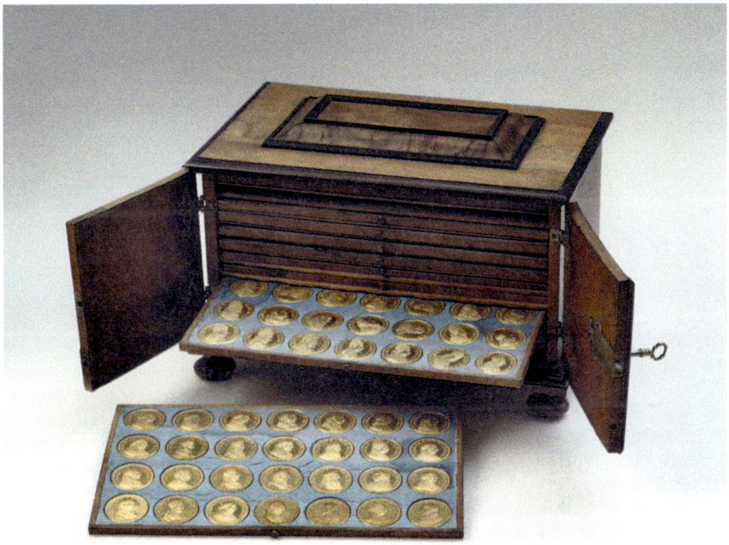

Abb. 2.43 (links): Johann Christoph Volkamer, Columna milliaria uniuersae Europae faciem (Kupferstich von Johann Baptist Homann, Nürnberg 1702; StadtBN, Will. I. 91 M)
Abb. 2.44 (rechts): Caspar Gottlieb Lauffer, Medaillensuite der Päpste von Petrus bis Clemens XI., Nürnberg, um 1720, in einem Holzschränkchen mit elf Schubladen (Medaillen vergoldetes Kupfer; Nürnberg, GNM, Historisches Archiv, HG 13010, Leihgabe Kunstsammlungen der Stadt Nürnberg)

Unter die Theologica eingereiht worden war eine 1697 eingegangene Lutherbibel, die beim verheerenden Brand im Egidienkloster vom 7. auf den 8. Juli 1696 nur den ledernen Einbandbezug verloren hatte und somit nahezu unbeschadet neben dem in seiner Bettstatt verstorbenen Besitzer geborgen werden konnte (Kat. 17.1, Abb. 2.45–46). Bis in das 18. Jahrhundert hinein lässt sich also die Verortung der neu zugegangenen Objekte bei den Büchern mit entsprechenden Inhalten beobachten. Erst als der den Naturalien gewidmete Schrank nach 1730 oder um 1774 leer stand, wurde er zur Aufbewahrung von kleineren Gegenständen jeglicher Art genutzt. Größer dimensionierte Objekte wurden dagegen dort gelagert, wo ausreichend Platz bestand. Das einheitlich auf Bücher und Objekte angewendete Ordnungsprinzip ist dadurch im Lauf der Zeit zunehmend missachtet worden.

7 An den Wänden und auf den Tischen: Bilder von berühmten Personen

In der Bibliothek dienten unverstellte Wände, Regalwangen und Tische als Präsentationsflächen für Gemälde und Graphiken. Ausnahmsweise konnte es sich um historische oder religiöse Gegenstände handeln: Bereits erwähnt wurde das im Nordflügel bei der philosophischen Literatur seit 1665 hängende, Bartholomäus Wittig zugeschriebene Nachtstück mit Kometendurchgang (Kat. 60). Beim Schrank mit

der Naturaliensammlung im westlichen Umgang war 1658 ein Gemälde von einem Einhorn vorhanden, das als Substitut für ein real nicht vorhandenes, für Wunderkammern aber obligatorisches Horn des Fabelwesens diente (Kat. 5.1).[202] An der Stirnseite eines Regals mit theologischer Literatur wurde 1716 eine Tafel mit der Kreuzigung Christi angebracht, die 1654 eine Feuersbrunst unversehrt überstanden hatte (Kat. 17.2). Nach einer vor der Übergabe erfolgten Reinigung waren nur an einer Ecke die Spuren von Ruß und Rauch als Beweis für die bestandene Feuerprobe belassen worden. Für das Jahr 1709 ist der Eingang einer schlecht gemalten Darstellung der Maria von Ägypten verbürgt (Kat. 32).[203] Außerdem verwahrte die Bibliothek Mikrographien religiösen, politischen oder genealogischen Inhalts, aufgezogen auf Platten oder unter Rahmen liegend oder hängend (Kat. 30).[204]
Abgesehen von diesen Ausnahmen, waren an den Wänden der Bibliothek vor allem Porträts befestigt. Johannes Saubert hatte auf deren Existenz bereits 1643 verwiesen und diese zu den Zierden einer Bibliothek gerechnet: *Picturas & effigies inter Bibliothecarum Ornamenta numerari, nemo inficias ibit, opinor.*[205] Weil die Frage nach dem Aussehen einer Person ein legitimes menschliches Anliegen sei, hätten gut eingerichtete Bibliotheken nicht nur die Bücher als Andenken von Geist und Begabung, sondern auch Bildnisse bereit zu halten, um Gestalt und Geisteshaltung einer Person anzuzeigen: *Cùm enim, Plinio teste, nulla major humanæ vitæ prærogativa sit, quàm unumquemq*[ue] *scire cupere, qualis aliqua*[n]*do fuerit aliquis; facilè est conjicere, Bibliothecas benè constitutas non solùm libris, animorum & ingeniorum monumentis, sed & picturis abundare debere, quæ corpora exprima*[n]*t, &, unà cum illis, affectiones, saltem sub nube, indicent.* So sei auch die Stadtbibliothek als Tempel Apollos und der Musen zu beglückwünschen, da sie Porträts von den besten Künstlern beherberge: *Quapropter & nostro huic Apollinis atque Musarum Templo gratulamur, quòd ex optimorum Artificum manibus effigies Homeri, Erasmi, Lutheri, Philippi Zasii, Donelli, Palmæ, imò, quod prius dicendum erat, Augustissimorum Imperatorum, Regum, Principum, Comitum & Baronum, possideat.* Johann Jacob Leibnitz erwähnte zwar das Gemälde vom Kometendurchgang, nicht aber die Bildnisse, obwohl diese Christoph Molitor im Vorwort explizit unter die Ausstattungsgegenstände von Bibliotheken gerechnet hatte, und zwar mit einer an Johannes Saubert anschließenden Begründung: *Quemadmodum enim imagines fortium Virorum si inspiciuntur, tenaciùs inhærent animis, quàm longus de ipsis sermo.*[206]

202 Zu gemalten Substituten für fehlende Objekte s. Roth: Anfang 2000, S. 239f.; Felfe: Raum 2007, S. 198–202 sowie der Beitrag von Eva Dolezel in diesem Band.

203 StadtBN, AK. 1, f. 130r zur Wahl Christoph Fürers (1663–1732, Kirchenpfleger 1709–1718) zum Kirchenpfleger im Jahr 1709: *Und schikten den 16. hui*[us] [= Decembris] *effigiem der vermeinten Mar*[iae] *Magd*[alenae]. *(forte Mariæ Egyptiacæ) in die Bibliotheque (NB male quod sic).*

204 Zu solchen Blättern s. Schemmel: Schrift-Bilder 1987; Sauer: Schreibmeister 2007, S. 139–142.

205 Saubert: Historia 1643, S. 96f.; zu Porträts in Kunstkammern bei Bibliotheken Rütsche: Kunstkammer 1997, S. 110f., 138f., 165f., 252, 266.

206 Leibnitz: Memorabilia 1674, S. 3f.

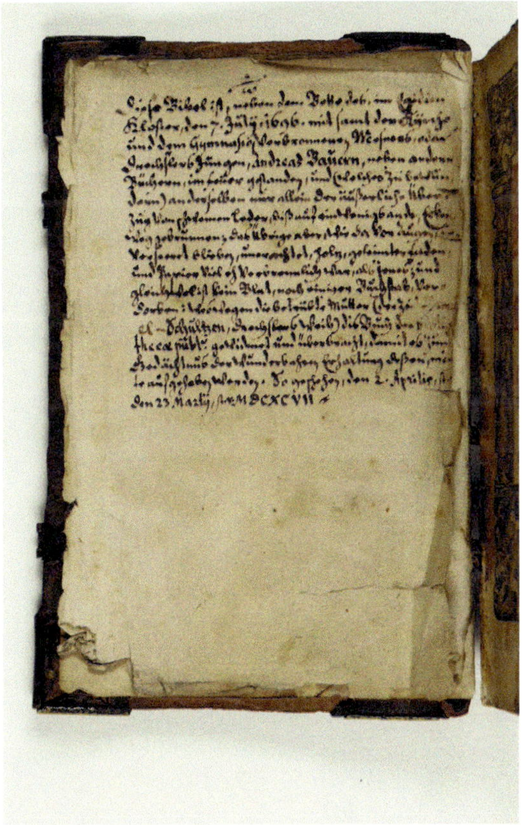

Abb. 2.45 (links): Wunderbibel, die nach der Brandkatastrophe im Egidienkloster 1696 nahezu unversehrt neben dem in seiner Bettstatt verbrannten Besitzer geborgen wurde (Holzdeckel mit verbranntem (?) Lederbezug; Biblia, Wittenberg: Zacharias Lehmann, 1588; StadtBN, Cent. V, App. 57, Einband)
Abb. 2.46 (rechts): Notiz des Stadtbibliothekars Konrad Feuerlein über die Schenkung der Wunderbibel, 1697 (einliegender Zettel in der Wunderbibel; StadtBN, Cent. V, App. 57)

Für die folgende Rekonstruktion der einst in der Stadtbibliothek vorhandenen Bilder und ihrer Hängung müssen vor allem die im 18. Jahrhundert einsetzenden Bibliotheksbeschreibungen herangezogen werden; alle dort nicht genannten Gemälde bleiben unberücksichtigt.[207] Demnach hatte man über der Eingangstür der Bibliothek im Umgang mit den philosophischen Büchern ein von Georg Pencz († 1550) signier-

207 Viele der 92 als Besitz der Stadtbibliothek geführten Gemälde kamen erst nach 1806 durch Stiftungen und innerstädtische Verlagerungen in das ehemalige Dominikanerkloster; diese späten Zugänge sind nicht Gegenstand dieses Beitrags. Für eine Auflistung s. Schwemmer: Kunstsammlungen 1949, S. 105–108 mit S. 202; Schwemmer: Gemälde 1954; Schwemmer: Museum 1957.

tes, in seiner Werkstatt angefertigtes Porträt des Desiderius Erasmus angebracht, der laut einer von Christoph Reich angefertigten Beischrift mit seinen Schriften ein weites Feld in jeglicher Wissenschaft abgedeckt habe (*scripta viri amplificant campum latissimum in omni Arte*) (Kat. 18.1, Abb. 2.47–48).[208] Flankiert von den heute verlorenen Porträts von Jan Hus und Johannes Tauler (Kat. 18.2–3), markierte diese Trias vorreformatorischer Schriftsteller den Übergang in die Bibliothek. Im Nordflügel des Kreuzgangs wurde 1658 auch die *effigiem Metrophanis* gewiesen, ein Bildnis, das 1625/26 im Auftrag des Rats von dem griechischen Mönch Metrophanes († 1639, seit 1636 Patriarch von Alexandria) angefertigt worden war, als dieser im Auftrag seines an einer Reform der orthodoxen Kirche interessierten Patriarchen in Nürnberg weilte (Kat. 20).[209] Wohl an der westlichen Wandfläche mit dem Fenster zur Burgstraße entstand im selben Kreuzgangflügel nach und nach aus verschiedenen Geschenken eine Galerie der Stadtbibliothekare mit folgenden Bildnissen: Bernhard Praetorius (1567–1616, Stadtbibliothekar seit 1604; Bildnis 1683 übergeben), Christoph Reich (1567–1632, Stadtbibliothekar seit 1616), Johannes Saubert (1592–1646, Stadtbibliothekar seit 1637; Bildnis verloren), Johann Michael Dilherr (1604–1669, Stadtbibliothekar seit 1646; Bildnis 1669 übergeben) sowie Andreas Myhldörffer (1636–1714, Stadtbibliothekar seit 1704; Bildnis verloren) und Johann Wülfer (1651–1724, Stadtbibliothekar seit 1714; Bildnis verloren) (Kat. 19, Abb. 2.49–50).[210] Im zweiten Umgang folgte eine Galerie herausragender Gelehrter, darunter die beiden Stadtärzte Volcher Coiter (1534–1576; Porträt vorhanden vor 1643)[211] und Georg Palma (1543–1591; Porträt übergeben 1672) (Kat. 21.1–2, Abb. 2.51)[212]; immer wieder genannt werden der Mediziner Paracelsus (1493/94–1541), die Rechtsgelehrten Hugo Donellus (Kriegsverlust) und Ulrich Zasius (Bildnis verloren, fälschlich immer als Philipp Zasius bezeichnet) sowie Martin Luther (Bildnis verloren) (Kat. 21.3–6). An dieser von Johann Jacob Leibnitz 1674 so bezeichneten Votivwand (*votivus paries*) hingen noch weitere Gelehrtenporträts.[213] Dazu kamen vor und nach 1707 die Bildnisse von Leopold I., Karl VI. und Joseph I., deren Reihe 1711 noch um Prinz Eugen erweitert wurde (Kat. 22.1–4). Von den beliebten, in Mikrographie angefertigten Herrscher-

208 Mariele Petersen: Erasmus von Rotterdam: Sein Fortleben im Bild, Petersberg 2015, S. 21–47, bes. S. 28, 32f.

209 Colin Davey: Pioneer for unity. Metrophanes Kritopoulos (1589–1639) and relations between the Orthodox, Roman Catholic and Reformed Churches, London 1987, S. 188–223, bes. S. 220.

210 Zum Bildnis von Bernhard Praetorius s. Andreas Tacke: Die Gemälde des 17. Jahrhunderts im Germanischen Nationalmuseum, Mainz 1995, S. 345f. Nr. 198; zum Bildnis von Christoph Reich s. Hannshubert Mahn: Lorenz und Georg Strauch. Beiträge zur Kunstgeschichte Nürnbergs im 16. und 17. Jahrhundert (Tübinger Forschungen zur Archäologie und Kunstgeschichte 8), Reutlingen 1927, S. 36 Nr. 70 und Bock: Reich 1944, S. 197f., 200.

211 Herrlinger: Coiter 1952, S. 103–116; Thomas Eser / Stephanie Armer (Hrsg.): Luther, Kolumbus und die Folgen. Welt im Wandel, 1500–1500, Nürnberg 2017, S. 131 Kat. 86.

212 Klaus G. König: Der Nürnberger Stadtarzt Georg Palma (1543–1591) (Medizin in Geschichte und Kultur 1), Stuttgart 1961, bes. S. 26–29.

213 Leibnitz: Memorabilia 1674, S. 41; Murr: Beschreibung 1778, S. 65; Murr: Memorabilia 1786, S. 6; Murr: Beschreibung 1801, S. 397f.

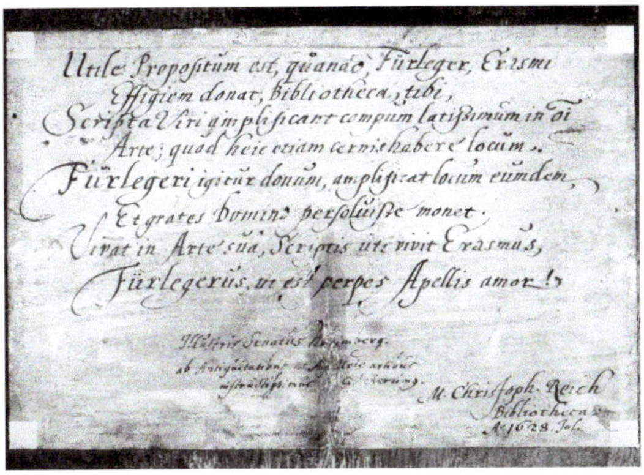

Utile Propositum est, quando Fürleger, Erasmi
Effigiem donat, Bibliotheca, tibi,
Scripta Viri amplificant campum latissimum in omni
Arte; quod heic etiam cernis habere locum.
Fürlegeri igitur donum, amplificat locum eundem,
Et grates domino persoluisse monet.
Vivat in Arte sua, Scriptis ut vivit Erasmus,
Fürlegerus, ut est perpes Apellis amor!

M. Christoph. Reich
Bibliothecarius
A. 1628. Jul.

Abb. 2.47 (links): Porträt des Desiderius Erasmus aus der Werkstatt des Georg Pencz, Nürnberg, 1537 (Öl auf Holz; Museen der Stadt Nürnberg, Kunstsammlungen, Gm 0001)
Abb. 2.48 (rechts): Notiz des Stadtbibliothekars Christoph Reich über die Schenkung des Porträts von Desiderius Erasmus, 1628, aufgezogen auf einer Holztafel, die auf der Rückseite des Gemäldes in zwei Schienen eingeschoben werden kann (Museen der Stadt Nürnberg, Kunstsammlungen, Gm 0001, Rückseite)

darstellungen lag ein Bildnis Karls VI. von einem Mitglied der Kalligraphenfamilie Püchler auf einem Tisch bei den theologischen Büchern aus (Kat. 30.8).[214] Unabhängig von diesen Porträtgruppen fanden ebenfalls im zweiten Umgang ihren Platz ein 1584 angefertigter und 1620 veränderter Meistersingerschrein (Kat. 24, Abb. 2.52)[215], der bei informellen Treffen der Meistersinger zum Einsatz kam und spätestens mit dem Absterben dieses Brauchtums 1777 der Bibliothek einverleibt wurde, sowie das Bildnis der Kupferstecherin Susanna Maria von Sandrart (1658–1716). Letzteres war Teil eines von ihrem Ehemann Wolfgang Moritz Endter (1653–1723) nach 1716 der Bibliothek überlassenen Ensembles, zu dem ferner ein Band mit eingeklebten, von der Künstlerin angefertigten Kupferstichen und ein von ihr kompiliertes Andachtsbuch zählten (Kat. 23.1–3, Abb. 2.53).[216] Im dritten Umgang bei den juristischen Werken hing

---

214 Friedrich B. Polleroß: Schrift-Bilder. Zum Werk des Mikrographen Johann Michael Püchler d. J. (1679–1709), in: Beständig im Wandel. Innovationen – Verwandlungen – Konkretisierungen. Festschrift für Karl Möseneder zum 60. Geburtstag, hrsg. von Christian Hecht, Heidelberg 2009, S. 261–281.

215 Zu dessen Entstehung und Datierung Clair Hayden Bell: Dating of the Meistersingerschrein of Nürnberg, in: Monatshefte für deutschen Unterricht, deutsche Sprache und deutsche Literatur 43 (1951), S. 83–91, und Heinrich Gürsching: Entstehung des Nürnberger Meistersingerschreines, in: MVGN 42 (1951), S. 363–368.

216 Leßmann: Sandrart 1991, S. 14–17, 47–50, 150f., 97–100, 242–244.

Abb. 2.49 (links): Porträt des Bernhard Praetorius von einem unbekannten Künstler, Nürnberg, frühes 17. Jahrhundert (Öl auf Leinwand; Museen der Stadt Nürnberg, Kunstsammlungen, Gm 0210)
Abb. 2.50 (rechts): Porträt des Christoph Reich von Lorenz Strauch, Nürnberg, 1627 (Öl auf Leinwand; Museen der Stadt Nürnberg, Kunstsammlungen, Gm neu 0228)

das Bildnis des Historikers Jakob Wilhelm Imhof (1651–1728), obwohl die von ihm gestifteten Bücher wegen ihres historischen Inhalts im zweiten Umgang ihren Platz gefunden hatten. Ähnlich wie im Fall der beiden Ärzte Coiter und Palma übernahm das sicher nicht für diesen Zweck entstandene Gemälde in Verbindung mit im Bibliotheksbestand aufgegangenen Sammlungen auch die Funktion eines Stifter- oder Memorialbildes (Kat. 25).

Im vierten Umgang befanden sich ebenfalls Bildnisse, zumeist von Theologen. Beim immer wieder genannten Porträt des Reformators Johannes Mathesius (1504–1565) wurde regelmäßig übersehen, dass es sich dabei nur um die eine Hälfte eines Diptychons handelte. Das Gegenstück, ein Bildnis des ebenfalls in Joachimsthal tätigen Kantors Nikolaus Herman († 1561), ist stets unterschlagen worden (Kat. 26.2, Abb. 2.54).[217] Die beiden in Entstehungsdaten, Darstellungsform und Maßen abwei-

217 Heribert Sturm: Die St. Joachimsthaler Lateinschulbibliothek aus dem 16. Jahrhundert (mit Katalog) (Forschungen zur Geschichte und Landeskunde der Sudetenländer 4), Stuttgart 1964, bes. S. 14–16 mit Abb. 3.

chenden Porträts sind bei der Rahmung aneinander angeglichen und durch einen Klappmechanismus miteinander verbunden worden. Ebenfalls beim theologischen Bestand hing ein Gemälde von 1647, das den gebürtigen Syrer und Konvertiten Josephus Adjutus (1602–1668), einen Freund Johann Michael Dilherrs, vorstellte (Kat. 26.4). Erst im 20. Jahrhundert ist eine Dürerfälschung verlorengegangen: Bei dem angeblich 1514 entstandenen Porträt des Humanisten Willibald Pirckheimer (1470–1530) handelte es sich korrekt um eine Kopie nach einem 1520 datierten Konterfei des Gewandschneiders Hans Pirkel d. J. (nachgewiesen 1526–1541) von Hans Brosamer (1495–1554) (Kat. 26.5, Abb. 2.55).[218] Ebenfalls in diesem Kreuzgangflügel war ein Brustbild des Moses – wohl eine Ikonenmalerei – anzutreffen (Kat. 26.1, vgl. Abb. 2.24–25), das seit dem 17. Jahrhundert durch gestochene Reproduktionen in einer Luxusausgabe des Bibeltextes aus dem Nürnberger Verlag Endter, der Weimarer oder Kurfürstenbibel, weite Verbreitung fand. Eine nach den Kupferstichen angefertigte und 1698 übergebene Mikrographie lag auf einem der Tische aus (Kat. 30.5).

Abb. 2.51: Porträt des Volcher Coiter mit Écorché, Umkreis von Nicolas Juvenel d. Ä. oder Nicolas Neufchâtel, Nürnberg, 1575 (Öl auf Leinwand; Museen der Stadt Nürnberg, Kunstsammlungen, Gm neu 0276)

8 In einem Kasten: Autographen als Relikte berühmter Personen

Bei seinem Rundgang durch die Bibliothek versäumte es Johannes Saubert bei keiner Fakultät, auf die unter den Büchern vorhandenen, von ihren Autoren eigenhändig geschriebenen Texte hinzuweisen. So hob er bei den Beständen der philosophischen Fakultät als *autographa* eine griechische Grammatik von Theodoros Gaza (um 1410–1475) und die Druckvorlagen zum ‚Liber de anima' und den ‚Initia doctrinae physicae' von der Hand des Philipp Melanchthon hervor.[219] Bei der medizinischen Fakultät verwies er auf eigenhändige Schriften der Ärzte Georg Forster und

218 Reicke: Deutung eines Bildnisses 1911/12; Kurt Löcher: Zu den Nürnberger Anfängen des Malers Hans Brosamer, in: MVGN 96 (2009), S. 1–33, bes. S. 7–9.

219 Saubert: Historia 1643, S. 68, 73; die Handschriften sind erhalten (StadtBN, Cent. V, App. 21–22).

Abb. 2.52 (links): Meistersingerschrein von Franz Hein und Jacob Schneider, Nürnberg, 1584 und 1620 (Öl auf Lindenholz; Museen der Stadt Nürnberg, Kunstsammlungen, Pl 0019)
Abb. 2.53 (rechts): Bildnis der Susanna Maria von Sandrart von Johann Leonhard Hirschmann, Nürnberg, 1700, Rahmen nach 1716 ergänzt (Öl auf Leinwand; Museen der Stadt Nürnberg, Kunstsammlungen, Gm 0103)

Georg Palma[220], bei den theologischen Beständen insbesondere auf Autographen in Hebräisch von Sebastian Münster (1488–1552), Elias Hutter (1553–1605/1609) und Daniel Schwenter (1585–1636).[221] Als Stadtbibliothekar hatte er 1637 mit dem Sammeln von Briefen und ähnlichen handschriftlichen Dokumenten begonnen, die er in einem 1639 erstmals erwähnten *Kästel* ablegte (Kat. 16.1, Abb. 2.56). Diese Kiste mag mit einem seit dem 18. Jahrhundert bezeugten *hölzernen Schubkästel* identisch sein, einer Kiste mit Schiebedeckel, die sich bis heute erhalten hat. Gegen Ende des Jahres 1639 hatte Johannes Saubert in dieser Kiste einen bedeutenden Bestand von Schriftstücken aus den Federn berühmter Personen versammelt, darunter von den Reformatoren Martin Luther, Philipp Melanchthon, Andreas Rudolff Bodenstein, genannt Karlstadt, oder Johannes Mathesius; an der Einführung der Reformation

220 Saubert: Historia 1643, S. 82f.
221 Saubert: Historia 1643, S. 91f.

Abb. 2.54 (links): Bildnis von Nikolaus Herman, Kantor in Joachimsthal, von einem unbekannten Künstler, Joachimsthal, 1560 (Öl auf Holz; Museen der Stadt Nürnberg, Kunstsammlungen, Gm neu 0240)
Abb. 2.55 (rechts): Bildnis des Gewandschneiders Hans Pirkel d.J., Kopie nach einem Gemälde von Hans Brosamer, Nürnberg, 1520 (olim: Bildnis des Willibald Pirckheimer von Albrecht Dürer, Nürnberg, 1514) (Öl auf Holz; verschollen, Abbildung nach Jahrbuch der Kunsthistorischen Sammlungen des Allerhöchsten Kaiserhauses 30 (1911/12), Fig. 2 auf S. 230)

in Nürnberg beteiligten Persönlichkeiten wie z. B. von Lazarus Spengler oder von Gelehrten wie dem griechischen Mönch Metrophanes (vgl. Kat. 20) und den Dichtern Konrad Celtis und Paul Melissus (1539–1602). In den meisten Fällen handelte es sich um Schenkungen von Johannes Saubert selbst sowie von Wolfgang Jakob Pömer (1590–1655) und Johann Hieronymus I. Imhof (1595–1663); später bereicherte auch Sauberts Nachfolger, Johann Michael Dilherr, den Bestand. Im Kasten befanden sich aber auch ein türkischer Pass, ein Schreibmeisterblatt Johann Neudörffers oder ein Papierblatt mit geometrischen Zeichnungen, die Saubert dem griechischen Mathematiker Claudius Ptolemaeus zuschreiben wollte.[222] Auf den Bestand griff Johann Michael Dilherr 1658 zurück, um Kaiser Leopold I. mit dem Porträt des

222 Zum angeblichen Autograph von Claudius Ptolemaeus (StadtBN, Cent. V, App. 34m, U1 und U17) s. Saubert: Historia 1643, S. 71; Murr: Memorabilia 1786, S. 210f. mit Taf. 4.

Metrophanes auch dessen Schriften zu weisen.[223] 1705 ist J. de Blainville bei seinem Bibliotheksbesuch ein Schreiben Luthers an den Rat der Stadt Nürnberg vorgelegt worden.[224] Somit dürfte der hölzerne Schiebekasten einen festen Platz im Führungsprogramm gehabt haben. Die kleine, in ihrer Entstehung und Bereicherung gut dokumentierte Autographensammlung bietet ein schönes Zeugnis für die sich seit dem 16. Jahrhundert ausbildende Wertschätzung von eigenhändig Geschriebenem: Die Handschrift trat neben das Bildnis als authentischer Ausdruck einer Persönlichkeit – und die Stadtbibliothek verwahrte neben Porträts auch Autographe.[225] Bis in die Gegenwart hinein findet die im 17. Jahrhundert angelegte Sammlung Beachtung: Christoph Gottlieb von Murr beschrieb sie 1786 ausführlich und reproduzierte Proben auf Kupferstichtafeln[226], Friedrich Wilhelm Ghillany (1807–1876) faksimilierte 1846 einzelne Beispiele in Lithographie[227] und im 20. Jahrhundert sind die wertvollsten Einzelstücke in die Autographensammlung der Bibliothek umsigniert worden.

9 Sammelsurium oder systematisches Sammeln?

Betrachtet man den 1674 von Johann Jacob Leibnitz dokumentierten Bestand an Memorabilien zusammen mit dem bis zum Ende der reichsstädtischen Zeit erfolgten Ausbau, so zeigt sich, dass für die Sammlung kein Anspruch auf enzyklopädische Vollständigkeit erhoben wurde. Während der Bücherbestand stetig erweitert worden ist, blieb die Zahl der Realien überschaubar und damit äußerst selektiv. Eine kontinuierliche und planvolle Weiterentwicklung verhinderten – neben einer mangelhaften finanziellen Ausstattung – der rege Wechsel im Amt der zuständigen Kirchenpfleger ebenso wie die Abhängigkeit von Donationen und damit vom Wohlwollen der Patrizier, Bürger und Gelehrten in Nürnberg und Altdorf. Während Privatbibliotheken durchaus geschlossen angekauft wurden, entschloss sich der Rat nur ausnahmsweise zum Erwerb von bürgerlichen Kunst- und Naturaliensammlungen oder Teilen derselben, um bedeutende Ensembles vor der Zerstreuung zu bewahren. Dazu zählten die nur indirekt erschließbare Übernahme der Knochenpräparate aus dem Nachlass Volcher Coiters im letzten Viertel des 16. Jahrhunderts und der gut dokumentierte Ankauf der Ayrerischen Instrumentensammlung 1675.
Nur vergleichsweise wenige Stücke aus kostbaren Materialien gelangten in die Stadtbibliothek; das weitgehende Fehlen deutet darauf hin, dass eine Aufwertung der Sammlungen um eine repräsentative Funktion nicht systematisch verfolgt wurde. Eine große Ausnahme bildet die Übernahme der mathematischen Prachtinstrumente aus dem Besitz der Familie Ayrer, bei der sich der Kirchenpfleger Georg Sigmund Fürer von individuellen Interessen leiten ließ und durch die die Stadtbibliothek auf eine Stufe mit fürstlichen Kunst- und Wunderkammern gehoben wurde. Ein Grund

223 Bock: Bibliotheksbesuch 1952, S. 219.
224 Blainville: Extract 1765, S. 51.
225 Rublack: Grapho-relics 2010.
226 Murr: Memorabilia 1786, S. 209–220 mit Taf. 5.
227 Ghillany: Index 1846.

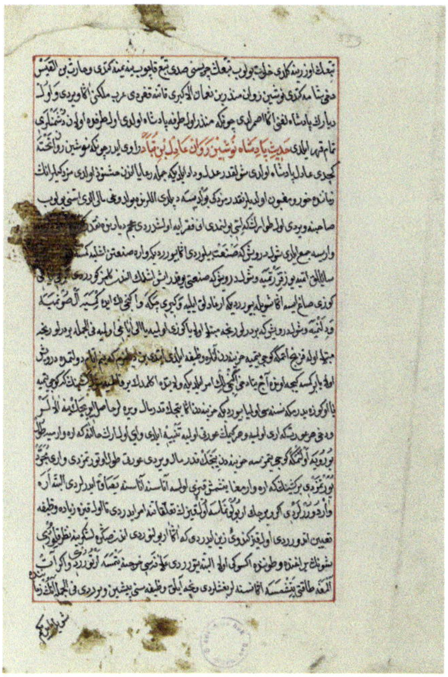

Abb. 2.56 (links): Kasten mit Schiebedeckel für eine Autographensammlung in 18 Umschlägen (nach 1786 erweitert auf 42 Umschläge), um 1639 (?) (Holz; StadtBN, Cent. V, App. 34m)
Abb. 2.57 (rechts): Eine 1685 bei der Rückeroberung Neuhäusels erbeutete türkische Handschrift (Abū Dschaʿfar Muhammad ibn Dscharīr at-Tabarī, Annalen) mit Bluttropfen auf der letzten Seite (StadtBN, Cent. V, App. 52, S. 559)

für die minimale Resonanz, auf die dieser Zugang sowohl beim Rat als Träger der Bibliothek als auch bei den Stadtbibliothekaren und den Besuchern stieß, ist wohl darin zu suchen, dass der Gerätebestand zum Zeitpunkt der Erwerbung bereits nicht mehr zeitgemäß war. Typische Kunstkammerstücke lagen – mit Ausnahme der in größerer Zahl zugewiesenen Huldigungsblätter in Mikrographie – nur in Einzelfällen vor wie z. B. einer geschnitzten Tischplatte (Kat. 27), einem gedrechselten Dreifaltigkeitsring (Kat. 28) oder einer Münzsammlung (Kat. 29). Den Schriftquellen nach zu schließen, erhielt die Bibliothek an Gemälden nahezu ausschließlich Porträts zugewiesen (Kat. 18–26). Neben den *artificia* wurden auch die *naturalia* kontinuierlich ausgebaut. Ein im Kern wohl auf den Nachlass Volcher Coiters zurückgehender Bestand an Tier- und Menschenskeletten ist gelegentlich vermehrt und thematisch auf Konkremente, Fossilien, Mineralien und Vegetabilien ausgeweitet worden (Kat. 3–8). Zu einem singulären *ethnographicum* – der wohl aus Mexiko importierten Statuette (Kat. 9) – gesellten sich im 17. Jahrhundert zeittypische Neuzugänge aus dem Umfeld der Türkenfeldzüge (Kat. 12–13). Später folgten noch Zeugnisse zur Missionierung auf dem asiatischen Kontinent (Kat. 10). Dagegen ist der seit 1675 vorhandene Bestand an wissenschaftlichen Instrumenten (Kat. 33.1–3, 5) nur indirekt

erweitert und auf Erfindungen wie Wassertreter, Kunstwagen oder Meilensäule ausgedehnt worden (Kat. 61–63), die zeitgenössische Interessen an Mechanik und Mathematik reflektieren.[228] Keine Bereicherung erfuhr der kleine, aber bereits vor der Mitte des 17. Jahrhunderts bestehende Bestand an *antiquitates* (Kat. 1–2).
Die antiken, ethnographischen oder exotischen Objekte bieten nicht nur anschauliche Beispiele für Präsentation und Kontextualisierung fremder Dinge in einer Wunderkammer. Sie belegen darüber hinaus die hervorragende Vernetzung der Stadt Nürnberg. Wohl auf Bodenfunde in Italien gehen die beiden Gefäße in rotfiguriger Vasenmalerei zurück (Kat. 1).[229] Aus dem von Spanien aus betriebenen Atlantikhandel dürfte das mexikanische, als Vitzliputzli bekannte Figürchen erworben worden sein. Geschätzt haben sich von den im 16. und 17. Jahrhundert aus Amerika nach Europa transportierten Objekten vielleicht 80 Artefakte in europäischen Sammlungen erhalten – eine Zahl, die deren extreme Seltenheit und die herausragende Bedeutung der bereits vor 1662 in Nürnberg verwahrten Figur des Vitzliputzli veranschaulicht (Kat. 9).[230] Darüber hinaus verfügte der Rat ebenfalls über Kontakte in den Jesuitenorden hinein, dem es im 17. Jahrhundert im Rahmen seiner Missionstätigkeit gelang, Kulturobjekte aus China und anderen, eigentlich unzugänglichen asiatischen Ländern zu exportieren (Kat. 10.1).[231] Ein im späten 18. Jahrhundert vorhandenes Palmblattbuch deutet auf Beziehungen zur seit 1706 von protestantischen Kirchenkreisen betriebenen Mission in Tamil Nadu in Südindien (Kat. 10.2).[232] Auch auf bei den Türkenkriegen erbeutete Trophäen hatten einzelne Nürnberger Zugriff (Kat. 13).[233] Die Versorgung heimischer Kunstsammlungen kann am Beispiel des Nürnberger Kaufmanns Johann Michael Mendlein (1642–1695) aufgezeigt werden, der sich zwischen 1658 und 1663 in Aleppo aufhielt und das Heilige Land besuchte. Bei seiner Rückkehr führte er allerhand Raritäten aus dem Orient mit sich, die er entweder verschenkte oder in seinem Haus ausstellte.[234] An die Stadtbibliothek hatte er ein Kistchen mit Proben der *loca sancta* im Heiligen Land abgegeben (Kat. 8.1). Manchmal waren es auch Zugereiste wie der bisher in anderen Schriftquellen nicht fassbare Arzt Johann Jakob Kühn, der dem Rat Beutestücke aus den Türkenkriegen andiente (Kat. 12).

228 Zum Vierklang Natur, antike Skulptur, Kunstwerk und Maschine s. Bredekamp: Antikensehnsucht 2012 (1993).

229 S. dazu Anm. 92.

230 Bujok: Neue Welten 2004, S. 25–76, bes. S. 75.

231 Lehner: Bücher 2015; Gleixner: Schriften 2015.

232 Heike Liebau: Die Dänisch-Englisch-Hallesche Mission (Tranquebarmission), in: Europäische Geschichte Online (EGO), hrsg. vom Institut für Europäische Geschichte (IEG), Mainz 2010-12-03. URL: http://www.ieg-ego.eu/liebauh-2010-de URN: urn:nbn:de:0159-20100921291 [18.04.2020]

233 Zur Türkenbeute s. Charlotte Colding Smith: Turcica in North and central European libraries and Kunstkammers, in: Konstruktionen Europas in der Frühen Neuzeit. Geographische und historische Imaginationen, hrsg. von Susan Richter / Michael Roth / Sebastian Meurer, Heidelberg 2017, S. 159–177.

234 Dies ist seinem zur Beerdigung entstandenen Lebenslauf zu entnehmen (StadtBN, Will. III. 487.4°).

Sieht man von diesen bemerkenswerten, nahezu ausschließlich bereits im 17. Jahrhundert vorhandenen Ausnahmen ab, so eint die in die Stadtbibliothek vor allem im 18. Jahrhundert überführten Objekte überwiegend ein lokaler Bezug: Für fast alle Fossilien werden Fundorte in der Region genannt (Kat. 6); die Aloe hatte in Nürnberg geblüht (Kat. 7); Wassertreter und Kunstwagen waren in Altdorf erfunden worden (Kat. 61–62); die meisten Globen (Kat. 33), fast alle Geräte der Ayrerischen Sammlung (Kat. 35–58), die Lauffersche Münzsammlung (Kat. 29), der Dreifaltigkeitsring (Kat. 28) oder die Meilensäule (Kat. 63) stammten aus heimischer Produktion; Porträt und Bücher der Susanna Maria von Sandrart (Kat. 23) oder der Meistersingerschrein (Kat. 24) erinnerten an Nürnberger Handwerker und Künstler. Alle diese Gegenstände ergänzten sich quasi zu einer städtischen Leistungsschau.

Dass die Objekte tatsächlich Ausdruck eines Lokalpatriotismus waren, belegt eine Episode beim Rundgang Kaiser Leopolds I. durch die Bibliothek im August 1658. Der Stadtbibliothekar Johann Michael Dilherr legte die acht zwischen 1458 und 1470 von der Nonne Margareta Kartäuser (1404–1489) geschriebenen Bände des Chorbuchs von St. Katharina vor (Kat. 31): *Bey Zeigung der alten Choral-Bücher, die eine Nonne, Nahmens Margaretha Carthäuserin, geschrieben, hielten sich Ihro Majestät und der Ertz-Herzog lange auff, und fragten: Woher sie gewesen? Worauf ich antwortete: Sie sey von Nürnberg gewesen, und habe Gott zu Ehren und ihrem Vaterlande zum Besten dieses ansehnliche Gedächtnüss hinter sich lassen wollen. Da sahen Ihre Majestät und der Ertz-Hertzog einander an, und hernach mich auch; ich dachte meinen Theil.*[235] Nicht nur offenbart sich anhand dieser im dritten Kreuzgangflügel auf den halbhohen Regalen aufliegenden Handschriften (Abb. 2.6, N3) ein Bedeutungswandel: Das Chorbuch hatte zwar mit Einführung der Reformation seine Funktion und damit sein hohes Ansehen durch den Gebrauch in der Liturgie verloren, es hatte aber gleichzeitig als Kunstwerk mit der meisterhaft von einer Frau ausgeführten Kalligraphie wieder an Geltung gewonnen. Die neue Wertschätzung stärkte dabei die Tatsache, dass es sich bei der Schreiberin um eine Nürnbergerin handelte, mit deren Leistung sich die Stadt schmücken konnte. Gleich zwei Besucher vermerkten in den 1740er-Jahren übereinstimmend, alle Bände seien *von einer einzigen Nuernbergischen Nonne … geschrieben.*[236]

Die Stadtbibliothek empfahl sich als öffentliche Einrichtung mit ihrer langen Geschichte als geeignete Institution für eine dauerhafte Bewahrung von Objekten mit Bezug zu lokalen Persönlichkeiten und zur lokalen Geschichte. Als 1704 der Altdorfer Professor und Bibliothekar Daniel Wilhelm Moller (1642–1712) die Vorteile einer Kunstkammer in öffentlicher oder privater Trägerschaft diskutierte, bevorzugte er die öffentliche Form, weil die Sammlung mit dem sie tragenden Gemeinwesen (*res publica*) quasi ewig bestünde, immerwährend gepflegt werde und vor einer Zerstreuung geschützt würde: *Cum autem Technophysiotamea partim publica sint, partim privata: certe quilibet perspiciet, in publicis majorem semper spem superesse, ad perfec-*

235 Bock: Bibliotheksbesuch 1952, S. 221; zu Meisterstücken in kommunalen Sammlungskomplexen s. den Beitrag von Elke Valentin.

236 Keyssler: Neueste Reise 1741, S. 1189; Schramm: Reise-Lexicon 1744, Sp. 1223.

tionem aliquam materiæ colligendæ assequendam, quam in privatis; uti enim publica una cum rebus publicis, in quibus constituta sunt, perpetua quasi fiunt & numquam reipubl[icae]. *desinunt esse, si semel cæperint; quin aucta identidem amplificantur, propagantur & conservantur, neque corruptioni, abolitioni, distractioni atque interitui voluntario facile obnoxia sunt.*[237] Der Rat als Gründer und die Stadt als Träger der öffentlichen Bibliothek garantierten also deren kontinuierliches Fortbestehen. Vor diesem Hintergrund wuchs der Stadtbibliothek die Funktion eines lokalen Gedächtnisses zu: Für die Bürger wurde sie zu einer attraktiven Aufbewahrungsstätte ihrer Stiftungen, seien es nun Bücher oder Objekte.

Letztendlich war die Memorabiliensammlung der Stadtbibliothek gleichzeitig weniger das Resultat eines systematisch über die Jahrhunderte hinweg verfolgten, auf Vollständigkeit zielenden Sammelauftrages und mehr als ein Sammelsurium. Denn es gab vom späten 16. Jahrhundert an und bis in das 18. Jahrhundert hinein eine klare Vorstellung vom Bildungsauftrag der Stadtbibliothek, der auf der Präsenz unterschiedlicher Medien beruhte und auf die stimulierende Wirkung einer gemeinsamen Präsentation von Büchern und Objekten sowie der sich dabei ergebenden Relationen vertraute. Im Allgemeinen erfolgte die Einordnung der Objekte in den Bestand gemäß der für die Bücher geltenden Aufstellungssystematik, Bücher und Realien sollten sich inhaltlich ergänzen. Die Existenz dieser an den hybriden Bestand geknüpften Konzepte bestätigt eine scheinbare Ausnahme, nämlich die für 1674 dokumentierte gemeinsame Präsentation der mesoamerikanischen Affenfigur mit einem auf Martin Luther zurückgehenden Trinkglas und einem mathematisch-astronomischen Gerät bei den *theologica*. Von Johann Michael Dilherr zum Exempel der Idolatrie heidnischer Völker deklariert, erschien die Statuette im vierten Umgang korrekt verortet. Die überraschende Kombination mit den beiden anderen kunsthandwerklichen Objekten lud zu *curiosen* Betrachtungen und sich aus den Relationen ergebenden Wissenserweiterungen ein. Mit der spätestens 1778 erfolgten Überstellung der Knochenpräparate an das Anatomische Theater wird erstmals ein Wandel fassbar, der sich im 19. Jahrhundert verstetigen sollte: Die Bedeutung der Bibliothek als Bildungsanstalt, in der sich Lernen mit allen Sinnen und Lektüre gegenseitig unterstützten, verlor an Bedeutung, die an die Bücheraufstellung gebundene Ordnung der Realien wurde immer öfter missachtet. Gleichzeitig verschob sich seit ca. 1700 die gesellschaftliche Werteskala: An Ansehen gewannen Objekte mit lokaler Provenienz oder Denkmäler lokalhistorischer Ereignisse. Die Memorabiliensammlung erhielt damit den Charakter eines Geschichtsarchivs.

10 Die Bibliothek und ihre Donatoren

Viele Stadtbibliotheken verfügten bis in das 19. Jahrhundert hinein allenfalls über einen kleinen Erwerbungsetat. Sie waren nicht selten auf das Wohlwollen ihrer Pfleger, der Bürger oder Besucher angewiesen und somit von Geschenken abhängig. Auch

237 Moller: Commentatio 1704, S. 201; zu weiteren kommunalen Sammlungskomplexen in Nürnberg s. den Beitrag von Elke Valentin.

im Bestand der Stadtbibliothek befindet sich eine beträchtliche Anzahl von Widmungsexemplaren, aus deren schriftlichen Eintragungen sich Netzwerke zwischen Bibliothekaren bzw. Pflegern und Autoren sowie Autorinnen rekonstruieren lassen.[238] Um die Rechtmäßigkeit des Schenkungsaktes zu dokumentieren und um den Schenkern ein lang anhaltendes Gedächtnis zuzusichern, konnten Donatorenbücher geführt werden. Erhalten haben sich solche Verzeichnisse über Schenker und Schenkungen z. B. für Bibliotheken in Bern, Danzig, Leipzig, Rostock, Zittau und Zürich; auch an der Universität in Altdorf wurde ein solcher Band geführt.[239] Anhand der edierten oder digitalisierten Verzeichnisse aus Zittau und Zürich lässt sich nachvollziehen, dass sich Stiftungen und Schenkungen nicht nur auf Bücher beschränkten.[240] Übergaben von Objekten wurden in gleicher Art und Weise behandelt, unabhängig von der jeweiligen Präsentationsform in der Bibliothek: In den Bibliotheken von Bern und Zittau sind die Realien analog zur Stadtbibliothek Nürnberg zusammen mit den Büchern aufbewahrt worden, in der Wasserkirche in Zürich bespielte die Kunstkammer zumindest vorübergehend eine eigene zum Bibliotheksraum geöffnete Galerie.

Da in Nürnberg kein Donatorenbuch angelegt oder geführt wurde, müssen die Namen von Stiftern aus unterschiedlichen Schriftquellen vom Zugangsbuch über Bibliotheksbeschreibungen bis hin zu an den Objekten angebrachten Schenkungsnotizen oder mit diesen aufbewahrten Übergabeprotokollen zusammengesucht werden (Kat. 12, 13, 18.1, 19.1, vgl. Abb. 2.46, 2.48). Die zuletzt genannten, zumeist von den Stadtbibliothekaren angefertigten Schriftstücke dokumentierten in rechtskräftiger Form den Akt der Schenkung (vgl. dazu Kat. 17.1, 18.1, 19.1). Bei einer Zusammenschau der bekannten Personen lassen sich jedoch Schwerpunkte ablesen.

Eher selten gingen einzelne Sammlungsschwerpunkte auf die Initiative eines Bibliothekars zurück. So ist ein Komplex von Autographen berühmter Persönlichkeiten, insbesondere aus dem Kreis der Reformatoren, unter Johannes Saubert angelegt und gezielt gepflegt worden (Kat. 16). Er nahm zunächst 1637 einen Zufallsfund auf dem Krämpelmarkt als Geschenk eines Michael Weber entgegen, überzeugte dann aber 1639 mehrere Patrizier von der Übergabe ähnlicher Stücke und steuerte schließlich selbst ein Exemplar bei. Ebenso aktiv bemühte sich Andreas Myhldörffer 1707 um den Aufbau einer Serie von Herrscherbildnissen (Kat. 22.1–2).

---

238 Sauer: Rats- und Stadtbibliothek 2013, S. 47–51.

239 Zu Bern und Zürich s. Rütsche: Kunstkammer 1997, S. 77–79, 96–100, 245 und Anhang B; s. jetzt Christoph Scheidegger: Das Donatorenbuch der Stadtbibliothek Zürich, in: Librarium 60 (2017), S. 2–22 mit Anm. 53 zu weiteren Beispielen sowie ders.: Buchgeschenke, Patronage und protestantische Allianzen. Die Stadtbibliothek Zürich und ihre Donatoren im 17. Jahrhundert, in: Zwingliana 44 (2017), S. 463–499; zu Zittau s. Fröde / Kahl: Donatorenbücher 2014, bes. S. XI mit weiteren Beispielen; das Altdorfer Donatorenbuch ist unediert (UB Erlangen-Nürnberg, Altd. 21).

240 Zu Zittau s. Winzeler: Weises Geschenk 2011 sowie Fröde / Kahl: Donatorenbücher 2014, S. XXIII–XXXII. – Zu den Volldigitalisaten mit Transkriptionen für das Donatorenbuch der Stadt- bzw. Bürgerbibliothek in Zürich (Zürich, Zentralbibliothek, Arch. St. 22 und 22b) s. https://doi.org/10.7891/e-manuscripta-45784; https://doi.org/10.7891/e-manuscripta-66089 (13.11.2020); zur Kunstkammer in der Stadtbibliothek Zürich s. Barraud Wiener / Jezler: Kunstkammer 1994; Rütsche: Kunstkammer 1997, zu Bern ebenda S. 239–260.

Häufiger waren es die Kirchenpfleger, die die ihnen unterstellte Bibliothek als Aufbewahrungsort von an sie oder an den Rat gerichteten Verehrungen ausersahen oder die selbst Erwerbungen bewilligten. Zumeist reichten sie Buchgeschenke etwa von Gelehrten oder von durch ein Stipendium geförderten Studenten weiter, die sich mit einer Publikation für eine Anstellung empfehlen wollten.[241] Den bedeutendsten Ankauf von Kunstkammerstücken für die Stadtbibliothek fädelte wohl Georg Sigmund Fürer (1612–1677, Kirchenpfleger seit 1666) 1675 ein, als er von der Familie Ayrer deren umfangreiche Sammlung an astronomischen und mathematischen Instrumenten erwarb (Kat. 33.4, 35–58). Des Weiteren ließ er in der Bibliothek das Bildnis des gerade verstorbenen Stadtbibliothekars Johann Michael Dilherr aufhängen, das 1669 von den Testamentsvollstreckern eingeliefert worden war (Kat. 19.4). Außerdem übergab er der Bibliothek am 26. Juli 1674 mehrere Schreibtafeln mit Mitschriften von Predigten Martin Luthers von der Hand Johann Friedrichs I., Kurfürst von Sachsen (1503–1554) (Kat. 16.2). Ein Einzelstück von bedeutendem materiellen Wert lieferte 1645 Lukas Friedrich Behaim von Schwarzbach (1587–1648, Kirchenpfleger seit 1643) ein: Wohl aus dem Erbe der Patrizierfamilie entnahm er einen seiner Reliquien beraubten, mit Gold und Silber beschlagenen Schrein (Kat. 11, Abb. 2.14–15). Manchmal übergaben die Kirchenpfleger zur dauerhaften Aufbewahrung Bücher mit Memorialcharakter. So reichte Gabriel Nützel (1624–1687, Kirchenpfleger von 1677–1686) 1686 eine türkische Handschrift weiter, bei der es sich um vom Kampfgeschehen gezeichnetes Beutegut gehandelt haben soll: Die Trophäe war partiell mit Türkenblut besudelt und weist noch heute auf einzelnen Seiten entsprechende braune Flecken auf (Kat. 13, Abb. 2.57). Wohl nicht ohne Zutun der Kirchenpfleger sind die von Johann Neudörffer entworfene Tischplatte (Kat. 27), der von Johannes Schöner angefertigte Erdglobus (Kat. 33.1, Abb. 2.36), der Hieronymus Paumgärtner d. Ä. gewidmete *scyphus mathematicus* (Kat. 34, Abb. 2.18–19) oder ein dem Rat geschenkter, in Mikrographie angefertigter ewiger Kalender (Kat. 30.6) in die Bibliothek gelangt.

Mitglieder der lokalen Patrizierfamilien bedachten wiederholt die Stadtbibliothek. Der Losunger Andreas Georg Paumgärtner (1613–1686) übergab 1677 einen ausgestopften Maulwurf (Kat. 5.2); der Losunger Paul Jakob Scheurl (1648–1725) übermittelte gleich zwei Mal 1699 und 1712 Darstellungen in Mikrographie (Kat. 30.7–8), Jakob Wilhelm Imhof (1651–1728) stiftete 1683 das Porträt des Bernhard Praetorius (Kat. 19.1, Abb. 2.49).

Am häufigsten waren es aber Gelehrte, Handwerker und Künstler, die die Stadtbibliothek zur Aufbewahrung von Merkwürdigkeiten ausersahen und auf ein langwährendes Gedächtnis hofften. So schenkten der Ratsschreiber und Unterbibliothekar Christoph Girschner (1552–1629) 1627 das Skelett eines Eichhörnchens (Kat. 3.2), der reiche Kaufmannssohn Christoph Fürleger d. J. († 1632) 1628 das Porträt des Desiderius Erasmus (Kat. 18.1, Abb. 2.47–48), der weitgereiste Kaufmann Johann Michael Mendlein (1642–1695) in den 1660er-Jahren ein Kästchen mit Materialpro-

241 Sauer: Rats- und Stadtbibliothek 2013, S. 47–51.

ben aus dem Heiligen Land (Kat. 8.1), der Drucker Jeremias Dümler (1598–1668) 1665 ein Nachtstück mit Kometendurchgang (Kat. 60), der Arzt Johann Georg Volkamer d. Ä. (1616–1693) 1672 das Porträt des Arztes Georg Palma (Kat. 21.2), der Flachmaler Johann Münck d. J. (1616–1672) auf Anraten des Lehrers Johann Christoph Stoy († 1708) 1672 das Lutherglas (Kat. 14, Abb. 2.18–19), der Arzt Heinrich Nicolai 1689 eine mit dem Stein der Weisen gleichgesetzte Substanz (Kat. 8.3–10), der Goldarbeiter Daniel Eißler (um 1642–1718/1720) 1690 ein bei der Sintflut entstandenes versteinertes Holz (Kat. 6.4), der Altdorfer Professor Johann Christoph Wagenseil (1633–1705) 1692 den von ihm erfundenen Wassertreter, eine verkleinerte Wiedergabe seines Wasserschildes sowie zunächst ein Modell, dann 1690 das Original vom Kunstwagen des Altdorfer Uhrmachers Stephan Farfler (1633–1689) (Kat. 61–62, Abb. 2.38–39), der Rindermetzger Johann Friedrich Häckel 1698 eine Wiedergabe des Moses in Mikrographie (Kat. 30.5, vgl. Kat. 26.1 mit Abb. 2.24–25), zwischen 1716 und 1723 der Drucker Wolfgang Moritz Endter (1653–1723) ein aus Büchern und Porträt bestehendes Ensemble zum Gedächtnis seiner Frau, der Kupferstecherin Susanna Maria von Sandrart (1658–1716, Kat. 23, Abb. 2.52), und der Münzmeister Caspar Gottlieb Lauffer (1674–1740) um 1720 eine aus 247 Münzen bestehende Papstserie (Kat. 29, Abb. 2.44). Auch Frauen aus dem bürgerlichen Umfeld beteiligten sich als Stifterinnen: Bekannt sind eine Prüferin, die 1675 ein Blatt mit von ihrem Bruder Johann Christoph Schön in Mikrographie geschriebenen Psalmen übertrug (Kat. 30.1); Susanna Spielberger, die einen 1714 in ihrem Garten in Oberfürberg aufgefundenen, versteinerten Baumstamm einlieferte (Kat. 6.5); die Mutter des Andreas Bauer, die 1697 eine Bibel übergab, weil diese unbeschadet den Brand überstanden hatte, bei dem ihr Sohn zu Tode kam (Kat. 17.1, Abb. 2.45–46), oder die Zürnerin, die ein 1654 aus einem Brand unbeschädigt hervorgegangenes Gemälde mit der Kreuzigung Christi 1716 der Bibliothek antrug (Kat. 17.2).

Bemerkenswert oft spielte bei den Schenkungen aus den Reihen der Patrizier, der Gelehrten, der Handwerker und Künstler seit dem Ende des 17. Jahrhunderts die Bibliothek als sicherer Ort eines langwährenden Gedenkens eine prominente Rolle: Zum Ausdruck kommt dies z. B. in der vom Stadtbibliothekar Konrad Feuerlein (1629–1704, Stadtbibliothekar seit 1683) angefertigten Notiz über die eben erwähnte Schenkung einer Bibel, die einer Mutter als einziges Zeugnis ihres verbrannten Sohnes geblieben war (Kat. 17.1, Abb. 2.46). Er schrieb, sie habe *dis Buch der Bibliothecae publicae gewidmet und überbracht, damit es zum Gedächtus der wunderbahren Erhaltung deßen,* [mög]*te aufgehoben werden.*[242] Noch deutlicher spiegelt diesen Wunsch das Vorgehen des Johann Christoph Wagenseil, der Modelle des von ihm erfundenen Wassertreters nicht nur an die Stadt-, sondern auch an die Universitätsbibliothek in Altdorf einlieferte und der noch dazu dafür sorgte, dass der Rollstuhl des gelähmten Uhrmachers Stephan Farflers an die Bibliothek abgegeben wurde.[243] Auch der Münzmeister Caspar Gottlieb Lauffer wollte sein Hauptwerk,

242 Einlage in StadtBN, Cent. V, App. 57 (Kat. 17.1).

243 Zu Altdorf s. Georg Andreas Will: Geschichte und Beschreibung der Nürnbergischen Universität

die von ihm vertriebene, aus 247 Münzen bestehende Papstserie, in seiner Heimatstadt zu seinem Ruhm hinterlegen (Kat. 29). Der Drucker Wolfgang Moritz Endter setzte seiner verstorbenen Ehefrau, der Reproduktionsstecherin Susanna Maria von Sandrart, ein Monument, indem er ihr Porträt neu fassen, mit einer Inschrift versehen und zusammen mit dem von ihr angelegten Sammelband mit einer Dokumentation aller ihrer Stiche und einem Exemplar der von ihr kompilierten Gebete als Ensemble der Bibliothek anvertraute (Kat. 23, Abb. 2.52). Und schließlich zeugt auch die Versetzung des Meistersingerschreins an eine Wand der Bibliothek von dem Versuch, die Erinnerung an eine im Untergang befindliche oder nach Auflösung der Vereinigung untergegangene Kultur in einem Bildobjekt zu bewahren (Kat. 24, Abb. 2.53). In den vielen Schenkungen von Nürnbergern und Nürnbergerinnen spiegelt sich somit die Entwicklung der Stadtbibliothek zu einem Gedächtnisort für die Stadtgeschichte.[244]
Gesondert zu erwähnen sind schließlich Fremde und Durchreisende, für die nicht selten der Besuch der Bibliothek der Anlass für ein Geschenk an den Rat bot; die Bibliothekare mit ihren kompetenten Ausführungen fungierten hier wohl als Mittelsmänner. Der Hofprediger Johann Gottlieb Wilhelm Rößler (1682–1734) aus Coburg übersandte 1721 aus Dankbarkeit für eine fachkundige Führung ein Käppchen, das angeblich einstmals von Martin Luther getragen worden war (Kat. 15). Auffallend oft kamen Geschenke durch Konvertiten an die Bibliothek. So legte der Chirurg (?) Johann Jakob Kühn aus Wien nach einer Tour durch die Bibliothek 1683 eine Koranhandschrift, zwei Amulette und zwei türkische Gewänder vor und bot deren Überlassung gegen eine Verehrung durch den Rat an. Schenker und Beschenkte verfolgten dabei jeweils eigene Interessen: Der Donator stand kurz vor seiner Konversion und erhoffte sich eine Anstellung, der Rat wiederum war offensichtlich an den Kenntnissen des Arztes interessiert (Kat. 12, Abb. 2.41–42). Mit Mikrographien bezeugten der Glaubensflüchtling Georg Wibmer aus Ungarn und der konvertierte Jude Machsan aus Sulzbach 1683/85 dem Rat ihre Dankbarkeit (Kat. 30.2–3).

11 Reale und imaginäre Bibliotheksrundgänge

Weil in der Bibliothek gleichzeitig Bücher und Memorabilien aufbewahrt wurden, hatten die Bibliothekare auch die Funktion eines Kämmerers zu übernehmen, der mit Standorten und Ordnungskriterien der denkwürdigen Sachen vertraut war und über deren Bedeutung Auskunft geben konnte.[245] Schon die erste Dienstanweisung,

---

Altdorf, 2. Aufl., Altdorf 1801 (Neudruck Aalen 1975), S. 160f., 169f.; Gunda Werner / Eleonore Schmidt-Herrling: Die Bibliotheken der Universität Altdorf (Zentralblatt für Bibliothekswesen 69), Leipzig 1937, S. 49f. mit Taf. 1.

244 S. dazu auch Abschnitt 9 und 11 dieses Beitrags sowie den Aufsatz von Elke Valentin.

245 Ausführlich zur Rolle des Kämmerers, seinen Fähigkeiten und seinem Wissen um die Dinge und ihrer Verortung in einer spezifischen Sammlung Sturm: Raritäten- und Naturalien-Kammer 1704, S. 9–15; Moller: Commentatio 1704, S. 247–252; s. dazu Becker: Raritäten-Kabinett 1996, S. 14–16, 24f., 35f., 100f.; Rütsche: Kunstkammer 1997, S. 155–162; Felfe: Raum 2007, S. 195–198 und die Beiträge von Eva Dolezel und Elke Valentin in diesem Band.

die der Rat auf der Grundlage eines von Christoph Reich im Dezember 1625 ausgearbeiteten Vorschlags erließ, enthielt zwei Paragraphen, die sich nicht mit dem Benutzen und Entleihen von Büchern, sondern mit der Besichtigung der Bibliothek beschäftigen. In der ‚Pflicht des Bibliothecarii' werden die Annahme von Geschenken untersagt und ein respektvoller Umgang mit den Besuchern gefordert: Es wurde dem Bibliothekar vorgeschrieben, *von denenjenigen Persohnen, welche vff E. Raths Vergönstigung die Bibliothec sehen, keine Verehrung zu fordern, sondern sich an seinem stipendio, so von Ihren Herrn Ihme gemacht, genüg zu lassen*. Außerdem solle er sich *gegen den frembten, so in die Bibliothec gelassen, modeste und wie sich gegen jedem Standt nach geziemet ehrerbietig erzeigen, und in kein unnötig disputat sich einlassen*.[246] Klar geht aus der Anweisung auch hervor, dass auswärtige Besucher nur mit einer Erlaubnis des Rats in den Genuss einer Besichtigung kamen; der Zugang wurde also durchaus restriktiv gehandhabt.

Ebenso wie ein Donatorenbuch fehlt für die Stadtbibliothek ein Besucherbuch.[247] Nur wenige Besucher aus gelehrtem oder adeligem Stand lassen sich daher namentlich fassen: Bekannt sind Besichtigungen durch den Inkunabelforscher Bernhard von Mallinkrodt (1591–1664) 1653, den Chirurg Johann Jakob Kühn 1683, den Hofprediger Johann Gottlieb Wilhelm Rößler (1682–1734) 1721, den Feldherrn und Kunstmäzen Leopold Wilhelm, Erzherzog von Österreich (1614–1662) 1645 und 1658, Kaiser Leopold I. (1640–1705) 1658, Königin Christina von Schweden (1626–1689) 1662, Kaiser Joseph I. (1678–1711) 1707, Kaiser Karl VI. (1685–1740) 1711 sowie Karl Eugen, Herzog von Württemberg (1728–1793), 1780.[248] Mit dem Jesuiten Johann Bissel (1601–1682) disputierte Johann Michael Dilherr über den Zölibat und legte zum Beweis seiner Argumentation eine Handschrift vor.[249] Schließlich dürften auch die Verfasser von Reiseberichten oder Bibliotheksbeschreibungen mit Erwähnung der Stadtbibliothek eine Führung erhalten haben.[250] Tatsächlich war die Anzahl der Besucher wahrscheinlich nicht gering: Seit 1674 findet sich der Name der Stadtbibliothek Nürnberg in den Verzeichnissen der bemerkens- und besuchenswerten Kunstkammern, die der theoretischen Literatur zu Einrichtung und Anlage solcher Kuriositäten-Samm-

246 Bock: Reich 1944, S. 215, Nr. I,4 und I,5 sowie S. 217, Nr. 3 und 4.

247 Zu Besucherbüchern von Kunstkammern s. Rütsche: Kunstkammer 1997, S. 225f.; Linnebach: Museum 2014 sowie zu einem Beispiel aus Nürnberg Christine Sauer: Trews ›Besucherbuch‹ und die Pflanzenbilder weiblicher Inskribenten und Künstlerinnen in Nürnberger und Altdorfer Stammbüchern, in: Sammeln, Forschen und Publizieren im Netzwerk der frühmodernen Gelehrtengemeinschaft. Der Nürnberger Arzt und Naturforscher Christoph Jacob Trew (1695–1769), seine Bibliothek und ihre Bedeutung für die Botanik (im Druck).

248 Murr: Memorabilia 1786, S. 4.

249 Murr: Beschreibung 1778, S. 81f.; dieselben Argumente hatte er bereits 1658 mit dem kaiserlichen Informator und Hofmarschall ausgetauscht, vgl. Bock: Bibliotheksbesuch 1952, S. 218 und Karp: Stadträume 2020, S. 97f..

250 Zusätzlich zu den in Anm. 7 genannten Berichten s. jetzt die von Karp: Stadträume 2020, S. 95–131, genannten Besucher des 17. Jahrhunderts: 1654 Georg Rumpel († 1702) in Begleitung von Johann Ernst von Sachsen-Gotha (1641–1657), 1660 Daniel Papebroch (1628–1714), 1663 Balthasar de Monconys (1611–1665).

lungen angehängt worden sind.[251] Umgekehrt deuten die zahlreichen Stiftungen aus den Reihen der Patrizier, Gelehrten, Handwerker und Künstler Nürnbergs insbesondere während des späten 17. und des 18. Jahrhunderts auf eine Vertrautheit mit der Bibliothek und ihrer Memorabiliensammlung. Umschrieben wird damit ein sonst nicht fassbarer städtischer Personenkreis, der die öffentliche Bibliothek nutzte. Dieses Ergebnis steht im Einklang mit einer von Friedrich Bock 1944 vorgelegten Auswertung des nur kurz zwischen 1605 und 1625 geführten Ausleihbuchs der Stadtbibliothek, derzufolge vor allem Personen aus der Oberschicht Nürnbergs und den Berufsgruppen mit akademischer Vorbildung die Bibliothek konsultierten.[252] Bemerkenswert ist der nur durch die Schenkungen dokumentierte, im 18. Jahrhundert zunehmende Anteil von Kaufleuten und Handwerkern sowie von Frauen aus den Reihen der Handwerkerfamilien. Mit den Besuchsberichten von Durchreisenden und Schenkungen von in Nürnberg Ansässigen wird somit die tatsächliche Öffentlichkeit der Stadtbibliothek in Umrissen erkennbar.[253]

Der Ablauf eines solchen geführten Rundgangs lässt sich einem von Johann Michael Dilherr verfassten Bericht entnehmen, der nach dem fast zweistündigen Besuch Kaiser Leopolds I., seines Bruders Leopold Wilhelm und anderer ausgewählter Mitglieder des Hofes am Samstag, dem 17. August 1658, entstand.[254] Schon die ersten beiden Stationen verdeutlichen einerseits die gleichwertige Behandlung von Büchern und Memorabilien sowie andererseits die Erwartungshaltung der Besucher an Bibliothekar und Kämmerer: Sie wollten von ihrem Führer durch dessen vielseitige, umfassende und aktuelle Kenntnisse beeindruckt, aber nicht beschämt oder gar beleidigt werden. Schlagfertigkeit und Fingerspitzengefühl bei heiklen Fragen waren daher genauso gefragt wie Einfühlungsvermögen, um das Wissen des jeweiligen Gegenübers herauszustellen. Im ersten Umgang zeigte Dilherr das Porträt des Metrophanes (Kat. 20) und seine Schriften sowie im folgenden Raumabschnitt den historischen Bestand: *Ich zeigete die Libros Philosophicos, und Effigiem Metrophanis, hodierni Partriarchae Alexandrine, und seine Handschriften. Ihro Majestät sagten: „Er lese es"; da lass ichs, welches Ihre Majestät dem Spanischen Ambassadeur Italiänisch wieder sagten. Wir giengen zu den Historicis, derer Titulos Ihro Majestät und der Ertz-*

251 Major: Bedencken 1674, führt im Anhang unter Nürnberg auf: *Raths-Bibliothec;* Sturm: Raritäten- und Naturalien-Kammer 1704, S. 168, erwähnt neben anderen Privatsammlungen in Nürnberg: *Auff der Statt Bibliotheca in dem Prediger Kloster / sind auch in ziemlicher Quantitaet viele rare Naturalia und Artificialia gesammlet;* Neickel / Kanold: Museographia 1727, S. 75f.: *Die Denckwuerdigkeiten dieser Stadt betreffend, so findet man in dem Prediger-Kloster eine vortreffliche Bibliothec. ... Auf dieser Bibliothec werden viele Curiosa gezeiget...* – Zu den für Nürnberg erwähnten privaten und kommunalen Sammlungen s. die Beiträge von Elke Valentin und Claudia Valter in diesem Band.

252 Bock: Reich 1944, S. 208–212 sowie Sauer: Rats- und Stadtbibliothek 2013, S. 63f. S. dazu Abschnitt 10 in diesem Beitrag.

253 Zur Öffentlichkeit städtischer Bibliotheken mit Wunderkammern s. auch Beßler: Sammlungen 2015, S. 331f. sowie den Beitrag von Elke Valentin.

254 Bock: Bibliotheksbesuch 1952, S. 219–222; zur Dauer des Besuchs S. 216. – Zu Dilherr als Kämmerer s. jetzt auch mit zahlreichen weiteren Belegen Karp: Stadträume 2020, S. 95–109.

Hertzog fast alle lasen; auch Ihro Majestät bey etlichen fragten: „Wovon handelt dieser Scriptor?", Welches ich brevissime erzehlte. Besonders lange verweilten die Besucher im zweiten Umgang vor dem Schrank mit den Naturalien: *Hierauf besahen Ihre Durchlaucht .... Den Kalter oder Schranck, mit etlichen particulis Anatomicis, Craniis humanis, calculis &c, und fragten Ihro Majestät von allem genau, die ich meistentheils latine, weil sie selbsten viel Latein mit einmengeten, beantwortet, welches Sie auff Italiänisch dem Spanischen Ambassadeur also bald wiederholten...* Führer und Geführte bewegten sich bei Betrachtung der Darstellung eines Einhorns auf dem gleichen aktuellen Wissensstand, wenn sie sich auf die seit 1638 bekannte Herkunft des Horns vom Narwal bezogen (Kat. 5.1): *Bey Zeigung eines gemahlten noch am Kopff hangenden Einhorns discutirte ich brevissime von dem Einhorn, und zeigete, wie es kein animal terrestre seyn könte: dann es sonst, wegen Grösse des aus der Stirn unter sich wachsenden Horns, Hungers sterben müste. Da sagten Ihro Majestät: „Ja es ist wahr, es ist nichts anders dann ein Fisch, und haben wir auch ein Einhorn, so zwo Mannes Länge hat".*[255] Weil die Bibliothek nur einen gemalten Ersatz, der Kaiser aber ein noch dazu durch die Größe ausgezeichnetes, echtes Horn besaß, konnte an diesem Beispiel die Vorzüglichkeit der Sammlung des Herrschers herausgestellt werden.[256] Im vierten Umgang schließlich beeindruckte Dilherr nochmals mit seinen Sprachkenntnissen: *Weiter zeigte ich ein Syrisches, und darauff ein gross Ebräisches Manuscriptum Cabbalisticum. Da sagte der Ertz-Hertzog zu mir: „Kan ers lesen?" Dem Ihro Majestät antworteten: „Ihr Liebden, er kans wohl lesen und verstehen"; und hielten Ihro Majestät das Buch an der rechten, und der Ertz-Hertzog auff der lincken Seiten, und sahen mich an; da fieng ich an zu lesen und sagte: „Ihr Majestät, es ist nicht schwer, in sechs Stunden wolte ichs lesen und schreiben lehren".*[257]

Der Rundgang war aber nicht nur ein gelehrter Schlagabtausch; er sollte auch alle Sinne ansprechen. Zur Inszenierung zählte das Öffnen der Schränke zum Erstaunen der Betrachter über die zuvor verborgenen Inhalte. Dilherr beschrieb, wie die Gruppe im vierten Umgang mit den theologischen Beständen *zu den beyden Kaltern* [gelangte], *die ich auffmachte.* Neben Holzschnitten Albrecht Dürers entnahm der Theologe den Fächern griechische, syrische und hebräische Handschriften, an die sich die eben zitierte Episode zur kabbalistischen Handschrift anschloss.[258] Eigens Erwähnung fand das Versperren des Naturalienschrankes als Diebstahlschutz, was implizit das Öffnen im Beisein der Besucher einschloss (vgl. Abb. 1.1, 2.7): *Als ich solchen Kalter nicht also bald zu machte, sondern auff Ihro Majestät achtung gab, trat der Ertz-Hertzog gar genau dran, und sagte: „Er schliesse zu, dann es ist diesen Burschen*

255 Bock: Bibliotheksbesuch 1952, S. 220. – Zum Einhorn z. B. Philine Helas: Der „See-Einhorn-Fisch". Ein Tier zwischen Legende und Naturwissenschaft, in: Assoziationsraum Wunderkammer. Zeitgenössische Künste zur Kunst- und Naturalienkammer der Franckeschen Stiftungen, hrsg. von Nike Bätzner (Kataloge der Franckeschen Stiftungen 32), Wiesbaden 2015, S. 110–123.

256 Zu Reproduktionen als Ersatz für die für einen Sammler unerreichbaren Originale s. oben Anm. 202.

257 Bock: Bibliotheksbesuch 1952, S. 221.

258 Ebenda. – Zur Inszenierung s. auch den Beitrag von Eva Dolezel in diesem Band.

nicht allen zu trauen".[259] Eine andere Form der Weisung setzte eine Vorbereitung durch den Kämmerer voraus: Den hölzernen Écorché des Volcher Coiter hatte Dilherr vorab auf einem Tisch bei den medizinischen Büchern ausgestellt; dort stach das Modell den Besuchern ins Auge und wurde *sehr curiose* besehen (vgl. Abb. 2.51).[260] Gut sichtbar vielleicht auf einem der halbhohen Regale dürften im dritten Umgang auch die acht Bände eines Chorbuches im Überformat aus dem Dominikanerinnenkloster St. Katharina gelegen haben, die in keiner Beschreibung fehlen (Kat. 31; vgl. Abb. 2.6 N3).[261] Einzelstücke konnten während der Vorstellung auch den Schränken entnommen und von ausgewählten Besuchern berührt werden. So ließ Dilherr bei zwei Blasensteinen eine visuelle und haptische Begutachtung zu: *welche beyde Ihro Majestät in Ihro Hände nahmen* (Kat. 4, Abb. 2.10–11). Die Konkremente boten sodann den Anlass zu einem verbalen Austausch über angebliche Pulver zur Auflösung von Steinen, bei dem sich Dilherr der an ihn gerichteten Frage nach seiner Meinung zu einem von Alchemisten gesuchten Universalheilmittel (*Universal*) mit einer geschickten Antwort entzog: *Ich versetzte: „Gnädigster Herr, den Namen und opinion weiss ich wol, aber nicht rem". Hierauff sagten Ihro Durchlaucht; „So viel wissen wir auch"; und lachten.*[262] Die gebildeten Besucher hofften also auf eine abwechslungsreiche Führung, bei der sie durch den universal gebildeten, belesenen, mehrsprachigen und schlagfertigen Führer unterhalten wurden oder mit diesem zu jedem erdenklichen Thema anhand eines konkreten Objektes in Austausch treten konnten. Vereinzelt herausgestellte Gegenstände mussten im Nachgang verräumt und die damit implizit bestehende, dem Kämmerer bekannte Ordnung wiederhergestellt werden.[263] Ver- und Enthüllen schloss das Spiel mit der Überraschung und dem Staunen des Publikums mit ein. Unerwünscht waren dagegen Diskussionen z. B. zu Glaubensfragen.

Den Ruhm der Bibliothek mit integrierter Memorabiliensammlung hatten die Publikationen von Johannes Saubert 1643 und Johann Jacob Leibnitz 1674 begründet. In den 1741 bzw. 1765 publizierten Reisebeschreibungen von Johann Georg Keyssler († 1743) und J. de Blainville († 1742/43) – beide Protokolle von Kavalierstouren, die unter der Aufsicht der Autoren 1730 bzw. 1705 stattgefunden hatten – und im ‚Reise-Lexicon' des Juristen und Künstlers Carl Christian Schramm (1703–1750/51) wurde der Raritätensammlung in der Stadtbibliothek mehr Aufmerksamkeit gewidmet als den dort vorhandenen Büchern.[264] Von seinem Besuch in der Stadtbibliothek anlässlich seines Aufenthaltes in Nürnberg vom 9. bis zum 23. Juni 1705 berichtete J. de Blainville: *Der Oberaufseher ist ein Hauptprediger, und versicherte uns, daß sie aus nicht*

259 Bock: Bibliotheksbesuch 1952, S. 219.

260 Bock: Bibliotheksbesuch 1952, S. 224 Anm. 17.

261 S. dazu oben bei Anm. 43, 235.

262 Bock: Bibliotheksbesuch 1952, S. 219f.

263 Zur Ordnung von Sammlungen s. Becker: Raritäten-Kabinett 1996, S. 10–43; Felfe: Raum 2007.

264 Blainville: Extract 1765, S. 49–52; zum Autor s. Becker: Bibliotheksreisen 1980, Sp. 1385–1392, 1514. – Keyssler: Neueste Reise 1741, S. 1188–1193; zu diesem s. Becker: Bibliotheksreisen 1980, Sp. 1407–1416, 1514f. – Schramm: Reise-Lexicon 1744, Sp. 1222–1225; für den Hinweis auf diesen Eintrag danke ich Eva Dolezel.

weniger als aus sechs und zwanzigtausend Baenden bestuende. Sie wurde zur Zeit der Reformation aus den Buechern der Kloester in der Stadt und aus der Nachbarschafft angelegt. Folgendes sind die merkwuerdigsten Dinge, die wir in derselben beobachteten. Ein sehr gutes Bildniß des Erasmus von Rotterdam. Ein gleiches von dem Patriarchen von Alexandrien, Metrophanes. Noch eines von dem beruehmten Juden aus Ninive, Josephus Adjustus, der zum Christlichen Glauben getretten, und Professor der Hebraeischen Sprache zu Wittenberg worden … Ein Brief, den Luther mit eigener Hand an den Rath zu Nuernberg geschrieben. Eine hoelzerne Schreibtafel Churfuerst Johann Friedrichs von Sachsen, worinn alle Seiten mit Predigten angefuellet sind, die der Churfuerst Luthern nachgeschrieben hat. Eine schwarze hoelzerne Tafel, worauf Reihenweise mit goldenen Buchstaben und rothen Linien die Zeitrechnung von Adam bis auf Christum geschrieben ist. Das Bildniß des Moses, ungefehr einen Fuß hoch, in welchem alle fuenf Buecher Mosis mit sehr kleinen Buchstaben geschrieben sind. Zwey messing-verguldete Himmels- und Erdkugeln und andere dergleichen verguldete mathematische Instrumente. Der Kopf eines Mannes mit zwey kleinen Hoernern, jedes einen Zoll lang, in der Mitte, wie man gemeiniglich die Satyren zu malen pfleget. Ein Stein von zehen Unzen, der in der Blase des Predigers Sauberti gefunden worden, welcher aber sein Leben dennoch mit diesem erschroecklichen und ungeheuern Stein ueber sechzig Jahre gebracht hat. Die Haut eines Luchsen und verschiedene Gerippe von Thieren, nebst andern Merckwuerdigkeiten.[265] Der Herausgeber der Übersetzung von 1764, Johann Tobias Köhler, bewunderte de Blainville *wegen der unendlichen Abwechslung so vieler Merkwuerdigkeiten* und meinte, er setze die Leser damit in den Stand, *in ihrem eigenen Zimmer, so zu sagen, Zuschauer von einer so großen Menge verschiedener merkwürdigen Dinge zu seyn, die er recht nach dem Leben gemahlet hat.*[266] Der lebendige Bericht, so wird hier unter Aufgreifen eines Topos behauptet, erlaube einen imaginären Rundgang durch die Sammlung. Aufzählungen der besonderen Handschriften und raren Drucke stehen dagegen im Zentrum des Berichts des Bibliotheksreisenden Friedrich Carl Gottlob Hirsching (1762–1800).[267] Nicht auf Führungen, sondern auf eigenständiger Sichtung des Gesamtbestandes der Stadtbibliothek in Autopsie beruhten die vom Nürnberger Universalgelehrten Christoph Gottlieb von Murr (1733–1811) veröffentlichten Abhandlungen über die Sehenswürdigkeiten der Stadt Nürnberg von 1778 und insbesondere in der zweiten Auflage von 1801 sowie die Beschreibung der Nürnberger Bibliotheken von 1786 bis 1791. Schrittweise systematisierte und perfektionierte er dabei die Hinweise auf die Memorabilien: Handelte es sich 1778 noch um eine lose Aufzählung der Gegenstände in einem eigenen Kapitel mit der Überschrift *Merkwuerdige Sachen*[268], so wurden die *res notabiliores* 1786 erstmals im Raum verortet[269]. Murr beschrieb nicht nur,

265 Blainville: Extract 1765, S. 49–52.

266 J. de Blainville: Des Herrn von Blainville …. Reisebeschreibung durch Holland, Oberdeutschland und die Schweiz, besonders aber durch Italien, hrsg. von George Turnbull und Johann Tobias Köhler, Lemgo 1764 (VD18 11099879-002), Bl.)(3b,)( )(4b.

267 Hirsching: Versuch 1788, S. 549f., 17–102; zu diesem Genre s. Becker: Bibliotheksreisen 1980.

268 Murr: Beschreibung 1778, S. 60–65.

269 Murr: Memorabilia 1786, S. 5–13.

in welchem Umgang welcher Gegenstand anzutreffen war, sondern gab sogar konkrete Aufbewahrungsorte (an der Wand, in Schränken etc.) an. Außerdem hatte er sich eingehend mit den wissenschaftlichen Instrumenten im zweiten Umgang beschäftigt, denn er verzeichnete erstmals zuvor unbeachtete Einzelstücke, die auf den Regalböden des betreffenden Schrankes in zweiter Reihe aufbewahrt wurden.[270] Auf den üblichen Hinweis auf die von Johannes Praetorius gefertigten Luxusgeräte ließ er die *Instrumenta orichalcea Regiomontani* sowie *Alia Instrumenta mathematica* folgen.[271] Er hatte also alle Stücke in die Hand genommen und eingehend untersucht, um dann drei Astrolabien (Kat. 35, 37–38, Abb. 2.26, 2.28) – darunter ein 1468 datiertes und ein im Mittelalter in Syrien gefertigtes Exemplar – sowie eine durch das Bildnis von Papst Paul II. zwischen 1464 und 1471 datierbare Sonnenuhr (Kat. 36, Abb. 2.27) mit Johannes Regiomontanus (1436–1476) als Vorbesitzer in Verbindung bringen zu können. Seine Vermutung, diese Geräte seien mit der von den Erben des Astronomen und Mathematikers 1522 durch den Rat erworbenen Büchersammlung in die Stadtbibliothek gekommen, ist nicht unbegründet, aber dennoch falsch: Obwohl in Verbindung mit der Privatbibliothek immer wieder wissenschaftliche Instrumente erwähnt wurden, sind die genannten Stücke sicher erst über die Familie Ayrer 1675 in die Stadtbibliothek gelangt.[272] Damit aber war von Murrs Interesse an den Instrumenten noch nicht erschöpft: 1801 wiederholte er zum Teil mit zusätzlichen Informationen die Beschreibung der *merkwuerdige*[n] *Sachen* in der 1786 gefundenen Struktur, inserierte in den Abschnitt über *Mathematische Instrumente von Messing, welche Johann Regiomontanus besaß* zusätzlich eine ausführliche Beschreibung des syrischen Astrolabs aus dem 12./13. Jahrhundert (Kat. 38, Abb. 2.26).[273] Grundlage für diese Ausführungen bildete eine 1800 von Christoph Gottlieb von Murr fertiggestellte Abhandlung, die jedoch nie erschienen ist.[274] Als Vorlagen für die die Studie begleitenden Kupferstiche dienten vom Verfasser 1796 eigenhändig angefertigte Zeichnungen.[275] Murr hat sich somit als erster auch wissenschaftlich für ausgewählte Memorabilien der Stadtbibliothek interessiert und seine Erkenntnisse in von ihm publizierte Führer eingebracht.

Mit vielen beschreibenden und historischen Details zu Einzelstücken ging dann der Stadtbibliothekar Gottlieb Christoph Ranner 1821 auf *einige bemerkenswerthe Gegenstaende* im Rahmen der von ihm verfassten Bibliotheksgeschichte ein.[276] Aufschlussreich sind die als Beilagen mitgelieferten Abdrucke von Schriftstücken zu ausgewählten Memorabilien, vor allem das *Verzeichniß der mathematischen Instrumente*.[277] Bei

270 Zur Aufstellung im Schrank s. Ranner: Beschreibung 1821, S. 22 mit Anm.**.

271 Murr: Memorabilia 1786, S. 8–10.

272 S. dazu oben Abschnitt 5.

273 Murr: Beschreibung 1801, S. 396–408, hier bes. S. 402–406.

274 Murr: Beschreibung 1801, S. 403: ‚Astrolabium cufico-arabicum aeneum, quod adseruatur in Bibliotheca publica Norimbergensi', 1800.

275 Murr: Beschreibung 1801, S. 405.

276 Ranner: Beschreibung 1821, S. 19–25.

277 Ranner: Beschreibung 1821, S. 33–128.

dem alten Verzeichnis mit 44 Positionen handelt es sich wahrscheinlich um den Katalog der von der Familie Ayrer erworbenen 44 Instrumente, der mit der Sammlung 1675 an die Bibliothek abgeliefert wurde (Kat. 35–58, 33.4) und der somit wertvolle Aufschlüsse über die Provenienz der *scientifica* in der Stadtbibliothek liefert.[278]
Diese letzten von Einheimischen erstellten Stadt- und Bibliotheksbeschreibungen fallen in die Zeit der romantischen Wiederentdeckung Nürnbergs und eines beginnenden Tourismus. In den seit dem späten 18. Jahrhundert aufgelegten Stadtführern zählte die Stadtbibliothek mit den in unterschiedlichem Umfang stets aufgelisteten Merkwürdigkeiten zu den zur Besichtigung empfohlenen Attraktionen, wobei die Auswahl der als Highlights namentlich benannten Objekte von Verfasser zu Verfasser variierte.[279] Das Merkwürdige war zum Verwunderlichen, zum Sonderbaren mutiert, das nun nicht mehr nur der Wissenserweiterung oder dem gelehrten Austausch diente, sondern einem breiten Publikum zum Bestaunen vorgeführt wurde.[280] Um an einen neu anzustellenden Bibliothekskustos die zahlreichen Führungen der Fremden abtreten zu können, forderte Gottlieb Christoph Ranner 1821 Sprachkenntnisse in Englisch, Italienisch und Französisch.[281] Noch in der Bibliotheksordnung von 1834 wird geregelt, dass Fremden außerhalb der Öffnungszeiten Zutritt zur Bibliothek zu gewähren sei.[282] Um die Mitte des 19. Jahrhunderts beklagte sich Friedrich Wilhelm Ghillany (1807–1876, Stadtbibliothekar von 1840 bis 1856) über Gastwirte und Lohnbediente, weil diese die Stadtbibliothek als eine Einrichtung betrachten würden, *wohin man fremde Gäste schickt und führt, um ihnen ohne Kosten allerlei Merkwürdigkeiten zu zeigen. Man hätte dabei fortwährend nur damit zu tun, den Leuten Luthers Käppchen und Trinkglas zu zeigen und wäre daneben noch häufig von seiten ungebildeter Leute einer höchst indiskreten Behandlung ausgesetzt.* Ohne Erfolg blieb seine Forderung nach Erhebung eines Eintrittsgeldes und Ausgabe von Eintrittskarten.[283] Um 1800 waren die Realien also einerseits Forschungsgegenstände, andererseits einem sensationsgierigen Publikum dargebotene Schaustücke.

278 Ranner: Beschreibung 1821, S. 33–42 Beilagen A–G.

279 Müller: Beschreibung 1793, S. 195–197; Johann Karl Osterhausen: Neues Taschenbuch von Nürnberg, Bd. 1, Nürnberg 1819, S. 164–169; Johann Christoph Jakob Wilder: Nürnberg. Eine gedrängte Zusammenstellung seiner Merkwürdigkeiten für Fremde und Einheimische, Nürnberg 1827, S. 62f.; Carl Mainberger: Eine Woche in Nürnberg. Kurzgefaßte Beschreibung der Stadt Nürnberg und ihrer Umgebungen. Ein Wegweiser für Fremde, Nürnberg 1837, S. 87–92; vgl. auch den Beitrag von Elke Valentin in diesem Band.

280 Jacob und Wilhelm Grimm: Deutsches Wörterbuch. 16 Bände in 32 Teilbänden, Leipzig 1854–1961, Bd. 6, Leipzig 1885, Sp. 2107f.

281 StadtAN, C 6 Nr. 1300, Bl. 61.

282 StadtAN, C 7/I Nr. 10015, Bl. 35.

283 Zitiert ohne Quellenangabe von Schwemmer: Museum 1957, S. 130f.; zur Öffentlichkeit solcher Sammlungen im 19. Jahrhundert Linnebach: Museum 2014, S. 41–48.

12 Zur Auflösung der Memorabiliensammlung

Doch schon in dieser Zeit befand sich die Sammlung im Umbruch. Einerseits wurden nach dem Übergang an Bayern im Jahr 1806 infolge einer Neuordnung der Stiftungslandschaft nicht nur Büchersammlungen, sondern auch zahlreiche Porträts und Mikrographien der Stadtbibliothek zugewiesen.[284] Andererseits setzte parallel dazu der Transfer von Objekten aus der Bibliothek an andere Einrichtungen in Nürnberg ein. Das Anatomische Theater übernahm noch vor 1778, vielleicht 1774, die Knochenpräparate Volcher Coiters (Kat. 3.1–2). Kurz vor 1821 war die Werkdokumentation der Susanna Maria von Sandrart an die Akademie der Künste abgegeben worden (Kat. 23.2).[285] 1822 und 1837 gingen Klebebände mit Kupferstichen an die Zeichenschule der Malerakademie und dann 1875 an das Germanische Nationalmuseum, wo sie zunächst als städtische Sammlung separat geführt, dann aber 1923 mit der Grafiksammlung im Museum vereinigt worden sind.[286] In zwei großen Aktionen wurde zunächst 1865 ein Teil der Münzsammlungen (Kat. 29), sodann 1877 der Restbestand an erst nach 1806 in die Stadtbibliothek gelangten Münzen sowie der gesamte Komplex der wissenschaftlichen Instrumente in das Germanische Nationalmuseum überführt (Kat. 35–57).[287] Weitere Einzelabgaben erfolgten bis in die 1990er-Jahre hinein: 1927 das Trinkglas Martin Luthers (Kat. 14), 1944 die Figur des Vitzliputzli (Kat. 9, heute Museen der Stadt Nürnberg), 1991 die türkischen Gewänder (Kat. 12.1–2), im 20. Jahrhundert das Bildnis des Bernhard Praetorius (Kat. 19.1). Ein Teil der Gemälde wurde 1843 in der städtischen Gemäldegalerie im Landauer Zwölfbrüderhaus, der Frauenkirche oder auf der Burg gezeigt, dann jedoch 1852 versteigert: Dazu zählten Brustbildnisse des Moses (Kat. 26.1) und des Paulus.[288] Der Restbestand an Naturalien wurde wohl von der Naturhistorischen Gesellschaft übernommen, mit deren Depots er 1945 verbrannte. Fast alle Porträts sowie seit 1973 die gesamte Graphische Sammlung werden heute von den Kunstsammlungen der Museen der Stadt Nürnberg betreut (vgl. Kat. 18–26). Damit war die mit der Gründung von Museen einsetzende Spartentrennung vollzogen, die Stadtbibliothek endgültig auf das Sammeln von Büchern „reduziert" worden.

---

284 Christine Sauer: Die Stadtbibliothek Nürnberg zwischen 1766 und 1835 – Vom Schatz im Dunkeln zur Bürgerbibliothek, in: Vom Adler zum Löwen. Die Region Nürnberg wird bayerisch 1775–1835, hrsg. von Michael Diefenbacher (Ausstellungskatalog des Stadtarchivs Nürnberg 17), Neustadt an der Aisch 2007, S. 177–197. – Ein Großteil der 92 Gemälde, die Wilhelm Schwemmer mit der Stadtbibliothek in Verbindung brachte, dürfte erst nach 1806 in diese eingegangen sein; s. dazu oben Anm. 207.

285 Ranner: Beschreibung 1821, S. 24 Anm. *.

286 Schwemmer: Kunstsammlungen 1949, S. 110–112, 159f., 174f.

287 Schwemmer: Kunstsammlungen 1949, S. 161f.

288 Schwemmer: Kunstsammlungen 1949, S. 202 Nr. 282–283, vgl. Nr. 285.

13 Statistik als Resümee

Als der eingangs zitierte Stadtführer Christian Gottlieb Müllers 1793 auf den Markt kam, hatte die Memorabiliensammlung der Stadtbibliothek mit der Abgabe der Naturalien ihren Zenit bereits überschritten. Ihr ging mit den Tier- und Menschenpräparaten der älteste, bis in das späte 16. Jahrhundert zurückreichende und wohl kurz vor oder nach 1600 übernommene Sammlungskomplex verloren. Dieser nahm eine promiente Stellung in der ersten, 1674 von Johann Jacob Leibnitz erstellten Bestandsaufnahme ein: Leibnitz erwähnte rund 50 unterschiedliche Objekte; nimmt man die vorhandenen, aber unberücksichtigten Globen und Gemälde mit hinzu, kommt man sogar auf rund 60 in der zweiten Hälfte des 17. Jahrhunderts in der Stadtbibliothek vorhandene Gegenstände. Bis in das dritte Viertel des 18. Jahrhunderts kamen um die 110 weitere Memorabilien hinzu, bevor dann die bis in das 20. Jahrhundert fortgeführte Umverteilung der Realien einsetzte. Zahlenmäßig zu den stärksten Gruppen zählten mit jeweils um die 50 Objekten die *naturalia,* die *artificia* und die *scientifica.* Mit vier Gefäßen sehr klein war der Komplex der *antiquitates*, überschaubar mit jeweils unter zehn Nummern auch die *rara* und Reformationsmemorabilien. In allen Gruppen befanden sich Gegenstände von beträchtlichem Alter (unteritalische Vasenmalereien, eine byzantinische Ikone, verkieselte Hölzer) oder aus entlegenen Regionen (mesoamerikanische Statuette; chinesischer Druck; syrisches Astrolab; Skelette von Luchs, Affe oder Gazelle; türkische Gewänder und Handschriften; Gestein aus ungarischen Bergwerken sowie aus dem Heiligen Land). Auffällig ist dabei die um 1700 eintretende Zäsur: Fast alle *exotica* waren bereits im 17. Jahrhundert in den Bestand eingegangen, im 18. Jahrhundert kamen nahezu ausschließlich Objekte aus heimischer Produktion, mit regionaler Provenienz oder als Denkmäler lokalhistorischer Ereignisse hinzu. Damit zeichnet sich eine Akzentverschiebung ab: Die crossmediale Präsentation von Buch und Realie diente zunächst der Belehrung im Allgemeinen, übernahm aber nach 1700 zunehmend eine auf die Stadt fokussierte Memorialfunktion und stellte die Leistungsfähigkeit lokaler Gelehrter, Handwerker und Künstler heraus.

Von den rund 170 Objekten haben sich 48 im Original in den Museen der Stadt Nürnberg oder im Germanischen Nationalmuseum erhalten, darunter Gemälde, Kleinplastiken, Textilien und mathematische Geräte. In der Bibliothek verblieben sind rund 20 Bücher und andere Schriftzeugnisse, die von jeher ausgestellt und als Schaustücke behandelt worden sind. Sie sind wegen unterschiedlicher Qualitäten mit den Memorabilien in der Stadtbibliothek gleichgestellt und Besuchern gezeigt worden: Dazu zählen z. B. die Chorbücher als kalligraphisches Meisterstück einer Nürnberger Nonne, eine aus einem Feuer unversehrt geborgene Lutherbibel, eine türkische Handschrift mit Blutspritzern oder Schriftreliquien berühmter Personen. In diesen Bänden manifestiert sich in einer Verschmelzung die im 17. Jahrhundert auch für die Nürnberger Stadtbibliothek geforderte Einheit von Bücher- und Realiensammlung, von Bibliothek und Kunstkammer.

Meisterschaft ausstellen
Meisterstücke in kommunal-öffentlichen Sammlungen am Beispiel Nürnberg

von Elke Valentin

Ein Meisterstück, so fasst es 1739 der Eintrag in Johann Heinrich Zedlers Universallexikon bündig zusammen, *bestehet bey denen Handwerckern, die aus dem Gesellen= in den Meister=Stand treten wollen, in einigen derer schwersten und kuenstlichsten Stuecken ihres Handwercks, welche sie zum Beweiß, daß sie ihre Kunst und Handwerck rechtschaffen gelernet, vorher zur Probe machen.*[1] Ablauf der Meisterwerdung und Vorgaben zum Meisterstück regelten die erlassenen Handwerksordnungen in den einzelnen Territorien und Städten.[2] Im Nürnberg der Frühen Neuzeit gelangten Meisterstücke verschiedener Kunsthandwerke qua Ordnung in das Eigentum der Stadt und wurden bemerkenswerterweise in kommunalen Räumen öffentlich zugänglich präsentiert.[3] Über ihre Funktion als handwerkliche Probe hinaus kennzeichneten Nürnberger Meisterstücke demnach ästhetische, technologische und materielle Qualitäten,[4] die

1 Johann Heinrich Zedler: Grosses Universal-Lexicon aller Wissenschafften und Künste ..., 64 Bde., Halle/ Leipzig 1732–1754, hier Bd. 20, 1739, Sp. 410.

2 Für die verschiedenen Nürnberger Handwerke vgl. Jegel: Handwerksrecht 1965; Wolfgang P. Cilleßen/ Andreas Tacke (Hrsg.): Meisterstücke. Vom Handwerk der Maler (Schriften des Historischen Museums Frankfurt 38), Frankfurt 2019; für die Nürnberger Flach- und Ätzmaler Tacke: Statuta pictorum 2018, Bd. 3, S. 937–950; Ursula Timann: Meisterstücke (Auswertung der Statuta Pictorum), in: Künstlerreisen. Fallbeispiele vom Mittelalter bis zur Gegenwart, hrsg. von Andreas Tacke/ Birgit Ulrike Münch/ Markwart Herzog/ Sylvia Heudecker/ Thomas Schauerte (Kunsthistorisches Forum Irsee 7), Petersberg 2020, S. 105–110.

3 Zu Nürnbergs städtischen Sammlungen in der Frühen Neuzeit vgl. Schwemmer: Kunstsammlungen 1949, S. 97–122; Beßler: Sammlungen 2015, S. 309–315.

4 Zur Verortung von Handwerk und handwerklichem Meisterstück innerhalb der Wissenschaftsgeschichte Reinhold Reith: Werkstatt und Manufaktur, in: Handbuch Wissenschaftsgeschichte, hrsg. von Marianne Sommer/ Staffan Müller-Wille/ Carsten Reinhardt, Stuttgart 2017, S. 225–234; Magdalena Bushart/ Henrike Haug: Künste und künstlerische Techniken 1430–1550, in: Technische Innovationen und künstlerisches Wissen in der Frühen Neuzeit, hrsg. von Magdalena Bushart/ Henrike Haug (Interdependenzen 1), Köln/ Weimar/ Wien 2015, S. 7–26; mit wissens- und bildungsgeschichtlichem Zugang am Beispiel Antwerpens vgl. Bert de Munck: Technologies of learning.

es den Verantwortlichen Wert waren, Besuchern als Sehenswürdigkeit vorgeführt zu werden. So mussten die Buchbinder spätestens seit 1634 die Bibel im Folioformat, eines ihrer vier geforderten Meisterstücke, in die Stadtbibliothek abgeben. Bis 1700 fanden die in weißes Schweinsleder gebundenen und mit Stempelmustern verzierten Bände in der Stadtbibliothek Aufstellung, bis sie dann, nun vordergründig wegen des Bibeltextes, an Kirchen und Schulen verliehen wurden.[5] Für den Beginn der 1690er-Jahre ist die Praxis belegt, dass jeder Wagner *2. reder zu seinem Meisterstuck machen, und selbige in das Zeüghauß verehren* [muss], *welche darnach zu dem geschütz employert werden.*[6] Im Zeughaus, seit dem 16. Jahrhundert eine der frequentiertesten Sehenswürdigkeiten Nürnbergs, fanden auch die Meisterstücke der Ätzmaler, geätzte Harnische, Aufnahme.[7] In der Peunt, dem städtischen Bauhof, wurden spätestens am Beginn des 18. Jahrhunderts hölzerne Modelle, darunter Meisterstücke von Schreinern und Zimmerleuten, aufbewahrt.[8] Davor waren Modelle mit Nürnberg-Referenz auch im Rathaus zu besichtigen.[9] Die Meisterstück-Modelle von *einem Dachfenster. von G. M. Borr. 1727.* und *von einem Mansarden Dachstuhl mit Zaugewerk ein Meisterstück von dem B. Amt. Zimmermeister Bachmann von 1768*[10] stellen zwar eine eigene Objektkategorie dar.[11] Aber die Meisterstücke auf der Peunt waren eingebunden in mehr als 150 weitere Architektur-, Festungs- und Wasserbaumodelle,

Apprenticeship in Antwerp guilds from the 15th century to the end of the Ancien Régime, Turnhout 2007, insbes. S. 68– 85; eine ideengeschichtliche Untersuchung bieten Walter Cahn: Masterpieces. Chapters on the history of an idea, Princeton 1979, insbes. S. 3–22, und die Beiträge in Jean Galard/ Matthias Waschek (Hrsg.): Qu'est-ce qu'un chef-d'œuvre?, Paris 2000.

5 Sauer: Rats- und Stadtbibliothek 2013, S. 63; Jegel: Handwerksrecht 1965, S. 338.

6 Zürich, Zentralbibliothek, J 221, ohne Foliierung; in der Wagner-Ordnung von 1635 bzw. 1662 jedoch nichts zur verpflichtenden Abgabe in das Zeughaus, s. Jegel: Handwerksrecht 1965, S. 321.

7 In der Ordnung der Flach- und Ätzmaler von 1596 und späteren Fortschreibungen ist keine derartige Verpflichtung enthalten, s. Tacke: Statuta pictorum 2018, Bd. 3, S. 937–964; die Ätzmaler nutzten veraltete Harnische aus dem Zeughaus, s. Tacke: Mahler Ordnung 2001, S. 32.

8 Schwemmer: Kunstsammlungen 1949, S. 112–113; die bei A. Jegel abgedruckten Ordnungen nennen keine verpflichtende Abgabe derartiger Modelle in die Peunt (Jegel: Handwerksrecht 1965, S. 304–313, 627–635), so dass alternative Zugangswege in Betracht zu ziehen sind.

9 Frank Matthias Kammel: Der Vorstellungskraft Flügel verleihen. Von der Pracht physischer Modelle, in: Kammel: Leibniz 2016, S. 9–41, S. 25–26; die zeitweilige Einrichtung einer Modellkammer, womöglich auch nur einzelner Modelle auf dem Rathaus, bekräftigt die Besichtigung ebd. des *Modell*[s] *vom neuen Rathhauß* durch Philipp Hainhofer am 6. August 1617, s. Friedrich Ludwig von Medem: Philipp Hainhofers Reise-Tagebuch, enthaltend Schilderungen aus Franken, Sachsen, der Mark Brandenburg und Pommern im Jahr 1617, in: Baltische Studien 2 (1834), S. 1–180, hier S. 3.

10 StAN, Rst. Nbg., Rep. 270 II Nr. 2078, Verzeichnis vom 7. Januar 1807; vgl. die bei Hans Reuther/ Ekhart Berckenhagen: Deutsche Architekturmodelle. Projekthilfe zwischen 1500 und 1900, Berlin 1994, S. 113–115 genannten erhaltenen Modelle, darunter ein Nürnberger Steinmetzmeisterstück von Hans Heiß aus dem Jahr 1659, S. 114, Kat. 272; über Heiß' Meisterstück zuletzt Kammel: Leibniz 2016, S. 107f. Kat. 40; Stephan Hoppe: German architectural models in the Renaissance (1500–1620), in: Les maquettes d'architecture: fonction et évolution d'un instrument de conception et de représentation, hrsg. von Sabine Frommel, Paris 2015, S. 131–142; vgl. Anm. 12.

11 Vgl. Philippe Cordez: Werkzeuge und Instrumente in Kunstgeschichte und Technikanthropologie, in: Werkzeuge und Instrumente, hrsg. von Philippe Cordez/ Matthias Krüger (Hamburger For-

Abb. 3.1: Die Peunt, der städtische Bauhof. Links das Baumeisterhaus, ihm gegenüber der sogenannte Storchboden (*I Heuboden*), durch den Dacherker ausgezeichnet (Kupferstich von Johann Ulrich Kraus nach Johann Andreas Graff, 1701; Stuttgart, Württembergische Landesbibliothek, Geogr. fol. 91)

Stadtmodelle sowie *Modelle von künstl. Vorlegeschlössern, von einer stählernen Zange* und *von einer sehr schön damaszirten Winde* und zeigten den Nürnberger Beitrag für das Bauwesen, den Ingenieur- und Festungsbau, die Mechanik und das metallverarbeitende Handwerk auf.[12] In ähnlicher Weise verwiesen die Meisterstücke in der Stadtbibliothek und im Zeughaus auf die besonderen Fähigkeiten Nürnberger

schungen zur Kunstgeschichte 8), Berlin 2012, S. 1–19, über den transitionalen Charakter von Werkzeugen und Instrumenten, die erst in Sammlungskontexten zu *Objekten* werden.

12 StAN, Rst. Nbg., Rep. 270 II Nr. 2078; genannt ist ebd., hier auszugsweise, unter Nr. 1 ein *Modell von Ponte Rialto zu Venedig*, 2. ein *Modell von dem Rathhauß zu Nürnberg*, Nr. 119 *Modell der ganzen Stadt Nürnberg v. 1540.*

Handwerker im Buchgewerbe, in der Waffentechnik und im Kriegswesen.[13] Durch Übernahme der Sammlung oder einzelner Objekte des Nürnberger Obristleutnants und Zeugmeisters Johann Thomas Paul von Edel († 1775) wertete der Magistrat noch in der zweiten Hälfte des 18. Jahrhunderts die städtische Modellsammlung im Bauhof auf.[14] Präsentiert wurden die Modelle bis 1778 auf Tischen in zwei Räumen, auf dem *alten Modell-Boden* und im Saal des Baumeisterhauses, wobei im Saal offenbar nur die Modelle des Obristen Edel standen. Fortan sollten alle Modelle geschlossen auf dem sogenannten Storchboden, weiterhin auf Tischen, besser zur Geltung kommen. Kleinere Umbauarbeiten mussten vorgenommen worden, *war doch die auf diesen Boden hinauf gehende Schnecken-Treppen deren Tritte allzuhoch u*[nd] *für Personen von Distinction allzu beschwerlich* [...]; auch für bessere Lichtverhältnisse wurde gesorgt (Abb. 3.1).[15] Dass der Rat die kunstvollen und innovativen Arbeiten seiner Kunsthandwerker offensiv bewarb und nicht zuletzt wirtschaftsfördernde Absichten verfolgte, mag der Ankauf eines Meisterstücks als diplomatisches Geschenk illustrieren. Der Nürnberger Plattschlosser Bartholomäus Hoppert (1648–1715) hatte 1678 sein Meisterstück, eine sowohl in technischer als auch in ästhetischer Hinsicht herausragende eiserne Truhe, angefertigt.[16] Laut Überlieferung wurde die Truhe für 1.000 Taler von einem namentlich nicht genannten *hohen Liebhaber* angekauft und Kaiser Leopold I. (1640–1705) als Geschenk überreicht.[17] Als Käufer könnte ein patrizisches Ratsmitglied oder, im Auftrag des Rates, der Rathausvogt Georg Jacob Lang d. Ä. († 1680) aufgetreten sein.[18] Letzterer ist für repräsentative Ankäufe regelmäßig als Einkäufer bei Kunsthandwerkern und Kaufleuten in Erscheinung getreten.[19] Natürlich wusste der Rat längst um die hohe Wertschätzung des städtischen Handwerks, seiner Handwerker und der von ihnen hergestellten Waren und Werkzeuge.[20] Gerade Werkzeuge haben in der zweiten Hälfte des 16. Jahrhun-

13 Vgl. zur städtischen Kunstförderung, zu kommunalen Räumen und ihren Nutzern am Beispiel Augsburgs Julian Jachmann: Die Kunst des Augsburger Rates 1588–1631. Kommunale Räume als Medium von Herrschaft und Erinnerung, München/ Berlin 2008, im Vergleich mit Nürnberg Julian Jachmann: Reichsstädtische Kulturpolitik in Augsburg und Nürnberg. Komplementäre Strategien im Umgang mit symbolischem Kapital, in: Schauerte: Dürer 2013, S. 90–109, insbes. S. 103.

14 StadtAN, B 1/II Nr. 13; zu Edel s. Grieb: NKL 2007, S. 320; WGN Bd. 6, 1808, S. 265; Zeichnungen Edels sind in der Sammlung Nicolai der Württembergischen Landesbibliothek Stuttgart überliefert, s. Hans-Christian Pust: Quellen zur Festungsgeschichte in der Sammlung Nicolai der Württembergischen Landesbibliothek Stuttgart, in: Die Festung der Neuzeit in historischen Quellen, hrsg. von der Deutschen Gesellschaft für Festungsforschung e.V. (Festungsforschung 9), Regensburg 2018, S. 225–236, S. 231, 233, und Ulrike Seeger: Schloss Ludwigsburg und die Formierung eines reichsfürstlichen Gestaltungsanspruchs, Wien/ Köln/ Weimar 2020, S. 418.

15 StadtAN, B 1/II Nr. 13.

16 Welker: Nürnberg 2002, S. 126–130; Grieb: NKL 2007, S. 701; Hopperts Meisterstück befindet sich im Dom Museum Wien, s. Arthur Saliger: Dom- und Diözesanmuseum Wien (Schriftenreihe des Erzbischöflichen Dom- und Diözesanmuseums Wien N.F. 10), Wien 1987, S. 234–236.

17 Doppelmayr: Nachricht 1730, S. 311.

18 Die Vermutung, dass der Nürnberger Rat die Truhe angekauft hat, zuerst bei Grieb: NKL 2007, S. 701.

19 S. unten Abschnitt 2.

20 Welker: Nürnberg 2002.

derts ihren Weg in fürstliche Kunstkammern gefunden, dort in genuine Werkzeugsammlungen, so unter anderem an den Dresdner Hof von Kurfürst August I. (1526–1586). Zwei Meisterstücke, Bohrer des Nürnberger Neberschmieds Matthias Schwertfeger, sind erstmalig im Kunstkammerinventar von 1587 nachgewiesen.[21] Freilich stellen Hopperts Meisterstück und die Bohrer der Dresdner Kunstkammer quasi die Essenz und Kulmination technischer Verarbeitung, Virtuosität und Materialwertigkeit dar; in ihnen fallen *Meisterstück* und *Meisterwerk* zusammen. Um an diesen Punkt zu gelangen, schuf Hoppert ein Meisterstück, das sich den in der Ordnung formulierten Anforderungen widersetzte, ihnen nicht mehr entsprach.[22] Er überbot die technischen Anforderungen um ein Vielfaches und ergänzte das Truhenschloss um ornamental-ästhetische Elemente. Es war diese Überbietungs-Strategie, gemessen an den Vorgaben der Ordnung und wohl auch an Vergleichsstücken, die aus dem Meisterstück ein Geschenk an den Kaiser werden ließen.

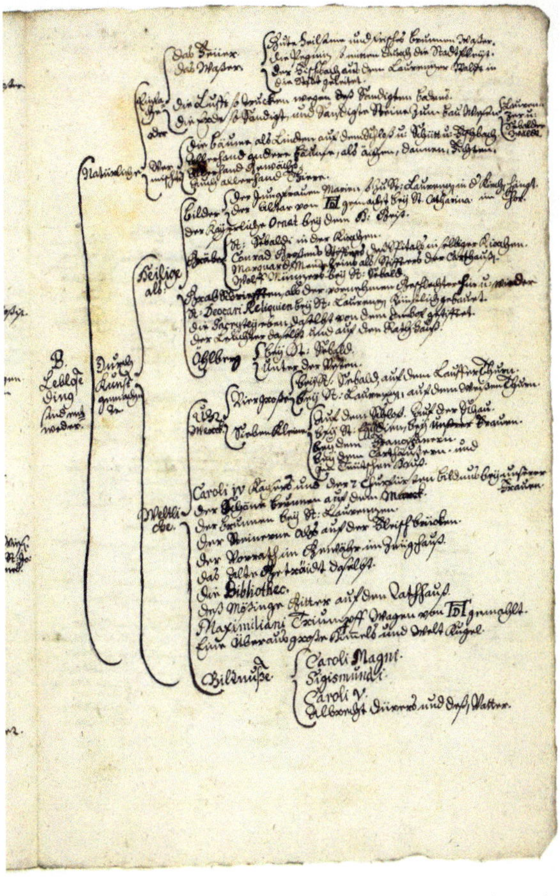

Abb. 3.2: Topographisches Schema Nürnberger Merk- und Sehenswürdigkeiten ‚Was inn und um die Stadt Nürnberg zu besthaunen', hier unter *B. Leblose Ding* der Abschnitt *Durch Kunst gemachte*, unterteilt in *Heilige und Weltliche*, darunter städtische Bauten und Sammlungen mit Nennung einzelner Objekte (Handschrift, 4 Blatt, 17./18. Jahrhundert; StadtBN, Nor. H. 757,1, f. 2r)

Die kommunalen Sammlungskomplexe in Stadtbibliothek, Zeughaus, Peunt und – wie im Folgenden näher zu sehen sein wird – im Rathaus sind im Sinne eines frühneuzeitlichen Stadtmarketings als Angebote von Sehenswürdigkeiten, als Wissens-, Diskurs- und ökonomische Räume zu

21 Minning: Werkzeug 2012, S. 168; vgl. zu den Nürnberger Brechwerkzeugen ebd. S. 178–182; über Schwertfeger Grieb: NKL 2007, S. 1416; Welker: Nürnberg 2002, S. 125.

22 Welker: Nürnberg 2002, S. 129–130.

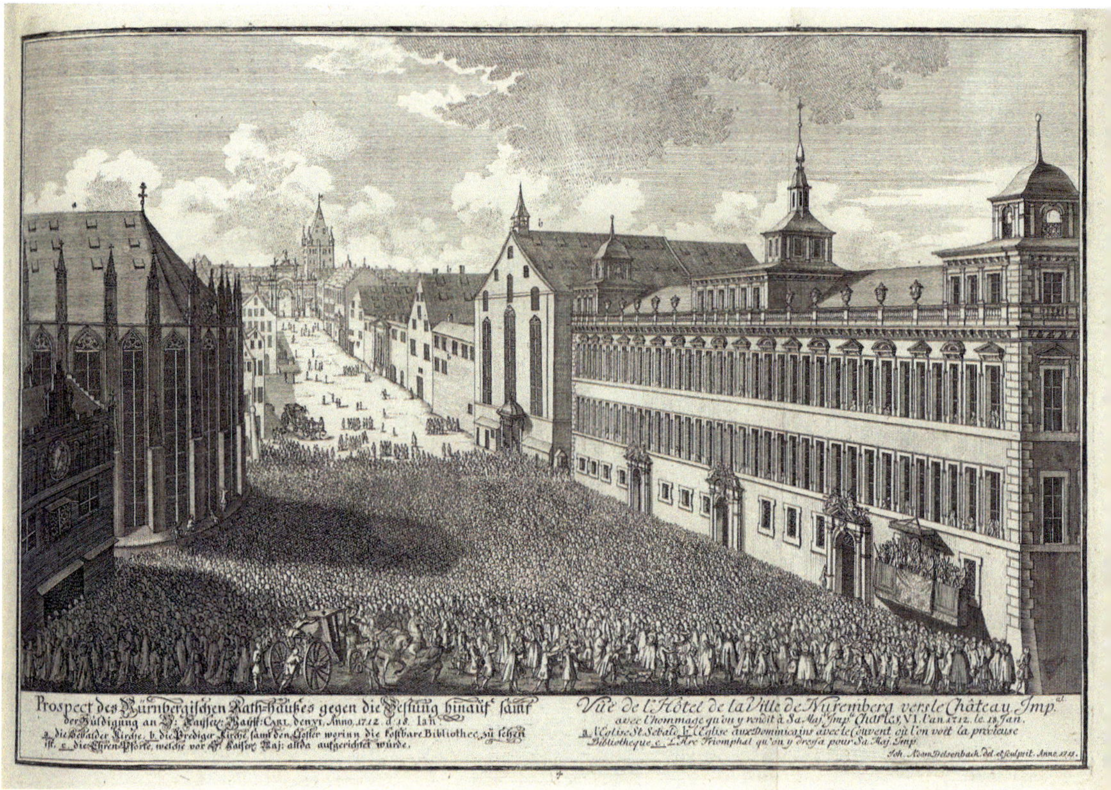

Abb. 3.3: Blick in die heutige Burgstraße mit Rathaus und angrenzendem Dominikanerkloster sowie der zum Einzug Kaiser Karls VI. 1712 errichteten Ehrenpforte (Kupferstich, 1713, in: Johann Adam Delsenbach, Nürnbergischer Prospecten Erster Theil, Nürnberg 1715–1725; Stuttgart, Württembergische Landesbibliothek, Geogr. fol. 91)

verstehen.[23] In den beschreibenden Topographien der Reiseliteratur des 17. und 18. Jahrhunderts sind die oben genannten Orte Sehenswürdigkeiten und werden stets als konstitutive Elemente, die das Bild der Stadt ausmachen, aufgefasst (Abb 3.2).[24] Im Nürnberger Rathaus verschmolz die bereits im 16. Jahrhundert bestehende, durch Schenkungen, Stiftungen und Ankäufe des Rates vermehrte Sammlung von Gemälden durch den Zuwachs der Meisterstücke der Maler – zwischen 1600 und 1703

23 Beßler: Sammlungen 2015, S. 331, zufolge entstehen Wissensräume in vormodernen städtischen Sammlungen in der Verknüpfung von Bibliotheken mit Objektsammlungen.

24 Das Schema in Abb. 3.2 diente [N. N.]: Res insigniores Norimbergae visendae. Merk- und Sehenswürdigkeiten der Stadt Nürnberg, wie solche im vorigen Jahrhunderte beschaffen gewesen …, [s. l.] 1771, als Vorlage; Georg Andreas Will: Bibliotheca Norica Williana oder Kritisches Verzeichniß aller Schriften, welche die Stadt Nürnberg angehen, Bd. 1,1, Altdorf und Nürnberg: Monath 1772, S. 6 Nr. 5.

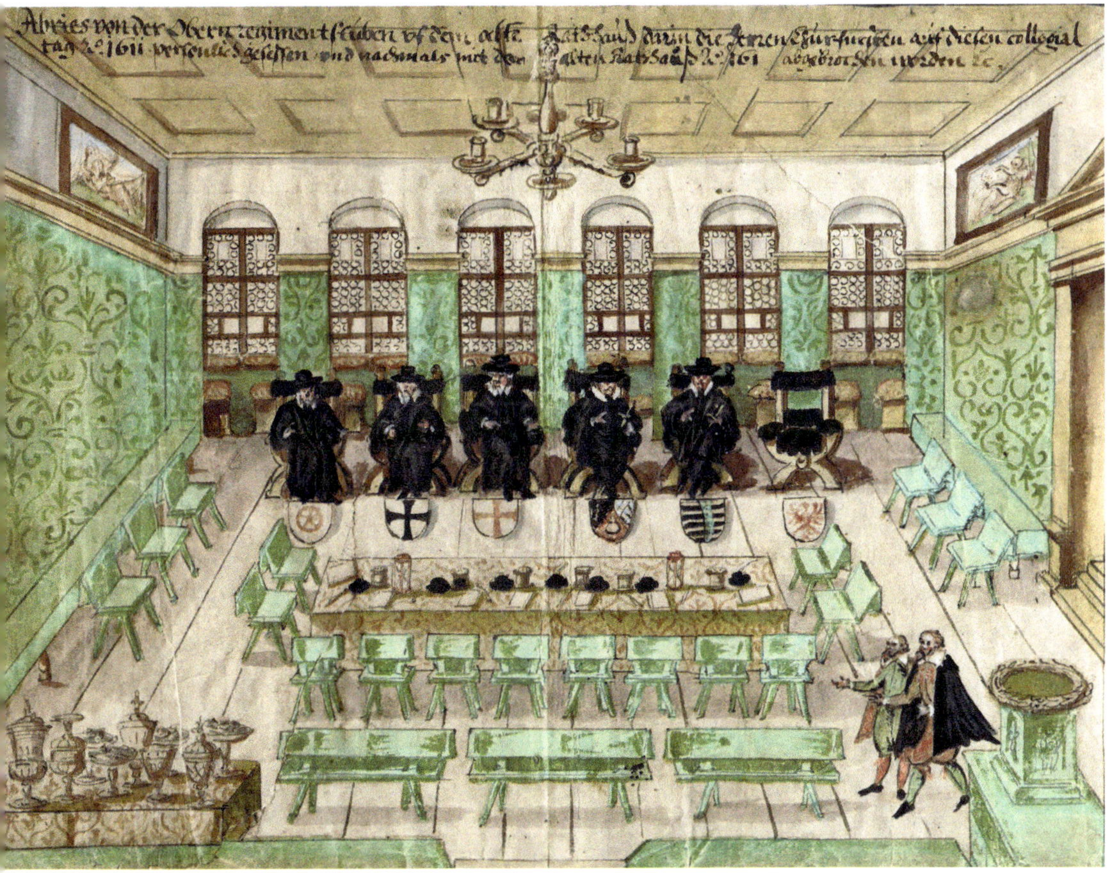

Abb. 3.4: Die Regimentstube im alten Nürnberger Rathaus zur Zeit des Kurfürstentages 1611 (kolorierte Federzeichnung; Nürnberg, GNM, Inv.-Nr. HB 2502)

rund 90 Gemälde – zu einer bedeutenden Rathausgalerie. Anfangs noch in einem Raum, der repräsentativen Regimentstube, untergebracht, verteilte sich die Sammlung nach dem Rathausumbau ab 1622 in den sogenannten Schönen Zimmern, einer mittels *Enfilade* erschlossenen Raumreihe über sechs Zimmer im zweiten Obergeschoss des Rathauswestflügels (Abb. 3.3 und 3.4).[25] Der größte Teil der Meisterstücke fand in der sogenannten hintersten Kammer, unmittelbar an die (neue) Regimentstube anschließend, Aufnahme.

25 Mummenhoff: Rathaus 1891, S. 146–147, 214, 290–294; Susan Tipton: Res publica bene ordinata. Regentenspiegel und Bilder vom guten Regiment. Rathausdekorationen in der frühen Neuzeit, Hildesheim 1996, S. 381–384.

1 Abklatsch oder *aemulatio*? Leonhard Walchs Meisterstück im Kontext

Vor rund 400 Jahren, am 31. Oktober 1620, präsentierte der Nürnberger Maler Leonhard Walch (1585–1638) den Vorgehern des Malerhandwerks und den Rugsherren sein Meisterstück, *eine Tafel, darauf die beede Evangelisten gemahlt*, nachdem er bereits 1610 einen ‚Ecce Homo' vorgewiesen hatte, mit dem er jedoch nicht bestand.[26] Nun, im zweiten Anlauf also, erwarb Walch die Meisterwürde mit einer Darstellung der zwei ‚Evangelisten Lukas und Johannes' (Abb. 3.5).[27] Unmittelbar im Anschluss an die Begutachtung des Tafelbildes hatte Walch sein Meisterstück auf das Nürnberger Rathaus dauerhaft abzuliefern, wo es Teil der musealen Rathausgalerie wurde.[28] Dass es Teil der Rathausgalerie wurde, sah die 1596 in Nürnberg eingeführte Handwerksordnung der Maler vor, der sich einheimische und fremde, niederlassungswillige Maler gleichermaßen unterwerfen mussten.[29] Angehende Meister sollten demnach ein Meisterstück machen, *Es seÿ von figuren, pildern, landtschafften oder worinnen ainer am maisten geubt* [...]. *Unnd alle die maisterstuck, damit ein jeder bestand unnd dorauff vor den rugsherren zu maister angesagt worden ist, sollen uff dem rathhaus pleiben, damitt eines meisters vor dem andern sein vleis und wie ein jeder seiner arbeit unnd kunst halben qualificirt seÿ, darbeÿ erkant werde.*[30] Allerdings ist Walchs Gemälde, wie andere Meisterstücke auch, bis zum Ende des 19. Jahrhunderts in Beschreibungen, Verzeichnissen und Inventaren in Nürnberg nicht nachgewiesen.

26 Walch erhielt aus familiären Gründen ein eingeschränktes Meisterrecht, Tacke: Mahler Ordnung 2001, S. 190, 192; generell zum Ablauf der Meisterwerdung Tacke: Statuta pictorum 2018, Bd. 3, S. 903–904; über Walch s. Friedrich von Hagen: Viten, in: Tacke: Mahler Ordnung 2001, S. 345–630, hier S. 608–610; Grieb: NKL 2007, S. 1613.

27 Öl auf Holz, 91x74 cm, Historisches Museum Bamberg, Inv. Nr. 493 D; das Gemälde ist bei Hans F. Schweers: Gemälde in deutschen Museen, München 2009, Bd. 3, S. 1736 genannt, ansonsten unveröffentlicht. Anhand Bildtitel, Signatur und Datierung sowie den Bildmaßen konnte die Verfasserin das Gemälde als Meisterstück von Leonhard Walch im September 2020 identifizieren. Für freundliche Unterstützung, die Gelegenheit der Augenscheinnahme und hilfreiche Auskünfte danke ich Dr. Regina Hanemann, Bamberg.

28 Schwemmer: Kunstsammlungen 1949; Ursula Kubach-Reutter: Die Nürnberger Malerordnung zwischen „Freier Kunst" und „Kunstakademie". Die Probestücke im Nürnberger Rathaus, in: 1662–1806. Die Frühzeit der Nürnberger Kunstakademie, hrsg. von Matthias Henkel/ Ursula Kubach-Reutter, Nürnberg 2012, S. 50–57 und S. 126–127; vgl. zuletzt Andreas Tacke: Die deutschen Gemälde des 17. Jahrhunderts. Kritischer Bestandskatalog. Gemäldegalerie, Staatliche Museen zu Berlin, Petersberg 2020, S. 119–131 ausführlich über das von ihm identifizierte Meisterstück Johann Philipp Juvenels aus dem Jahr 1645; zu den gedächtnisstiftenden Gemälde-Beständen Dürers im Nürnberger Rathaus s. Thomas Renkl: Verkauft, verschenkt, vermisst. Zur Geschichte der Dürer-Bestände im Nürnberger Rathaus, in: Schauerte: Dürer 2013, S. 51–73; Anja Grebe: Dürer. Die Geschichte seines Ruhms, Petersberg 2013, S. 41–43; Goldberg/ Heimberg/ Schawe: Dürer 1998; zu Joachim von Sandrarts Vermächtnis für Nürnberg Esther Meier: Joachim von Sandrart. Ein Calvinist im Spannungsfeld von Kunst und Konfession, Regensburg 2012, S. 147–151; s. zukünftig die Dissertation der Verfasserin: Pflicht und Kür. Die Meisterstücke der Gemäldesammlung im Nürnberger Rathaus (bei Prof. Dr. Dr. Andreas Tacke, Trier).

29 Tacke: Statuta pictorum 2018, Bd. 3, S. 897, 900–904.

30 Tacke: Statuta pictorum 2018, Bd. 3, S. 940–941.

Abb. 3.5: Die beiden Evangelisten Lukas und Johannes, Meisterstück des Nürnberger Malers Leonhard Walch (Öl auf Holz, signiert und datiert 1620; Museen der Stadt Bamberg, Historisches Museum Bamberg, Inv.-Nr. 493 D; © Museen der Stadt Bamberg)

Dennoch steht zu vermuten, dass es bis zum Ende der reichsstädtischen Zeit im September 1806 in Nürnberg erhalten geblieben war, und erst in der Folge unverzeichnet entweder veräußert wurde oder in das Schleissheimer Depot der königlichen Zentral-Gemäldedirektion wanderte.[31] Da in der zweiten Hälfte des 19. Jahrhunderts die königliche Filialgalerie Bamberg auf dem Michaelsberg neu eingerichtet worden war, die bambergisch-städtischen mit den königlichen Gemälden sowie weiteren königlichen Gemälden aus Schleissheim vereint wurden,[32] ist zu überprüfen, ob Walchs Meisterstück in diesem Zuge nach Bamberg gelangte. Festzuhalten ist, dass durch den Verlust des Kontextes im Nürnberger Rathaus Leonhard Walchs Meisterstück seine ursprüngliche, maßgebliche Funktion und Bestimmung verloren hat. Doch diese kann rekonstruiert werden.

Die beiden einander zugeneigten Halbfiguren des Hl. Johannes, im Vordergrund rechts, und des Hl. Lukas sind durch Bücher im weitesten Sinne als Schriftgelehrte ausgewiesen. Sie haben ihre Lektüre unterbrochen, schauen auf und blicken den Betrachter an. Schwer lesbare verdunkelte Bezeichnungen, in roter Farbe oberhalb der Köpfe aufgemalt, bezeichnen sie als *LVCAS.* und *IOANNES.* Die beiden Evangelisten stützen sich auf einen Tisch im linken Vordergrund, der mit einem türkischen Teppich bedeckt ist. Im Schriftspiegel von Johannes' geöffnetem Buch bezeugt der Maler seine Autorschaft durch Signatur und Datierung in Abbreviatur: [Le]*onhard/ walch* / [16]*20.* Für die Evangelistendarstellungen griff Leonhard Walch auf zwei zeitgenössische, seitengleiche Kupferstiche selben Themas von Crispijn van de Passe (1564–1637) nach Geldorp Gortzius (1553–nach 1619) zurück.[33] Sie sind Teil einer vierteiligen Folge der Evangelisten, die zwischen 1584 und 1637 datiert wird, deren Darstellungen des Hl. Lukas und Hl. Johannes van de Passe spätestens 1620

31 Martina Bauernfeind: Die Entwendung und Verschleuderung von Kunst- und Kulturgut nach der Besitzergreifung Nürnbergs durch Bayern 1806 bis zum Erlass des Gemeindeedikts 1818, in: Vom Adler zum Löwen. Die Region Nürnberg wird bayerisch. 1775–1835, hrsg. von Michael Diefenbacher/ Horst-Dieter Beyerstedt, Nürnberg 2006, S. 119–176, hier S. 164–165; Kurt Müller: Karl Alexander Heideloffs verwandtschaftliches Umfeld in Nürnberg, in: MVGN 77 (1990), S. 155–192, hier S. 165–166; Karl-Georg Pfändtner: Die ehemals fürstbischöflich-bambergischen Bildergalerien – ein unerforschter Bestand der Bayerischen Staatsgemäldesammlungen. Rekonstruktion, Geschichte, Sammlungscharakter, in: Münchner Jahrbuch der bildenden Kunst 3.F. 53 (2002), S. 223–252, hier S. 225–226.

32 Regina Hanemann: „Das Wahre, Gute und Schöne". Die städtische Kunstsammlung auf dem Michaelsberg, in: 1000 Jahre Kloster Michaelsberg Bamberg 1015–2015, hrsg. von Norbert Jung/ Holger Kempkens/ Horst Gehringer, Petersberg 2015, S. 367–381, hier S. 371–372; seit 1910 ist das Tafelbild im Eigentum der Museen der Stadt Bamberg nachgewiesen: Museen der Stadt Bamberg, Tagebuch über Zu- und Abgänge am Inventare des Städtischen Museums angefangen am 1. Juni 1913, S. 5 (Mail Dr. Regina Hanemann vom 10. September 2020); über die Frühzeit der städtischen Sammlungen Bamberg s. Gesa Büchert: Schauräume der Stadtgeschichte. Städtische Heimatmuseen in Franken von ihren Anfängen bis zum Ende des Zweiten Weltkriegs (Bayerische Studien zur Museumsgeschichte 1), Berlin/ München 2011, S. 41–57, 112, 119–120.

33 Vgl. die Überlegungen bei Brakensiek: Interpretation 2010 zum Themenkreis Gemälde nach Druckgraphik.

gestochen und publiziert haben muss (Abb. 3.6).[34] Ob Walchs Rückgriff auf Kupferstiche nach Geldorp Gortzius, einem ausgewiesenen Porträtisten, auf eine Spezialisierung als Bildnismaler hindeutet oder hinweisen soll, kann mangels weiterer Gemälde Walchs nicht überprüft werden. Leonhard Walch hatte in Nürnberg besonders gute Zugriffsmöglichkeiten auf aktuelles Bildmaterial: sein Bruder Johann Philipp Walch (um 1587–1631) führte als Kupferstecher, Verleger und Kunsthändler unter dem Rathaus einen Verkaufsstand.[35] Walch verzichtet auf die Übernahme der Attribute der Evangelisten. Vielmehr übernimmt er die Haltung der Hände Johannes' mit dem geöffneten Buch aus Albrecht Dürers ‚Vier Aposteln', allerdings spiegelverkehrt. Dies ist bemerkenswert, da bislang keine vor 1627 angefertigten Kopien der ‚Vier Apostel' überliefert sind und zu diesem Zeitpunkt keine graphischen Reproduktionen existierten.[36] Ob Leonhard Walch Zugang zum großformatigen Gemälde Dürers hatte, das sich im Nürnberger Rathaus befand, ist unbekannt, aber durchaus denkbar. Die Anfertigung seines Meisterstücks fällt genau in die Zeitspanne des Rathausumbaus, und ab Juni 1619 war die alte Regimentstube – in ihr hingen die Dürer'schen Tafeln – geräumt und abgebrochen worden.[37] Bis zum Bezug der Schönen Zimmer sowie der Hängung der ‚Vier Apostel' im dortigen Kleinen Rathaussaal, die kaum vor Jahresende 1622 angesetzt

Abb. 3.6: Hl. Johannes (Kupferstich von Crispijn van de Passe nach Geldorp Gortzius, vor 1620; Wolfenbüttel, Herzog August Bibliothek, Graph. A1:1952k; © Wolfenbüttel, Herzog August Bibliothek http://diglib.hab.de?grafik=graph-a1-1952k)

34 Friedrich Hollstein: Hollstein's Dutch and Flemish etchings, engravings and woodcuts 1450–1700, Bd. 15, Amsterdam 1964, Nr. 158.218 (Hl. Lukas) und 158.219 (Hl. Johannes); Daniel Franken: L'œuvre gravé des Van de Passe. Catalogue raisonné des estampes de Chrispijn senior et junior, … Erweiterter Neudruck der Ausg. Paris 1881, mit Anmerkungen und Korrekturen von Simon Laschitzer, Amsterdam 1975, S. 31–32, Nr. 225–228, hier Nr. 227 (Hl. Lukas) und Nr. 228 (Hl. Johannes).

35 Grieb: NKL 2007, S. 1613.

36 Zu Dürers ‚Vier Aposteln' vgl. Goldberg/ Heimberg/ Schawe: Dürer 1998, S. 478–559, hier S. 536; dies scheint auch für Entlehnungen und Zitate einzelner Motive der ‚Vier Apostel' zu gelten.

37 Mummenhoff: Rathaus 1891, S. 139.

werden können,[38] muss der wertvolle kommunale Gemäldebesitz an einem unbekannten Ort im Rathaus zwischengelagert gewesen sein. Pausen oder verkleinerte Kopien nach Dürers ‚Vier Aposteln' sind bislang erst ab 1627 bekannt, als die beiden Tafeln in den Fokus von Kurfürst Maximilian I. von Bayern gerieten, der Rat sich gezwungen sah, diese noch im selben Jahr nach München abzugeben, und in Nürnberg eine Kopie verblieb.[39] Nachweislich zirkulierten in der Folge Pausen und Kopien unter den Nürnberger Malern Georg Gärtner d. J. (1575–1654), Paulus Bonacker († 1632) und Paul Juvenel d. Ä. (1579–1643), die der Rat von den Malern allerdings abfordern ließ. Die genannten Maler hatten teils im Auftrag des Rats Kopien nach städtischen Dürer-Gemälden angefertigt.[40] Ob Walch bei seinem Meisterstück von 1620 eine frühe spiegelverkehrte Vorlage verwendet hat oder Gelegenheit hatte, selbst eine Skizze vom Original anzufertigen, muss vorerst offen bleiben. Es soll nun vielmehr fallstudienartig gezeigt werden, dass Walchs Meisterstück vor allem als bildlicher Nachweis und Zeugnis künstlerischer Praktiken und Kompetenzen zu lesen ist, als Veranschaulichung geforderter Qualifikationen eines Malers der Frühen Neuzeit in Nürnberg. Wie wir oben festgestellt haben, wählte Walch zwei Druckgraphiken als Bildquelle aus und integrierte beide zu einer Komposition.[41] Die ovalen Bildausschnitte der Vorlage hatte er in das rechteckige Bildformat nicht nur einzupassen, sondern vor allem zu vergrößern. Es ist gut vorstellbar, dass er die zugrundeliegenden Kupferstiche für die Übertragung mit Hilfslinien quadrierte; ob Walch die Kupferstiche bei der Meisterprüfung mitführte, damit sie der Urteilsfindung der Maler-Vorgeher und Rugsherren eine Grundlage boten, kann nur vermutet werden. Eine gewisse Steigerung der Anforderung ist sicherlich in der Verwendung der zweiten Vorlage zu sehen: dem ‚Vier Apostel'-Zitat. Für das prominent im Vordergrund platzierte Zitat konnte Walch nur eine vorhandene fremde oder eigenhändig angefertigte Skizze verwenden. Die spiegelverkehrte Darstellung könnte sich leicht erklären, wenn wir annehmen, dass Walch eine im Größenverhältnis eins zu eins erstellte Zeichnungsskizze als Patrone auf die grundierte Maloberfläche seines Meisterstücks durchgepaust hat.[42] Damit wären zugleich die sichtlich

38 Mummenhoff: Rathaus 1891, S. 144–148; Paul Juvenel d. Ä. wurden die drei Deckengemälde im Kleinen Rathaussaal erst Ende November 1622 verdingt; das älteste Meisterstück, das Georg Jacob Lang in seiner Beschreibung der Rathausgemälde aus dem Jahr 1711 nennt, stammt aus dem Jahr 1622, vgl. unten, Anm. 49 (Mummenhoff: Rathaus 1891).

39 Der Vorgang im Einzelnen bei Goldberg/ Heimberg/ Schawe: Dürer 1998, S. 536–549; zur erhaltenen Vischer-Kopie von 1627 der Museen der Stadt Nürnberg s. Matthias Henkel/ Thomas Schauerte: Original kopiert! Der neue Dürer-Saal, Petersberg 2012, S. 32–33.

40 Goldberg/ Heimberg/ Schawe: Dürer 1998, S. 537; vgl. Tacke: Mahler Ordnung 2001, S. 122–125.

41 Zur Bedeutung druckgraphischer Vorlagen für die Ausbildung und Bildfindung s. Kwakkelstein: Copying prints 2000.

42 Vgl. Carsten Wintermann: Übertragungstechniken. Ansätze zu einer Spurensuche auf Zeichnungen, in: Zeichnen im Zeitalter Bruegels. Die niederländischen Zeichnungen des 16. Jahrhunderts im Dresdner Kupferstich-Kabinett, Beiträge zu einer Typologie, hrsg. von Thomas Ketelsen/ Oliver Hahn/ Petra Kuhlmann-Hodick, Köln 2011, S. 295–309, zu Übertragungstechniken im Medium der Zeichnung.

unproportioniert großen Hände Johannes' gedeutet.[43] Das Problem der Übersetzung des monochromen Kupferstichs in Farbe konnte unser Maler zumindest anteilig umgehen.[44] Johannes' Tunika und Umhang in Grün und Rot entsprechen der abendländischen Darstellungstradition. Wie kam Leonhard Walch zu seinem Bildthema? Die Malerordnung überließ es dem Kandidaten, ein Thema bzw. eine Gattung frei zu wählen. Vielleicht entschied sich unser Maler nicht zuletzt vor dem Hintergrund des gescheiterten ersten Versuches für einen bewusst strategischen und sicheren Weg. Einer der vier Maler-Vorgeher, die das Meisterstück begutachteten, war Georg Gärtner d. J., ein ausgewiesener Dürer-Kopist.[45] Konnte er sich ihm mit einer Dürer-Entlehnung empfehlen? Im Dürer-Zitat eine Form der *aemulatio*, des Überbietens von Fertigkeiten, erkennen zu wollen, unterstellte dem Maler allerdings nicht intendierte Absichten und kaum vorhandene Fähigkeiten. Walchs Darstellung ist aber als Referenz an die *imitatio* zu verstehen, dem in der Ausbildung eingeübten nachahmenden Kopieren vorbildhafter Künstler.[46]

2 Akteure in Sachen Kunst: Hausvogt, Ratsherren und Maler

Im Nürnberger Rathaus liefen die organisatorischen und kommunikativen Prozesse nicht ohne Beteiligung des Rathausvogtes ab.[47] Sein Aufgabenbereich war vielschichtig und umfasste Schlüsselgewalt, Aufsicht und Pflege der Mobilien im Rathaus und zeitweise auch jener der Burg, Bewirtung von Ratsmitgliedern und Gästen bis hin zum Ankauf von Kunsthandwerk und Luxuswaren wie Goldschmiedearbeiten und Juwelen im Auftrag des Rats. Er war Kommunikationszentrum, Anlaufstelle und Cicerone für auswärtige Besucher und hochrangige Gäste, die sich in Nürnberg ankündigten und die das Rathaus besichtigen wollten.[48] Georg Jacob Lang (1655–1740), dilettierender Maler, von 1683 bis 1693 Rathausvogt, später Arzt, fertigte 1711 eine

43 Eine gemäldetechnische Untersuchung und genaue Vermessung könnten Klarheit schaffen.

44 Brakensiek: Interpretation 2010, S. 40–44.

45 Rainer Stüwe: Dürer in der Kopie. Die Gemälde und Graphiken der Nürnberger Dürer-Kopisten des 16. und 17. Jahrhunderts zwischen altdeutscher Manier und barockem Stil, Heidelberg, Univ., Diss., 1998, S. 128; die weiteren Vorgeher waren Georg Herz d. Ä., Hans Conrad Spörl und Paulus Kolb, s. Hans Bösch: Die Nürnberger Maler, ihre Lehrlinge, Probestücke, Vorgeher u.s.w. von 1596–1659, in: Mitteilungen des Germanischen Nationalmuseums (1899), S. 116–151.

46 Kwakkelstein: Copying prints 2000, S. 39–41.

47 In den Ämterbüchlein von 1570–1650 findet sich die Bezeichnung *Hauswirt*, ab 1651 bis mindestens 1712 *(Rat)Hausvogt*, StAN, Rst. Nbg., Rep. 62.

48 Mummenhoff: Rathaus 1891, S. 69–70. Vgl. die Pflichten des Hauswirts in StadtAN, B 11 Nr. 151, wohl 18. Jahrhundert, die allerdings nicht den vollständigen Aufgabenbereich abdecken. Den vollen, durchaus wechselnden Umfang erschließen die Wochenzettel der Hausvogtei innerhalb der Stadtrechnungsbelege: StAN, Rst. Nbg., Rep. 54 a II; Hausmeister und Ratsdiener waren auch nach dem Ende der reichsstädtischen Zeit Ansprechpartner für Besichtigungen, vgl. Nürnberg. Vollständiger Führer durch die Stadt und ihre Sehenswürdigkeiten. Nach den neuesten Quellen und eigener Anschauung bearbeitet von einem alten Nürnberger, Nürnberg ²1867, S. 40 und StadtBN, Nor. 530. 2°, Dienstvertrag [Druck] zwischen dem Magistrat (...) und dem Hausmeister Karl Braunreuter (...), 16. Oktober 1897.

Beschreibung der 73 Rathausgemälde in den Schönen Zimmern an.[49] Vermutlich war die Beschreibung nie für den Druck vorgesehen, sondern diente nachfolgenden, weniger kunsterfahrenen Rathausvögten als Leitfaden. Der Besuch Kaiser Karls VI. in Nürnberg im Januar 1712 (vgl. Abb. 3.2) dürfte der unmittelbare Anlass für die Beschreibung gewesen sein. Auch als Ansprechpartner, mitunter Mittler für einheimische und auswärtige Kunsthandwerker und Maler, die stets auf der Suche nach temporären und okkasionellen Präsentationsorten und Verkaufsgelegenheiten waren, trat der jeweilige Rathausvogt in Erscheinung.

Wie hat man sich den Ablauf und die Umstände einer okkasionellen Präsentation von Kunst und Kunsthandwerk im Nürnberger Rathaus vorzustellen? Dazu ein Beispiel. Der aus Ulm gebürtige, in Lorch ansässige Zeichner Leonhard Scheufele (*1645) wurde im Juni 1675 beim Rathausvogt Georg Jacob Lang d. Ä. († 1680) mit seinem Ansinnen vorstellig, dem Rat ein Beispiel seiner *neuen Invention,* [...] *mit der Feder auf einen Attlaß zureissen* zu präsentieren. Zusammen mit dem Kunststück, einem Porträt Kaiser Leopolds I., reichte Scheufele ein von ihm verfasstes Memoriale ein, in welchem er seine Kunst in wenigen Worten erklärte und die Seltenheit seiner künstlerischen Technik betonte: *So allein mit der Feder, von freÿer Hand auf einen Attlaß verfertigt, meistenthails, bevorab das Allerglorwürdigste Gesichte und Hand* [des Kaisers] *auf miniatur=arth elaborieret.* An den Rat richtete er Komplimente, die ihre Wirkung nicht verfehlten: *Daß selbige vortrefflich und hochgeneigte Liebhaber sonderbarer Künste und Rariteten, sich allezeit erwiesen.*[50] Da die darauf folgende Präsentation – im Grunde ein gelehrtes Verkaufsgespräch – im Beisein der Ratsmitglieder erfolgte, ist davon auszugehen, dass die Regimentstube genutzt wurde. Stets waren derartige Präsentationen in einen formellen und kommunikativen Rahmen eingebunden; sowohl *beÿ præsentirung desselben und als ihm nachmalß das recompens zugestelt worden*, schenkte der Rathausvogt *iedes mahl wie gebreuchlich einen Trunckh Wein* aus und ließ Brot dazu reichen.[51] Schließlich war der Diskurs über Kunst, das gemeinsame Zeichnen von Laien (kunstaffinen Patriziern) und Malern in privaten Nürnberger Akademien (Zeichenschulen) ab 1662, in der reformierten Malerakademie ab 1672 eine gemeinsam geübte künstlerische Praxis.[52] Der Rat beschloss, das Bildnis anzunehmen, und ließ Georg Jacob Lang 100 Gulden

49 Mummenhoff: Rathaus 1891, S. 290–294; zu Lang s. Grieb: NKL 2007, S. 883; Sammlung von 51 Kupferstichen zu Vergils *Aeneis* von Georg Jacob Lang (1655–1740), (...), gestochen von Georg Christoph Eimmart (1638–1705), ... hrsg. von Ulrich Wilke/ Werner Suerbaum, Neukirchen 2011.

50 StAN, Rst. Nbg., Rep. 54a II, Nr. 1086, undatiertes Memorial Scheufeles. Über Scheufele s. Ulrich Thieme/ Felix Becker (Hrsg.): Allgemeines Lexikon der bildenden Künstler von der Antike bis zur Gegenwart, Bd. 30, Leipzig 1936, S. 346.

51 StAN, Rst. Nbg., Rep. 54a II, Nr. 1026.

52 Andreas Tacke: „Sie nimmt hinweg und glättet" – Zu den Anfängen einer akademischen Künstlerausbildung in Nürnberg: 1662, in: 350 – Akademie der Bildenden Künste in Nürnberg, hrsg. von Jana Stolzenberger, Nürnberg 2012, S. 28–45, S. 34–35; Andrea M. Kluxen: Die Geschichte der Kunstakademie in Nürnberg 1662–1998, in: Jahrbuch für fränkische Landesforschung 59 (1999), S. 167–207, hier S. 172–173.

an den Künstler auszahlen.[53] Scheufeles Bildnis wurde Teil der Gemäldesammlung und ist 1778 und 1790 in der Regimentstube hängend nachgewiesen.[54]
Ist eine vergleichbare Präsentation der Meisterstücke bei Aufnahme in die Rathausgalerie denkbar? In der Regel fand die Meisterprüfung durch die Vorgeher der Maler und Rugsherren im Rugamt im sogenannten Fünferhaus statt.[55] Der in der Malerordnung formulierte Wettbewerbsgedanke – *damitt eines meisters vor dem andern sein vleis und wie ein jeder seiner arbeit unnd kunst halben qualificirt seÿ, darbeÿ erkant werde* – verlangt aber sowohl Öffentlichkeit als auch vergleichendes Sehen, d.h. eine Kontextualisierung, wie sie nur im Rathaus praktiziert werden konnte.[56] Durch Kumulierung und Aneinanderreihung der Meisterstücke sowie Kontextualisierung mit weiteren Gemälden im öffentlichen Raum des frühneuzeitlichen Rathauses war bereits um 1600 ein Ort des Kunst-Diskurses und der Künstlerrepräsentation entstanden, der bis dato in Nürnberg nicht existierte.

53 StAN, Rst. Nbg., Rep. 54a II, Nr. 1086.

54 Murr: Beschreibung 1778, S. 406; Franz Sebastian Meidinger: Historische Beschreibung verschiedener Städte und Märkte der kurfürstlich pfalzbaierischen Rentämter Landshut und Straubing. Sammt einer Mahlerey Sammlung hoher Reichs- und anderer Prälaturen, Galerien, (...), Zweiter Teil, Landshut 1790, S. 212; obwohl eine eindeutige Zuordnung nicht möglich ist vgl. ein *Kaiser Leopold I.*, ohne weitere Angaben, als *werthlos* 1882 aus dem Germanischen Nationalmuseum *gemäß Magistratsbeschluss vom 29.6.82 ins Rathhaus zurückgeschafft*, StadtAN, C 7/I 9938, Katalog über die Kunst-Sammlungen der Stadt Nürnberg in zwei Bänden, 1879, Bd. I, S. 14, Nr. 58 und Bd. II, S. 705, Nr. 126.

55 Vgl. 1665 den Fall des Malers Heinrich Popp, dessen Tafelbild mit 186x152 cm so groß war, dass es im Rathaus begutachtet werden musste, s. Tacke: Mahler Ordnung 2001, S. 293; Valentin: Meisterstücke 2019, S. 81.

56 Vgl. Thomas Eser: Dürers Selbstbildnisse als „Probstücke". Eine pragmatische Deutung, in: Menschenbilder. Beiträge zur altdeutschen Kunst, hrsg. von Andreas Tacke/ Stefan Heinz, Petersberg 2011, S. 159–176, S. 172, Meisterstücke forderten einen *Qualitätsdiskurs* heraus.

Bürgerliche Kunst- und Naturalienkabinette in Nürnberg

von Claudia Valter

Die Reichsstadt Nürnberg, die ihre wirtschaftliche und kulturelle Blüte im 16. Jahrhundert erlebte, bot in vieler Hinsicht ideale Voraussetzungen für die Entstehung von Objektsammlungen ganz unterschiedlicher Art. Als bedeutende Fernhandelsmetropole, als Umschlagplatz von Waren und Wissen aus aller Welt, avancierte sie zum *Centrum von Teutschland und Europa*[1], wie der Hamburger Kaufmann Caspar Friedrich Neickel (oder Jencquel, geb. 1705) noch zu Beginn des 18. Jahrhunderts in seiner ‚Museographia oder Anleitung zum rechten Begriff und nuetzlicher Anlegung der Mvseorvm oder Raritäten-Kammern' feststellte. Und dies obschon zu diesem Zeitpunkt Nürnberg, sein florierendes Handwerk, die Namen der hier ansässigen Künstler und der weitreichende Handel, unter anderem bedingt durch den Dreißigjährigen Krieg, bereits einen Teil der einstigen Bedeutung und des früheren Reichtums eingebüßt hatten.

In nuce lassen sich daher am Beispiel Nürnbergs grundlegende Entwicklungsstränge europäischer Sammlungsgeschichte verfolgen. Die oligarchisch regierte Stadt an der Pegnitz gehörte zu den frühen Zentren des Humanismus und der Bibliophilie nördlich der Alpen, wo mit den *studioli* etwa des Arztes Hartmann Schedel (1440–1514) und des Patriziers Willibald Pirckheimer (1470–1530) erste umfangreiche Bücher- und Manuskriptkollektionen entstanden, die darüber hinaus Kleinbronzen, Münzen oder Graphik umfassten.[2] Wenig später legten vereinzelt Ärzte und Apotheker wie der Nürnberger Basilius Besler (1561–1629) – erneut nach italienischem Vorbild – Sammlungen überwiegend mit Naturalien, also Objekten aus dem Mineralien-, Pflanzen- und Tierreich an.[3] Zusammen mit den in spätmittelalterlicher Zeit be-

1 Neickel/ Kanold: Museographia 1727, S. 75. Neickel zitiert hier möglicherweise Johannes Regiomontanus; vgl. Maué/ Eser/ Hauschke/ Stolzenberger: Quasi centrum Europae 2002, S. 11–13.

2 Vgl. Renate von Busch: Studien zu deutschen Antikensammlungen des 16. Jahrhunderts, Phil. Diss. Tübingen 1973, S. 99; Renate Jürgensen: Bibliotheca Norica. Patrizier- und Gelehrtenbibliotheken in Nürnberg zwischen Mittelalter und Aufklärung (Beiträge zum Buch- und Bibliothekswesen 43), Wiesbaden 2002, S. 30–33, mit weiterführender Literatur.

3 Ein bekanntes Beispiel ist die Sammlung des neapolitanischen Apothekers und Naturforschers Ferrante Imperato (1550–1631); vgl. Paula Findlen: Possessing nature. Museums, collecting and scientific culture in early modern Italy, Berkeley/ Los Angeles/ London 1994.

gründeten, sakralen wie profanen Schatzkammern[4] bildeten diese Sammlungsformen die Basis, auf der sich im Verlauf des 16. Jahrhunderts der Sammlungstyp der universal ausgerichteten Kunst- und Wunderkammer sowohl beim Hochadel als auch in eher bürgerlichen Gesellschaftsschichten etablierte.[5] Den im Sprachgebrauch des 17./18. Jahrhunderts häufiger Raritäten- oder Kuriositätenkabinett, ja Museum genannten Wunderkammern war gemein, dass hier Artefakte verschiedenster Manier gleichwertig mit heimischen wie exotischen Naturprodukten zusammengetragen und präsentiert wurden: Die Sammlung sollte als Mikrokosmos, als Abbild der „Welt in der Stube"[6] fungieren. In Nürnberg zählte die Sammlung der Stadtbibliothek zu den frühen Beispielen einer institutionellen Raritätenkammer, die aufgrund des Anschauungswertes der Objekte in Europa vermehrt ab dem 17. Jahrhundert an vielen Bildungseinrichtungen und Wissenschaftsakademien aufkamen.[7]
Die meisten historischen Kunst- und Naturaliensammlungen sind heute nur noch über schriftliche Quellen fassbar, beispielsweise (Nachlass-)Inventare oder (Verkaufs-)Kataloge, aber auch durch ihre Beschreibung in Reiseberichten und gedruckten Stadtführern. Vereinzelt haben sich Darstellungen der Sammlungsräumlichkeiten erhalten.[8] Die Objekte selbst wurden in der Regel nach dem Tod der jeweiligen Besitzer durch Verkauf bzw. Erbteilung zerstreut, und spätestens Anfang des 19. Jahrhunderts sorgte ihre Aufteilung in verschiedene, nun favorisierte Spezialsammlungen für das Ende der universalen Kabinette. Die Geschichte der Kunst- und Naturalienkabinette ist ferner verbunden mit sammlungstheoretischen Schriften wie die eingangs zitierte ‚Museographia' Neickels. Gleich einem Museumsführer werden hier dem Leser die bedeutendsten *museis* Europas unter den alphabetisch angeführten Städten vorgestellt.[9] Für Nürnberg ist an erster Stelle die Stadtbibliothek mit ihren zahlreichen *curiosa*[10] genannt. Fünf der in der ‚Museographia' und wenig später in den Reiseberichten Johann Georg Keysslers (1693–1743) gelisteten Kabinette der Reichsstadt sollen im Folgenden kurz vorgestellt und damit die örtliche Sammlungslandschaft in der ersten Hälfte des 18. Jahrhunderts ausschnitthaft skizziert

4 Bedeutende Kirchenschätze, d.h. „Sammlungen" von liturgischem Gerät, Gewändern, Gemälden etc. besaßen in Nürnberg St. Sebald und St. Lorenz. Vgl. Peter Fleischmann: Anmerkungen zum Patriziat und zu Kunstsammlungen des 16. Jahrhunderts, in: Achilles-Syndram: Das Praunsche Kabinett 1994, S. 13–24, hier S. 19.

5 Die hier unter „bürgerlich" subsummierten Sammler stammten aus wohlhabenden, teilweise auch nobilitierten und dem Nürnberger Patriziat angehörigen Familien.

6 Vgl. die Formulierung im Titel von Grote: Macrocosmos 1994, eine der umfassendsten Publikationen zum Thema.

7 Beispielhaft sei die 1663 erstmals erwähnte Sammlung der Royal Society in London genannt. Vgl. Michael Hunter: The cabinet institutionalized: The Royal Society's „repository" and its background, in: Impey/ MacGregor: Origins 1985, S. 159–168.

8 Vgl. Valter: Wissenschaft 2000.

9 Zu diesen Listen s. auch den Beitrag von Eva Dolezel in diesem Band.

10 Neickel/ Kanold: Museographia 1727, S. 76.

werden.[11] Unberücksichtigt bleibt die *kostbarste*[12] Kunst- und Naturaliensammlung des Paul von Praun (1548–1616), die hinsichtlich ihrer Größe und Bedeutung eine Sonderrolle einnahm und bereits in mehreren Publikationen gewürdigt wurde.

1 Johann Andreas I. Viatis (1625–1698)

Die Liebhaber von Cabinettern finden hier das [...] *Viatische, welches* [...] *ehedem so vollstaendig von allen ersinnlichen Raritaeten gewesen, daß kein Koenig einen solchen curiösen Vorrath, wie dieser, aufzuweisen gehabt.*[13] Die übertrieben anmutende Charakterisierung Neickels fußt wahrscheinlich auf der Tatsache, dass die Familie Viatis zu den reichsten Bürgern Nürnbergs gehörte. Ihr Vermögen verdankte sie dem in Venedig geborenen Bartholomäus Viatis (1538–1624), der 1570 in der Noris eine eigene, sehr erfolgreiche Handelsgesellschaft gründete. Dessen Sohn Wolfgang (Wolf) Viatis (1588–1665) gilt als der Begründer der Viatisschen Kunstkammer, die in der Hauptsache verschiedenartige Waffen, Rüstungsteile und Münzen umfasste.[14] Darauf verweist auch der Sinnspruch auf dessen posthumen Kupferstichporträt: *Nach Alter Teütscher Trew Viatis hat gelebet / Nach Alter Müntz gepreg Er rühmlich hat gestrebet; / Die Kammer, so annoch voll blancker Rüstung prangt / Bey Hoh und Nidern Stand Ihm Ewig Lob erlangt.*[15] Auftraggeber dieses Bildnisses war Wolfs Neffe Johann Andreas I. Viatis, der *Die Kammer* nach dem Tod seines Onkels erbte. Die Graphische Sammlung des Germanischen Nationalmuseums bewahrt eine wohl 1640

---

11 Neickel /Kanold: Museographia 1727, S. 76: Neickel selbst nennt für Nürnberg nach der Stadtbibliothek die Kabinette Volkamer, Welser und Viatis sowie des *Hrn. Ebeners Antiquitæten-Cabinet, des Hrn. Hantsch* [Hautsch?] *mechanisches Raritaeten-Cabinet, und des Hrn. Stoeberleins* [Johann Leonhard Stöberlein] *Naturalien-Cabinet, wie nicht weniger das vortreffliche Beslerische* [Basilius u. Michael Rupert Besler], *sind allesamt sehr beruehmt.* In der Fußnote (u) werden zusätzlich die *Sandrartische* [Esther Barbara von Sandrart], die *Velserische* [Karl Welser?] und *Wurffbeinische* [Johann Paul Wurffbain?] Kunstkammer angeführt. Ferner zitiert Neickel den Nürnberger Mathematiker und Instrumentenbauer Johann Gabriel Doppelmayr (1677–1750), der *heut zu Tage* (ebd.) die Kunstkammern Imhof, Praun, Volkamer und Ebermayer zu den bekanntesten zähle. Auf Wunsch Doppelmayrs fertigten die letztgenannten eine Beschreibung ihrer Sammlungen an, die in der ‚Museographia' in dem Anhang Johann Kanolds abgedruckt wurden. Vgl. Neickel/ Kanold: Museographia 1727, S. 162–169. Keyssler: Neueste Reise 1741, S. 1214–1223.

12 Neickel/ Kanold: Museographia 1727, S. 162. Vgl. Achilles-Syndram: Das Praunsche Kabinett 1994; Katrin Achilles-Syndram (Bearb.): Die Kunstsammlung des Paulus Praun. Die Inventare von 1616 und 1719 (Quellen zur Geschichte und Kultur der Stadt Nürnberg 25), Nürnberg 1994, mit Zusammenfassung der älteren Literatur.

13 Neickel/ Kanold: Museographia 1727, S. 76.

14 Zur Familie und Sammlung Viatis vgl. Gerhard Seibold: Die Viatis und Peller – Beiträge zur Geschichte ihrer Handelsgesellschaft (Forschungen zur internationalen Sozial- und Wirtschaftsgeschichte 12), Köln/ Wien 1977; Hampe: Kunstfreunde 1904, S. 94–97; Schwemmer: Kunstsammlungen 1949, S. 127; Haarländer: Anfänge 1964, S. 232–233.

15 Cornelius Nicolaus Schurtz nach Michael Herr, Bildnis des Wolf Viatis, 1665/70, Kupferstich (Nürnberg, GNM, Graphische Sammlung, Inv.-Nr. Mp 24652). Stellvertretend für seine Kollektion sind in der rechten unteren Bildecke neben dem Nürnberger Wappen einige Stich- und Schusswaffen sowie ein Münzkatalog attributiv dargestellt.

entstandene Zeichnung von anonymer Hand mit dem ganzfigurigen Porträt von Johann Andreas I. (Abb. 4.1).[16] Die Beschriftung oben rechts auf dem Blatt erwähnt für den 15-Jährigen eine Reise nach Amsterdam, die vermutlich im Rahmen seiner Kavalierstour stattfand. Als erstes Mitglied der nicht ratsfähigen Familie Viatis wählte Johann Andreas I. eine Karriere als städtischer Beamter: 1682 ernannte man ihn zum Waagamtmann, zwei Jahre später übernahm er die Kassenführung im Zollhaus.

Die geerbte und nach persönlichen Vorlieben erweiterte Sammlung war in Viatis' Haus am Herrenmarkt untergebracht. Laut Verkaufskatalog, den die Nachkommen des Johann Andreas I. spätestens 1725 herausgaben, unterschied man die dort wohl auch räumlich getrennte *Armatur-Cammer* von dem kleineren *Kunst-Cabinet.*[17] So werden die Objekte der ersten Rubrik des Katalogs nach ihrer Platzierung an bestimmten Wänden eines Zimmers aufgezählt. Demnach zierten die *Armatur-Cammer* vor allem Stichwaffen, wie *134. Stillett und Dolchen von allerley kuenstlicher Arbeit und Inventionen.* Hierbei handelte es sich überwiegend um typische Kunst- und Wunderkammerstücke, deren Wert und Einzigartigkeit ein dem christlichen Reliquienkult nicht unähnliches, individuelles Narrativ begründete: Einige der Waffen stammten angeblich aus dem Besitz berühmter Persönlichkeiten wie König Heinrich IV. von Frankreich. Weiterhin gab es zwei Schwerter *bey der Pragerischen execution gebraucht/ mit denen uebrigen zweyen sind nach Ausweiß einer avthentischen Liste 362. Persohnen enthauptet worden.* Eine Besonderheit bildete das Konvolut türkischer bzw. orientalischer Pistolen, Sättel, Schießbögen etc., das im Katalog auch als *Ruest-Cammer* bezeichnet wird und an die Gefahr der Türkenkriege erinnerte.[18] Hierzu gehörten etwa eine *Tuerckische Paucken mit Menschen-Haut ueberzogen* und zwei Trompeten, *darmit der Fried Anno 1650. in Nuernberg ist ausgeblasen worden.* Die summarische Nennung einiger mechanischer und mathematischer Instrumente, die als sogenannte *scientifica* das Profil einer Kunst- und Naturaliensammlung abrundeten,[19] bildet den Abschluss der *Armatur-Cammer.*

Die zweite Rubrik, das *Kunst-Cabinet,* prunkte in der Hauptsache mit zeitgenössischen Münzen und Medaillen. Zu den antiken Exemplaren hatten die Erben des Johann Andreas I. Viatis bereits 1705 ein separates Verzeichnis publiziert.[20] Offenbar erhoffte man sich in Bezug auf diesen Sammlungsteil einen schnellen und lohnen-

16 Anonym, Johann Andreas I. Viatis als Ganzfigur, wohl 1640, Bleistift, Aquarell (Nürnberg, GNM, Graphische Sammlung, Inv.-Nr. Hz 4029, Kapsel 571).

17 Armatur-Cammer [1725], Bl.)(1b–)(4a. Alle weiteren Zitate zur Sammlung Viatis stammen aus dieser Schrift.

18 Zur Sammlung osmanischer Geräte und Waffen etwa am Dresdner Fürstenhof vgl. Holger Schuckelt: Türckische Cammer. Orientalische Pracht in der Rüstkammer Dresden, Berlin/ München 2010.

19 Die in der Sekundärliteratur übliche Klassifizierung der Kunst- und Wunderkammerobjekte in *artificialia, naturalia* und *scientifica* folgt dem Inventar der Sammlung Rudolfs II. in Prag, vgl. Beket Burovinská: Die Kunstkammer Rudolfs II., in: Rudolf II. und Prag. Kaiserlicher Hof und Residenzstadt als kulturelles und geistiges Zentrum Mitteleuropas, hrsg. von Eliška Fučíková, Prag/ London/ Mailand 1997, S. 199–208.

20 Nvmismatvm Antiqvorvm Thesavrvs A Viro Nobilissimo D. Io. Andrea Viatis B.M. Stvdiose Collectvs, [Nürnberg 1705] (VD18 13322435; http://resolver.staatsbibliothek-berlin.de/SBB0000

Abb. 4.1: Johann Andreas I. Viatis als Ganzfigur (Bleistift, Aquarell, wohl 1640; Nürnberg, GNM, Graphische Sammlung, Inv.-Nr. Hz 4029, Kapsel 571)

den Verkauf, der wohl auch zustande kam. Zumindest werden die antiken Münzen in dem späteren Katalog nicht mehr aufgelistet. Zum *Kunst-Cabinet* gehörten ferner Kameen und Intaglien, Gemälde von *allerhand guten Meistern und Kuenstlern*, antike Statuetten und Lampen. Es folgt die Nennung der Naturalien, nämlich von *allerhand curieusen Gewaechsen, Steinen und Mineralien* sowie *ein großer Schranck* [...] *angefuellet mit allerhand Raritaeten, die in eine Kunst-Cammer gehoeren, darunter* [...] *ein noch gar wohl-conservirter Paradeiß-Vogel.*[21] Ein Exemplar dieser Vogelart durfte tatsächlich in keiner Kunst- und Wunderkammer fehlen. Der Grund hierfür war nicht allein das prächtige Federkleid dieser Tiere, sondern die ihnen unterstellte, spezielle Lebensweise: Die in Australasien beheimateten Paradiesvögel hätten, so wurde im 16. Jahrhundert vermutet, keine Füße und lebten nur in der Luft.[22] Die Objektliste beschließt *ein repositorium von allerhand guten Buechern.*[23]

Offenbar waren in der Sammlung Viatis die Artefakte nicht räumlich getrennt von den Naturalien untergebracht. Sammlungstheoretiker wie der auch in Neickels ‚Museographia' mehrfach zitierte Johann Daniel Major (1634–1693) forderten die Separierung dieser beiden Objektbereiche Ende des 17. Jahrhunderts und trugen damit langfristig zur Auflösung der universalen Kabinette bei. Die von den Erben Viatis'

B6C900000000, 3.10.2020). Als Besitzer der Sammlung wird (wie in dem Katalog von 1725) ein Andreas Benedikt Richter genannt.

21 Armatur-Cammer [1725], Bl)(4a-b.

22 Die Bälge der Paradiesvögel kamen – von Einheimischen auf traditionelle Weise präpariert – zunächst ohne Füße und Beine nach Europa. Dies änderte sich erst zu Beginn des 17. Jahrhunderts. Vgl. Michael Apel/ Katrin Glas/ Gilla Simon (Hrsg.): Natur- und Kulturgeschichte der Paradiesvögel, München 2011.

23 Armatur-Cammer [1725], Bl.)(4b.

im Vorwort des Kataloges geäußerte Hoffnung, die Bestände im Ganzen oder in zwei Teilen verkaufen zu können, erfüllte sich nicht. Einzelne Objekte erwarben möglicherweise Johann David Geys(s)el und Johann Martin von Ebermayer.[24]

2 Johann Martin von Ebermayer (1664–1743)

Angeblich wurde die Beschreibung der bedeutendsten Stücke der Sammlung des Nürnberger Bankiers und *grösern Raths Genante*[n][25] Johann Martin von Ebermayer in der ‚Museographia' vom Besitzer selbst angefertigt und bürgte damit für Authentizität. Die ersten vier der insgesamt 17 Positionen umfassenden Auflistung sind seiner umfangreichen Dactyliothek gewidmet, als dem wertvollsten Teil der Bestände. So heißt es beispielsweise: *IV. Circa bey 300. andere curiöse geschnittene Steine, die meistens in sehr grossen Carniolen, von Hieroglyphischen und andern Figuren, grossen Triumphen, Roemischen und Griechischen Historien, Bachanalien.*[26] Die Gemmensammlung Ebermayers war 1720 von dem Altdorfer Mediziner Johann Jakob Baier (1677–1735) und 1721 von Erhard Reusch (1678–1740) mit beschreibenden Texten und zahlreichen Abbildungen publiziert worden.[27] Die Tafel XIII des ‚Gemmarum affabre sculptarum thesaurus' von Baier zeigt einen Triumphzug von Bacchus und Ariadne im Oval und damit ein Beispiel der in der ‚Museographia' erwähnten 300 geschnittenen Karniole, auch Sarder genannt. Über dem vergrößerten Motiv des Schmucksteins ist die mit Granaten besetzte Fassung der Gemme unter Angabe der verwendeten Steinarten dargestellt. Ein großer Teil dieser vielfigurigen Intaglien hatte der Nürnberger Steinschneider Johann Christoph Dorsch (1676–1732) im Auftrag Ebermayers angefertigt, weshalb Baiers Werk noch im 18. Jahrhundert stark kritisiert wurde.[28] Der aus einer Kaufmannsfamilie stammende Sammler gab selbst auch eine mit Kupfertafeln ausgestattete Schrift zu seinen Gemmen mit Kaiserbildnissen heraus.[29] Es scheint daher wenig erstaunlich, dass ein erhaltener Porträtstich die Büste Ebermayers in der Manier eines antiken Imperators zeigt, flankiert von zwei vergrößerten Steinschnit-

24 Vgl. Hampe: Kunstfreunde 1904, S. 99; Schwemmer: Kunstsammlungen 1949, S. 127; Haarländer: Anfänge 1964, S. 233.

25 Bezeichnung auf dem Porträtstich Ebermayers von G. D. Heumann nach J. D. Preißler (Nürnberg, GNM, Graphische Sammlung, Inv.-Nr. Mp 6069).

26 Neickel/ Kanold: Museographia 1727, S. 168. Eine ähnliche Charakterisierung der Sammlung Ebermayers bei Keyssler: Neueste Reise 1741, S. 1220f.

27 Johann Jakob Baier: Gemmarum affabre sculptarum thesaurus [...], 5 Bände, Nürnberg 1721–1724; Erhard Reusch: Capita deorum et illustrium hominum [...] Frankfurt am Main/ Leipzig 1721.

28 Offenbar wurden die von Ebermayer in Auftrag gegebenen Arbeiten Dorschs als antike Objekte ausgegeben. Vgl. Zazoff: Gemmensammler 1983, S. 109–110; Brigitte Klesse: Die Alexander-Gemme und andere figurenreiche Steinschnitte aus der Nürnberger Werkstatt Dorsch-Preisler. Motive aus dem Thesaurus Gemmarum, in: Anzeiger des Germanischen Nationalmuseums 2001, S. 73–92, hier S. 90, Anm. 9.

29 Vgl. Johann Martin Ebermayer: Imperatorum a Ivlio Caesare Ad Carolvm VI. [...] Series, o.O. 1722. Das Werk behandelt die in der ‚Museographia' an erster Stelle aufgezählten Gemmen mit der Darstellung aller Imperatoren; vgl. Neickel/ Kanold: Museographia 1727, S. 168.

ten mit Opferszenen (Abb. 4.2).[30] Angeblich blieb die Gemmensammlung nach dem Tod ihres Begründers zunächst in Familienbesitz, wurde dann aber von den Enkeln *einzeln verkauft und zerstreuet.*[31]

Abb. 4.2: Johann Martin von Ebermayer (Radierung von Georg Daniel Heumann, 1720–40; Nürnberg, GNM, Graphische Sammlung, Inv.-Nr. Mp 6068)

Abgesehen von der umfangreichen Dactyliothek werden in der Beschreibung Ebermayers diverse Gemälde verschiedener Größe als „Highlights" seiner Sammlung angeführt sowie *schoene geschnittene Glaeser von denen beruehmtesten Meistern.* Die Position sieben nennt 30 Bronzen, darunter Pferdefiguren, gefolgt von *VIII. Allerhand schoene grosse rothe Corallen-Zincken*[32]. Die bizarre Schönheit ihrer Kalkäste machte rote Korallen in Renaissance und Barock zu begehrten Kunstkammerobjekten, die, manchmal mit einem Ebenholz- oder Steinsockel versehen, wie Skulpturen präsentiert wurden. Weitere Naturalien sind für die Ebermayersche Sammlung derzeit nicht nachweisbar, sieht man von einem aus Rhinozeroshorn geschnitzten Pokal ab, der sowohl zu den *naturalia* als auch den *artificialia* gezählt werden konnte. Die lateinische Inschrift auf dem Porträtstich charakterisiert ihn als Besitzer von Objekten beider Bereiche; in seinem Kabinett standen zudem unterschiedliche Brennspiegel als physikalische Instrumente bzw. *scientifica.* Zur Bibliothek Ebermayers erschien posthum ein separater Verkaufskatalog, der wahrschein-

30 G. D. Heumann, Bildnis J.M von Ebermayer, 1720–40, Radierung (Nürnberg, GNM, Graphische Sammlung, Inv.-Nr. Mp 6068). Hier wird 1665 als Ebermayers Geburtsjahr angegeben. Die Inschrift unterhalb des Bildnisses lautet: *Ille nov-antiquae cumulans cimelia gazae Naturae pariter servat et artis opes.*

31 WGN Bd. 5, 1802, S. 265. Andere Quellen behaupten, der König von Portugal habe Ebermayers Gemmensammlung erworben; vgl. Zazoff: Gemmensammler 1983, S. 110. Gegenwärtig gilt die Sammlung als verschollen.

32 Neickel/ Kanold: Museographia 1727, S. 168.

lich nur die bis dato nicht anderweitig veräußerten Bücher anbot.[33] Die hier neben Reiseberichten, numismatischen Werken etc. gelisteten naturhistorischen Schriften eines Ulisse Aldrovandi oder Caspar Commelin verraten das Interesse des Sammlers an den zoologischen und botanischen Erkenntnissen der Zeit.

3 Johann Magnus Volkamer (1671–1752)

Der Name Volkamer (ursprünglich Volckmeyr) ist in Nürnberg seit dem 14. Jahrhundert belegt. Die Patrizierfamilie Vol(c)kamer von Kirchensittenbach gehörte zu den zwanzig alten ratsfähigen Geschlechtern der Stadt, deren Geschicke sie über Jahrhunderte mitbestimmte. Demgegenüber erlangte der eben nicht aus dieser Familie stammende Kaufmann und Botaniker Johann Christoph Volkamer (1644–1720) einige Berühmtheit durch seine barocke Gartenanlage in Gostenhof.[34] Dort züchtete er seltene und exotische Pflanzen und *erbaute als erster in Nürnberg ein Pomeranzenhaus*[35]. Bekannt wurde Johann Christoph vor allem mit den 1708 und 1714 erschienenen ‚Nürnbergischen Hesperides' – einem reich illustrierten Werk, das die in der Reichsstadt und Umgebung kultivierten Zitrusfrüchte samt ihrer Standorte thematisierte und sich beispielsweise auch in der Bibliothek Ebermayers befand.[36] Sein Sohn Johann Magnus Volkamer († 1752), Kaufmann am Herrenmarkt, erbte den väterlichen Garten. Auch er widmete sich der Aufzucht von Pflanzen, etwa einer großen Aloe (Agave americana), die in der botanischen Fachwelt diskutiert und 1726 mit einer Radierung (vgl. Abb. 2.38) und der Prägung einer Medaille honoriert wurde.[37] Darüber hinaus legte er eine Kunst- und Naturaliensammlung an, die in Teilen wohl auf das Erbe seines Onkels Johann Friedrich I. Volkamer (1651–1712) zurückging. Laut Keyssler brachte Johann Magnus diese Sammlung im *Lusthaus des Volckamerischen Gartens*[38] unter.
Die in der ‚Museographia' publizierte Beschreibung der *Volckamerischen Kunst-Kammer* wurde von ihrem *Possessor* Johann Magnus verfasst und in sieben Gruppen un-

33 Catalogus librorum [1750].

34 Zu dieser seit dem 16. Jahrhundert in Nürnberg ansässigen Familie Volkamer in Abgrenzung zu der Patrizierfamilie Vol(c)kamer vgl. Hermann Schöppler: Die Nürnberger Gelehrtenfamilie Volkamer, in: Archiv für Geschichte der Medizin 4 (1910), S. 80–84; Haarländer: Anfänge 1964, S. 233; Lauterbach: Hesperidenwerk 2011, S. 237. – Zu den Beziehungen dieser Familie zur Stadtbibliothek s. den Beitrag von Christine Sauer in diesem Band.

35 WGN Bd. 4, 1798, S. 126; vgl. Schwemmer: Gartenkultur 1977, S. 199; Lauterbach: Hesperidenwerk 2011, S. 238.

36 Catalogus librorum [1750], S. 33, Nr. 62.

37 Grieb: NKL 2007, S. 1597; ein Exemplar der Medaille befindet sich im Münzkabinett des Germanischen Nationalmuseums (Inv.-Nr. Med 9025), die Radierung von J.G. Puschner (Aloe americana florens in horto Volcameriano Norimbergae, 1726) in der Bibliothek der Friedrich-Alexander-Universität Erlangen-Nürnberg, Sign: UBE H62/ TREW. A (1c)-18. Die präparierte Aloe aus dem Volkamer-Garten gehörte 1929 noch zur Ausstattung der Stadtbibliothek; vgl. Sauer: Predigerkloster 2013, S. 225, Abb. 8 sowie den Beitrag in diesem Band mit Abb. 2.39.

38 Keyssler: Neueste Reise 1741, S. 1221; vgl. Hampe: Kunstfreunde 1904, S. 97f. Weitere Hinweise auf ein solches *Lusthaus* im Volkamer-Garten sind der Autorin nicht bekannt.

terteilt.[39] Den Anfang machen hier die Mineralien bzw. eine *ziemliche Collection von Ertzten*, die, nach *Sorten* geordnet und beschriftet mit ihrem Herkunftsort, in Schubladen aufbewahrt wurden. Es folgt die Aufzählung der Versteinerungen und Fossilien, darunter einige Ammoniten (sogenannte Ammonshörner). *Diese alle sind auch Sorten-weise in die Faecher in die Schub-Laden ordentlich eingelegt, ein jedes Fach ist numeriret, und woher eins und andere genommen ist, apart und richtig beschrieben.*[40] Besonders erwähnenswert war in dieser Kategorie ein großer klingender Aetit (Adlerstein) in Form einer Schildkröte. (Klapper-)Steine dieser Art dienten während Antike und Mittelalter als Schwangerschaftsamulette, die eine Geburt erleichtern sollten.[41] An dritter Stelle ist eine Sammlung von Muscheln und Korallen angeführt, der sich unter Position vier eine *Collection* von Insekten anschließt. Hervorgehoben sind insbesondere zahlreiche Schmetterlinge, Spinnen und Echsen, deren Beurteilung die Kenntnis der Werke Maria Sibylla Merians (1647–1717) verrät.[42] Den Abschluss der *naturalia* bilden in Spiritus konservierte zoologische Präparate. Die in dieser Rubrik vorgestellten Einzelstücke, eine Chimäre aus Hund und Katze, eine Schlange mit zwei Köpfen und last not least ein Paradiesvogel *mit seinen NB. zweyen Fuessen*[43], sind typische, bereits im Zusammenhang mit den anderen Kabinetten genannte Zimelien von Kunst- und Wunderkammern. Die beiden letzten Gruppen des Volkamer-„Inventars" betreffen die Kunstobjekte, darunter Gemälde deutscher und niederländischer Meister,[44] chinesische Tuschmalereien, Gemmen, Schnitz- und Drechselarbeiten der Künstlerfamilie Zick(en) aus Elfenbein, Wachsbilder, Brennspiegel und vieles mehr. Nach dem Tod von Johann Magnus ging die Sammlung in den Besitz seines Sohnes Johann Friedrich II. über und fand in der Karolinenstraße in Nürnberg (ehemals Am Fischmarkt) einen neuen Aufstellungsort.[45] 1857 wurde sie von den Forsterschen Erben verkauft und aufgelöst.[46]

4 Christoph Friedrich Imhof d.J. (1696–1750)

Die Imhof gehörten zu den ältesten ratsfähigen Patrizierfamilien Nürnbergs. Sie brachten gleich mehrere bekannte Sammlerpersönlichkeiten hervor: Berühmt wurde vor allem die ab 1564 angelegte Kunstkammer Willibald Imhofs d.Ä. (1519–1580),

39 Neickel/ Kanold: Museographia 1727, S. S. 165–168.

40 Neickel/ Kanold: Museographia 1727, S. 165.

41 Bächtold-Stäubli: Handwörterbuch 1927, Spalte 189–194.

42 M.S. Merian lebte von 1668 bis 1682 in Nürnberg und war mit Johann Georg Volkamer (1616–1693) bekannt; vgl. Lauterbach: Hesperidenwerk 2011, S. 247.

43 Neickel/ Kanold: Museographia 1727, S. 167.

44 Etwas ausführlicher aufgelistet bei Murr: Beschreibung 1801, S. 466.

45 Laut Akten (StadtAN, E 4/63 Nr. 18) kaufte Johann Friedrich II. Volkamer das Anwesen am Fischmarkt. Das wurde dann wohl an die „verschwägerte" Familie Forster vererbt. Vgl. die Beschreibung der Sammlung bei Murr: Beschreibung 1778, S. 515–518; Grieb: NKL 2007, S. 1597.

46 Schwemmer: Gartenkultur 1977, S. 199. Reicke erwähnt als letzten Besitzer der Sammlung Christoph von Forster sowie ein (aktuell nicht auffindbares) Verkaufsverzeichnis von 1863 – im Titel des Katalogs fehlen jedoch die Naturalien; vgl. Reicke: Deutung eines Bildnisses 1911/12, S. 254; Grieb: NKL 2007, S. 408.

Abb. 4.3: Christoph Friedrich Imhof d.J. (Schabkunst von Valentin Daniel Preißler nach Johann Noah van Bemmel, 1750–65; Nürnberg, GNM, Graphische Sammlung, Inv.-Nr. P 4940)

Kaufmann und Enkel Willibald Pirckheimers, mit einer der bedeutendsten Kollektionen von Dürer-Zeichnungen seiner Zeit.[47] Aus dem Andreasschen Zweig der Familie stammte Christoph Friedrich Imhof d. J., dessen Kurzbeschreibung seiner Raritätenkammer in Kanolds Anhang der ‚Museographia' den Anfang der Nürnberger Sammlungsvorstellungen macht.[48] Christoph Friedrich war Jurist. 1737 wurde er Jüngerer Bürgermeister, 1744 Rugherr in Nürnberg. Sein besonderes Interesse galt der Astronomie, wie die Hintergrunddarstellung auf einem posthumen Porträt verrät (Abb. 4.3).[49] Im Unterschied zu den bereits genannten Sammlern erläutert Imhof seine Bestände rein summarisch und unterteilt diese nicht in verschiedene Gruppen. Gleich zu Beginn seines Textes erfährt man, dass Christoph Friedrich Imhof d. Ä. (1666–1723), sein *sel. Papa ein Liebhaber von Naturalien und andern Curiosis*, die Sammlung begründet hatte. Sie umfasse verschiedene Gemälde berühmter Meister – genannt werden u. a. Palma, Paolo Veronese, Dürer und Tizian – sowie Naturalien aller drei Reiche. Die abwechselnde Aufzählung von Kunst- und Naturgegenständen setzt sich im weiteren Verlauf der Sammlungsbeschreibung fort. Auf die Nennung der Fossilien (*eine sehr grosse Menge von Lapidibus figuratis*) *zu Bewunderung der Natur* folgen die Medaillen, dann *Muscheln in schoener Anzahl*. Wie Viatis sammelte Imhof *unterschiedliche Tuerckische Sachen*, darunter Gewehre, Fah-

47 Zur Familiengeschichte vgl. Christoph Freiherr von Imhoff: Die Imhoff – Handelsherren und Kunstliebhaber, in: MVGN 62 (1975) S. 1–42. Zur Kunstsammlung vgl. Hendrik Budde: Die Kunstsammlung des Nürnberger Patriziers Willibald Imhoff unter besonderer Berücksichtigung der Werke Albrecht Dürers, Münster 1996.

48 Neickel/ Kanold: Museographia 1727, S. 163. Zu den verschiedenen Imhof-Sammlungen vgl. Reicke: Deutung eines Bildnisses 1911/12, S. 255.

49 Valentin Daniel Preißler nach Johann Noah van Bemmel, Porträt C. F. Imhof, 1750/65, Schabkunst (Nürnberg, GNM, Graphische Sammlung, Inv.-Nr. P 4940).

nen und Korane, sowie – im 17. und 18. Jahrhundert besonders beliebt – durch Glasschnitt veredelte Gläser.[50] Mangelnde Zeit und begrenzter Platz werden als Gründe für diese fragmentarische Beschreibung der Kunstkammer angeführt. Wahrscheinlich vererbte Christoph Friedrich Imhof d. J. sein Raritätenkabinett oder zumindest die dazugehörigen Medaillen seinem Neffen Christoph Andreas IV. Imhof (1734–1807), der sich als Numismatiker und Münzsammler einen Namen machte.[51] Die Beschreibung seines Münzkabinetts erschien 1780/82 in zwei Teilen. Über die Familie Kress von Kressenstein gelangte die Sammlung von 2.547 Münzen, Medaillen, Marken etc. 1821 in den Besitz der Stadt Nürnberg, die sie 1822 der Stadtbibliothek Nürnberg zur Verwahrung unter doppeltem Verschluss überließ und 1865 an das Germanische Nationalmuseum abgab.[52]

5 Esther Barbara von Sandrart (1651–1731/33)

Abschließend soll die einzige überlieferte Kunst- und Naturaliensammlung Nürnbergs vorgestellt werden, die ihre Existenz einer Frau verdankte. Obschon in Neickels ‚Museographia' nur in einer Fußnote erwähnt, zählte Keyssler das Kabinett der Esther Barbara von Sandrart, geborene Bloemart, zu den *fuenf grossen Kunst-Cammern, die noch in Nuernberg zu sehen sind*[53]. Die Besitzerin war die Witwe des Malers und Akademiedirektors Joachim von Sandrart (1606–1688), deren Porträt ein Kupferstich von Georg Daniel Heumann wiedergibt (Abb. 4.4)[54] Dieses zeigt die 76-Jährige hinter einem Tisch sitzend, auf dem das Gehäuse eines Nautilus neben Muschel- und Schneckenschalen, präparierten Schmetterlingen und Insekten liegt. Offenbar schenkte die Nürnbergerin ihren Naturalien große Aufmerksamkeit, weshalb das Porträt oft fälschlicherweise für das der Maria Sibylla Merian gehalten wurde. Esther Barbara von Sandrart muss eine außergewöhnliche Persönlichkeit gewesen sein, die ihre Raritäten einem interessierten Publikum nicht nur gerne zeigte, sondern trotz ihres hohen Alters detailliert und kenntnisreich zu erläutern

50 Zur Türkenbeute in der Stadtbibliothek s. den Beitrag von Christine Sauer mit Kat. 12–13 in diesem Band.

51 Vgl. Schwemmer: Kunstsammlungen 1949, S. 129f. Zur Biographie vgl. Grieb: NKL 2007, S. 718.

52 Vgl. Ludwig Veit: Das Münzkabinett, in: Das Germanische Nationalmuseum Nürnberg, 1852–1977. Beiträge zu seiner Geschichte, hrsg. von Bernward Deneke/ Rainer Kahsnitz, München/ Berlin 1978, S. 651–663, S. 659f.; Schwemmer: Kunstsammlungen 1949, S. 129f., 161.

53 Keyssler: Neueste Reise 1741, S. 1214–1216, Zitat auf S. 1214. Keyssler erwähnt in seinem Reisebericht zu Nürnberg diverse Sammler. Zu den fünf großen Kunstkammern der Stadt rechnet er (neben der Sammlung Sandrarts) die des Paul von Praun, Christoph Friedrich Imhof, Johann Martin von Ebermayer und Johann Magnus Volkamer, womit er sich dem von Neickel bzw. Kanold ausgewählten Personenkreis anschließt (vgl. ebd. S. 1214–1223).

54 Nürnberg, GNM, Graphische Sammlung, Inv.-Nr. Mp 20693. Der Stich Heumanns von 1727 basiert auf einem zwei Jahre zuvor entstandenen Gemälde des Malers Georges Desmarées (Amsterdam, Amsterdams Museum); vgl. Sophie Buscher/ Corinna Gannon: Naturwissenschaftliches Sammeln und sammelndes Forschen. Esther Barbara von Sandrart, Johann Jakob Scheuchzer und Johann Christian Gerning, in: Die Welt im Bildnis. Porträts in Frankfurt zwischen Renaissance und Aufklärung, hrsg. von Jochen Sander, Frankfurt am Main/ Petersberg 2020, S. 110–117, hier S. 112.

Abb. 4.4: Esther Barbara von Sandrart (Stich von Georg Daniel Heumann, 1727, nach einem Gemälde von Georges Desmarées, 1725; Nürnberg, GNM, Graphische Sammlung, Inv.-Nr. Mp 20693)

wusste. Keyssler berichtet ausführlich von ihrer Sammelleidenschaft und listet in auffällig bunter Reihenfolge die verschiedenen Attraktionen ihrer Kunstkammer auf: Den Grundstock bildeten die hinterlassenen Zeichnungen und Gemälde ihres verstorbenen Mannes. Als weitere Kunstgegenstände gehörten Münzen und Medaillen, Kameen und Intaglien zur Sammlung; mit *verschiedenen Tafeln von Florentinischen Marmor* dürfte der begehrte Ruinenmarmor mit seinen landschaftsähnlichen Steinstrukturen gemeint sein. In der langen Reihe von Objekten finden sich zudem *vielerley auslaendische Kleider und Trachten*, gefolgt von Arbeiten aus Holz, Wachs und Glas. Besonders hervorgehoben sind *allerley kuenstliche Frauenzimmer-Arbeit* aus verschiedensten Materialien, darunter Seide, Papier, Elfenbein und Fischschuppen.[55] Wie das Bildnis der Sammlerin auf den ersten Blick suggeriert, waren in ihrem Kabinett ebenfalls Naturalien wie Insekten, Muscheln und Korallen vorhanden, desgleichen Vogelnester, Eier, Mineralien und Versteinerungen, aber auch Amulette und eine Alraunwurzel.[56] Mikroschnitzereien, beispielsweise *ein elfenbeinernes Kegel-Spiel mit seinen Kugeln in einem Hanf-Korn; ein paar vollkommen große Frauenzimmer Handschuh in einer Wallnuß*, waren selbst in fürstlichen Kunst-und Wunderkammern gesucht. Die von Sandrart bewahrte Kopie der in der Stadtbibliothek befindlichen,

55 Diese Arbeiten stammten laut Keyssler von der *Hand einer hiesigen Jungfer, Walterin genant.* Vermutlich handelt es sich um die Nürnberger Textilkünstlerin Anna Maria Walther (1664–1731); vgl. Jochen Schmidt-Liebich: Lexikon der Künstlerinnen 1700–1900. Deutschland, Österreich, Schweiz, Berlin 2005, S. 493.

56 Alraunen (Pflanzengattung Mandragora) mit ihren Wurzeln in menschlicher Gestalt galten seit der Antike als Zaubermittel. Vgl. Bächtold-Stäubli: Handwörterbuch 1927, Spalte 312–324.

wohl aus Mexiko stammenden Goldstatuette des Gottes Vitzliputzli[57] spiegelte das Interesse am exotischen Original.
Wie bei den meisten bürgerlichen Kunst- und Naturaliensammlungen Nürnbergs ist auch das weitere Schicksal des von Sandrartschen Kabinetts nicht bekannt. Vermutlich haben es die Erben stückweise verkauft, da sich Sammler im Laufe des 18. Jahrhunderts nicht nur in Deutschland zunehmend auf einzelne Objektgruppen spezialisierten und universale Kabinette immer seltener wurden. Dennoch hat es solche in Nürnberg noch im 19. Jahrhundert gegeben: Erinnert sei etwa an die facettenreiche Sammlung des Kaufmanns Johann Jakob Hertel (1781–1851).[58]

6 Fazit

Der gestraffte Überblick zu einigen bürgerlichen Kunst- und Naturalienkabinetten Nürnbergs lässt erkennen, dass die Persönlichkeiten, die Objekte und die Motivation hinter den jeweiligen Sammlungen manche Gemeinsamkeiten, aber auch individuelle Unterschiede aufweisen. Bei Viatis, Ebermayer und Imhof handelte es sich um Mitglieder wohlhabender Kaufmannsfamilien, die eine gehobene Ausbildung genossen hatten und möglicherweise schon auf ihrer Kavalierstour mit verschiedenen Sammlern und Sammlungen in Berührung gekommen waren. Das Bedürfnis nach Repräsentation wird bei ihrer Sammeltätigkeit keine geringe Rolle gespielt haben, denn universale Kabinette spiegelten nicht zuletzt den Reichtum, die Bildung und Weltgewandtheit ihrer Besitzer. Den vorhandenen Naturalien lag ein zeittypisches Interesse an Mineralogie, Pflanzen- oder Tierkunde zugrunde, doch waren sie nicht Gegenstand eigener Untersuchungen. Sie dienten, wie Imhof schrieb, der Bewunderung der Natur und damit dem Lob von Gottes Schöpfung. Die Publikation der Gemmen Ebermayers hingegen machte seine Schätze überregional bekannt und unterstrich den Wunsch nach wissenschaftlicher Anerkennung, die ihm im 18. Jahrhundert jedoch versagt blieb.
Johann Magnus Volkamer verdankte seinen Wohlstand ebenfalls seiner Tätigkeit als Kaufmann, doch vertritt er mit seinen ausgewiesenen botanischen Kenntnissen eher die Gruppe der gelehrten Sammler. Dafür spricht die strukturierte Beschreibung seines Kabinetts, die, ausgehend von den Mineralien, die Bedeutung der Naturalien und ihre nach Klassen geordnete Aufbewahrung in nummerierten und beschrifteten Schubladen betont. Die von Volkamer einzeln erwähnten, *sehenswürdig*[en] Präparate verweisen jedoch auf das die Kunst- und Wunderkammern auszeichnende Prinzip, verstärkt kuriose, d. h. von der Norm abweichende Einzelstücke und weni-

57 S. dazu den Beitrag von Christine Sauer in diesem Band mit Kat. 9.

58 Vgl. [Georg Michael Remshard]: Die Sammlungen des Handelsgerichts-Assessors Joh. Jacob Hertel aus den Gebieten der Kunst und Wissenschaft, des Gewerbfleisses und der Natur, Nürnberg [1841]; August Johann Ludolf von Eye: Katalog der rühmlichst bekannten Sammlungen des [...] Jakob Hertel, Nürnberg [1864]. Die Sammlungsgeschichte des 16. bis 19. Jahrhunderts unterliegt keiner völlig linear verlaufenden Entwicklung: Auf Kunstgegenstände oder Naturalien spezialisierte Kabinette hat es vereinzelt parallel zu den universalen Sammlungen gegeben, die ihrerseits individuelle Schwerpunkte in dem ein oder anderen Bereich aufwiesen.

ger ganze Objektreihen einer Art zu sammeln.[59] Eben dieses Interesse am Seltenen und Sonderbaren charakterisierte auch Esther Barbara von Sandrart, die Keyssler als gebildete Liebhaberin mit großer Sammelleidenschaft schildert. Heumanns Porträt der Nürnbergerin unterstreicht wiederum ihr Selbstverständnis als Naturforscherin. Im 20. Jahrhundert wurde das von Sandrartsche Kabinett als ein „Sammelsurium von Wertvollem und Absurdem"[60] bewertet. Dieser eher negativen Einordnung lag die Kenntnis der Entwicklungsgeschichte spezialisierter Sammlungen und Museen zugrunde, in deren Ausstellungsräumen die Kunst- und Wunderkammern allerdings schon seit Jahrzehnten wieder eine Renaissance erfahren.[61]

59 Valter: Ordnungsversuche 2004, S. 598f.
60 Haarländer: Anfänge 1964, S. 229.
61 Dazu der Beitrag von Sarah Wagner in diesem Band.

Das Prinzip Kunstkammer
Ein historisches Modell in der gegenwärtigen Ausstellungspraxis*

von Sarah Wagner

1 Facetten der Kunstkammer-Rezeption heute

Seit nunmehr einigen Jahrzehnten erlebt die Kunstkammer eine regelrechte Renaissance. Dabei kommt der Ausstellungspraxis des deutschsprachigen Raums eine besondere Rolle zu, da sich hier eine flächendeckende Kontinuität von der historischen Kunstkammer als Sammlungsmodell zu ihrer musealen Re-Inszenierung abzeichnet.[1] Von Lübeck, Dresden, Aachen und über München und Ulm bis nach Österreich und in die Schweiz sind die als ‚Kunstkammern', ‚Kunst- und Wunderkammern' oder auch ‚Wunderkammern' betitelten Ausstellungen heute in zahlreichen Museen anzutreffen. Während manche Kulturinstitutionen den Anspruch haben, eine historische Kunstkammer wieder möglichst originalgetreu aufleben zu lassen oder gar zu rekonstruieren, so treten seit der Jahrtausendwende zunehmend Ausstellungen auf, die das historische Sammlungsphänomen oder konkrete Sammlungen unter Anwendung aktueller Gestaltungsmittel inszenieren.

Daneben bestehen mittlerweile zahlreiche Ausstellungen, bei denen Teilaspekte des Prinzips Kunstkammer aufgegriffen und in neue Kontexte transferiert werden. Diese Praxis schlägt sich insbesondere in der Art der Präsentation und Objektauswahl nieder. Kombinationen aus Objektvielfalt und „Horror-vacui-Display" finden sich in Präsentationen wie der ‚Biodiversitätswand' im Berliner Museum für Naturkunde

---

* Der vorliegende Beitrag speist sich aus Ergebnissen, die im Rahmen der Dissertationsarbeit der Autorin entstanden sind. Die Arbeit ist an der Friedrich-Alexander-Universität Erlangen-Nürnberg angesiedelt und trägt den Arbeitstitel ‚Zwischen Authentizität und Fiktion: Das Kunst- und Wunderkammer-Prinzip und seine Ausprägungsformen in der aktuellen Museumspraxis'.

1 Zur Renaissance der Kunstkammer in der Ausstellungspraxis z. B. Horst Bredekamp: Die Renaissance der Kunstkammer, in: Macht. Wissen. Teilhabe. Sammlungsinstitutionen im 21. Jahrhundert, hrsg. von Katharina Hoins/ Felicitas von Mallinckrodt, Bielefeld 2015, S. 45–61; Beßler: Wunderkammern 2012 (2009).

(2007)[2] oder der ‚Zeppelin-Wunderkammer' im Zeppelin Museum Friedrichshafen (2011) (Abb. 5.1). Letztere spielt sogar explizit mit ihrem Titel auf das frühneuzeitliche Sammlungsmodell an. Auch auf museumskonzeptueller Ebene findet das Prinzip der Kunstkammer einen neuen Nährboden für aktuelle Re-Interpretationen, so beispielsweise beim Museum of Jurassic Technology in Los Angeles (1989)[3] oder beim im Aufbau befindlichen Humboldt Forum[4], bei denen sich Kunst, Natur und Wissenschaft unter dem Vorzeichen eines fruchtbaren Erkenntnisgewinns vereinen. Und auch Künstler haben längst die Kunstkammer für sich entdeckt, wobei die US-Amerikaner Rosamond Purcell (*1942) und Mark Dion (*1961) mit ihren Installationen wohl die prominentesten unter ihnen sind. Dass ein Markt für kunstkammertypische Objekte besteht, zeigen spezialisierte Kunsthändler, so z. B. die Kunsthandlung Georg Laue in München (1997)[5], die Porfirius Kunstkammer im belgischen Neerijse[6] oder Zebregs&Röell Art & Antiques in Amsterdam[7], bei denen vom Kabinettschrank über den Nautiluspokal bis hin zu Präparaten Objekte zu erwerben sind, die mit der Kunstkammer assoziiert werden. Die Verbindung zum historischen Sammlungsmodell beläuft sich dabei nicht nur auf das Angebot. Auch die Räume der Kunsthandlungen selbst werden als Kunstkammern inszeniert und geben Anreiz für Kunden, sich eine Kunstkammer in den eigenen vier Wänden zusammenzustellen. Parallel zum Ausstellungs-, Kunst- und Kunsthandelsbetrieb hat die Kunstkammer auch Einzug in die Populärkultur gefunden. In bildzentrierten sozialen Netzwerken wie Instagram oder Pinterest hat sich ein eigener Kunstkammer-Trend entwickelt. Unter Hashtags wie #cabinetofcuriosities, #kunstkammer oder #wunderkammer finden sich Arrangements vielfältiger Dinge, deren gemeinsamer Nenner im Wunderbaren, Geheimnisvollen oder gar Obskuren liegt. Dabei wächst das Spektrum an Inhalten, die unter diesen Begriffen assoziiert werden, stetig an. Die Parallele zum Ausstellungsbetrieb: Es handelt sich um Selektionen und Inszenierungen von Dingen. Mit dem 2017 erschienenen Film ‚Wonderstruck'[8] des US-amerikanischen Regisseurs Todd Haynes (*1961) hat die Kunstkammer schließlich auch die Leinwand erobert. In einer Szene, die im Jahr 1927 im New Yorker Museum

2 Website der Dauerausstellung ‚Evolution in Aktion', in der die Biodiversitätswand eingebettet ist, URL: https://www.museumfuernaturkunde.berlin/de/museum/ausstellungen/evolution-aktion [31.5.2020].

3 Zum Museum of Jurassic Technology s. Ralph Rugoff: The Museum of Jurassic Technology, in: Circus Americanus, hrsg. von Ralph Rugoff, New York 1995, S. 97–100; Susan J. Hazan: Constructing reality – The Museum of Jurassic Thechnology. Mapping the Mesosphere – Cultures of exhibition and technologies of display, Diss. University of London 2006.

4 Zum Humboldt Forum s. Horst Bredekamp/ Peter-Klaus Schuster (Hrsg.): Das Humboldt Forum. Die Wiedergewinnung der Idee, Berlin 2016.

5 Website Kunstkammer Georg Laue, URL: https://www.kunstkammer.com/ [31.5.2020].

6 Website Porfirius Kunstkammer, URL: http://porfirius.squarespace.com/ [31.5.2020].

7 Website Zebregs&Röell, URL: https://www.zebregsroell.com/ [31.5.2020].

8 Vgl. ‚Wonderstruck' in der Internet Movie Database, URL: https://www.imdb.com/title/tt5208216/ [31.5.2020]. Der Film basiert auf dem gleichnamigen Kinderbuch des US-amerikanischen Kinderbuchautors Brian Selznick (*1966), das 2011 erschien.

Abb. 5.1: Zeppelin Wunderkammer, Zeppelin Museum Friedrichshafen (Foto: Myrzik, CC-BY-SA 4.0)

of Natural History spielt, wird eine Ausstellung mit dem Titel ‚Cabinets of Wonder – How Museums began' gezeigt, die einen zentralen Schauplatz im Film einnimmt. Aufgrund dieser schieren Allgegenwärtigkeit müssen wir uns die Frage stellen, weshalb das frühneuzeitliche Sammlungsmodell eine so große Attraktivität ausübt, wie es zu diesem Boom kam und worin die Motivationen liegen, eine Kunstkammer wieder aufleben zu lassen. Dabei sei der Blick wieder zurück auf den kulturellen Ausstellungsbereich gerichtet.

2 Die Kunstkammer im Dornröschenschlaf?

Dass das Konzept der Kunstkammer mit dem Zeitalter der Aufklärung und der Aufteilung der heterogenen Bestände auf Spartenmuseen nicht in völlige Vergessenheit geriet, zeigen Beispiele in Dresden, Berlin oder Karlsruhe, die bis weit in das 19. Jahrhundert hinein bestanden, allerdings in neue museale und akademische Kontexte transferiert wurden. In Dresden lebte der Gedanke an die von Kurfürst August von Sachsen (1526–1586) im Jahr 1560 gegründete Kunstkammer mindestens bis zur Wende des 20. Jahrhunderts fort. Nach ihrer Auflösung im Jahr 1832

erinnerte ein Ausstellungsbereich mit dem Titel ‚Kunstkammer' im neu gegründeten Historischen Museum, das zunächst im Zwinger und ab 1876 im Johanneum untergebracht war, an die altehrwürdige Institution.[9] Dabei handelte es sich um Restbestände, die nicht auf die neu entstandenen Museen verteilt werden konnten, darunter fürstlicher Hausrat, Kunsthandwerk und Bildnisse sächsischer Fürsten und Fürstinnen.[10] In Berlin blühte die Brandenburgisch-Preußische Kunstkammer im 19. Jahrhundert sogar noch einmal auf. Mit der Abgabe der Naturalien an die neu gegründete Universität im Jahr 1810 hatte sie ihren enzyklopädischen Charakter verloren. Gleichzeitig wurde die Sammlung durch zahlreiche Zukäufe erweitert und schließlich im Jahr 1855 in das Neue Museum verlagert. Dort bestand sie noch bis 1879 als eigene Abteilung, bis die Bestände in das Gewerbemuseum überführt und in neuen Sammlungsstrukturen aufgelöst wurden.[11] Im selben Jahr ließ Großherzog Friedrich I. von Baden (1826–1907) die Bestände im Karlsruher Schloss und aus anderen badischen Schlössern vereinen, die mitunter aus den Kunstkammern der badischen Markgrafen und Großherzöge stammten, um eine Kunstkammer mit Schwerpunkt Kunstgewerbe einzurichten.[12] Die Auswahlkriterien der Objekte werden im Vorwort des Inventars begründet. Ausschlaggebend waren der *Werth des Rohmaterials, die technische Fertigkeit und eine traditionelle Beziehung zur Geschichte des hohen Regentenhauses, seiner Mitglieder und Verwandten.*[13] Objekte, die *Gegenstände des gewöhnlichen Gebrauchs ohne Kunst- oder Kuriositätswerth*[14] darstellten, wurden für die Auswahl ausgeschlossen. Der zusammengetragene Bestand umfasste auch Objekte des 18. und 19. Jahrhunderts, wodurch historische Gegenstände aus den verschiedenen Kunstkammern um zeitgenössische Objekte ergänzt wurden.[15] Diese kunstgewerblich ausgerichtete Kunstkammer wurde als ‚Zähringer-Museum' im Bibliotheksbau des Karlsruher Schlosses eingerichtet, war ab 1893 an zwei Tagen in der Woche öffentlich zugänglich[16] und bestand so bis in das Jahr 1918.[17]
Die paradigmatische Trennung von Kunst und Natur manifestierte sich wohl am deutlichsten in der Konzeption des Kunsthistorischen und Naturhistorischen Mu-

9 Ehrenthal: Führer 1899, S. 23–32; Dresdner Kunstsammlungen 1960, S. 17f.

10 Ehrenthal: Führer 1899, S. 23.

11 Zur Brandenburgisch-Preußischen Kunstkammer im 19. Jahrhundert vgl. Dolezel: Traum 2019. Zur Kunstkammer im Neuen Museum vgl. Barbara Segelken: Die Kunstkammer im Neuen Museum. Zwischen historischer Betrachtung und Enzyklopädie, in: Museale Spezialisierung und Nationalisierung ab 1830. Das Neue Museum in Berlin im internationalen Kontext, hrsg. von Elinoor Begvelt/ Debora J. Meijers/ Elsa van Wezel (Berliner Schriftenreihe zur Museumsforschung 29), Berlin 2011, S. 165–176.

12 Vgl. Grimm: Das Badische Landesmuseum 1993, S. 100 und Stangl: Kunstkammer 1999, S. 172f.

13 Zitat nach Stangl: Kunstkammer 1999, S. 173.

14 Zitat ebd., S. 173.

15 Vgl. ebd., S. 173.

16 Vgl. Grimm: Das Badische Landesmuseum 1993, S. 76.

17 Vgl. Saskia Durian-Ress: Zur Geschichte der Kunstkammer, in: Ausgewählte Werke aus den Sammlungen der Markgrafen und Großherzöge von Baden, hrsg. von der Kulturstiftung der Länder in Verbindung mit dem Badischen Landesmuseum Karlsruhe und den Staatlichen Schlössern und Gärten Baden-Württemberg, Karlsruhe 1996, S. 8–12, S. 9.

seums Wien im Jahr 1891, deren Bestände in den Kunstkammern der Habsburger wurzeln.[18] Trotz der Aufteilung der Bestände auf zwei separate Gebäude blieb die Gegenüberstellung der beiden Domänen dennoch erhalten. Bis heute stehen sich die beiden baugleichen Museen am Maria-Theresien-Platz einander gegenüber. Bereits zehn Jahre nach Gründung der beiden Wiener Museen wurde der als Wiederentdecker der Kunstkammer geltende Julius von Schlosser (1866–1938) Direktor der Sammlung für Plastik und Kunstgewerbe des Kunsthistorischen Museums und damit Kustos der ehemaligen *artificialia* der Habsburger Kunstkammern. Im Jahr 1908 wurde seine bis heute bedeutende Schrift ‚Die Kunst- und Wunderkammern der Spätrenaissance'[19] veröffentlicht, die in der Forschungsgeschichte des 20. Jahrhunderts einen Meilenstein bildet, der Kunstkammer jedoch das Bild eines Kuriositätenkabinetts einschrieb, von dem sich die Forschung erst ab den 1970er-Jahren loslösen sollte.[20] Darin bemängelt er an der Wiener Ausstellung, für die er selbst seinerzeit verantwortlich war, dass das enzyklopädische Sammlungsbild nicht wenigstens exemplarisch erhalten wurde.[21] Im Jahr 1921 beantragte Schlosser sogar, seine Sammlung in ‚Kunstkammer' umzubenennen.[22] Dies blieb jedoch zunächst ohne Erfolg und sollte sich erst im Jahr 1990 ändern.
Diese Beispiele zeigen, dass die frühneuzeitlichen Kunstkammern in manchen Museen seit Mitte des 19. Jahrhunderts fortbestanden. Dabei wurde die Bezeichnung ‚Kunstkammer' weiterhin in den Ausstellungen geführt oder stellte, wie im Fall Wien, ein Desiderat dar. Wenngleich sie fortbestanden, so ist ihnen allen gemein, dass sich die für das Sammlungsmodell konstitutive Gegenüberstellung von Objekten der Kunst und der Natur aufgelöst hatte.

3 Anfänge der musealen Re-Inszenierung im 20. Jahrhundert

Als früheste museale Re-Inszenierung einer historischen Kunstkammer rückt erneut das Beispiel Berlin in den Fokus. Im Jahr 1930 eröffnete die Sommerschau ‚Altes Berlin – Fundamente einer Weltstadt' als erste kulturhistorische Ausstellung in den großflächigen Berliner Funkturmhallen mit knapp 130 Räumen. Ihr Fokus lag auf

18 Vgl. Franz Kirchweger: Die Schätze des Hauses Habsburg und die Kunstkammer. Ihre Geschichte und ihre Bestände, in: Die Kunstkammer. Schätze der Habsburger, hrsg. von Sabine Haag/ Franz Kirchweger, Wien 2012, S. 12–49, S. 13f.

19 Schlosser: Kunst- und Wunderkammern 1908.

20 Barbara J. Balsinger: The Kunst- und Wunderkammer. A Catalogue raisonné of collecting in Germany, France and England, 1565–1750, 2 Bde., Pittsburgh 1970; Christian Brandstätter/ Elisabeth Scheicher (Hrsg.): Die Kunst- und Wunderkammern der Habsburger, Wien u. a. 1979; Impey/ MacGregor: Origins 1985; Thomas DaCosta Kaufmann: The mastery of nature: Aspects of art, science, and humanism in the Renaissance, Princeton 1993; Bredekamp: Antikensehnsucht 2012 (1993) usw.

21 Vgl. Schlosser: Kunst- und Wunderkammern 1908, S. 46–48.

22 Vgl. Herbert Haupt: Das Kunsthistorische Museum. Die Geschichte des Hauses am Ring. Hundert Jahre im Spiegel historischer Ereignisse, Wien 1991, S. 227. An dieser Stelle sei Dr. Paulus Rainer, Kurator Kaiserliche Schatzkammer Wien, Kunstkammer Wien, für den Hinweis gedankt.

der Entwicklung Berlins zum wirtschaftlichen und kulturellen Mittelpunkt.[23] Dabei waren drei Räume der Brandenburgisch-Preußischen Kunstkammer gewidmet, die auf Basis der kurz zuvor wiederentdeckten Sammlungsräume im Berliner Schloss rekonstruiert und mit Leihgaben aus 20 Berliner Museen bestückt wurden.[24] Hier wurde erstmals dem enzyklopädischen Konzept wieder Aufmerksamkeit geschenkt, indem Kunst und Natur innerhalb der Räume und raumübergreifend vereint und einander gegenübergestellt wurden (Abb. 5.2). Insgesamt bildete die Ausstellung eine Mischung aus einer Rekonstruktion der im Schloss erhaltenen räumlichen Hüllen und einer fiktiven Exponatbespielung, wobei sich einige der ausgestellten Objekte in der historischen Berliner Kunstkammer befunden hatten.
Anliegen der Ausstellung zur Kunstkammer war es einerseits, die Geschichte der Kunstkammer im Schloss (ca. 1700–1879) zu erzählen, und andererseits, einen Eindruck von historischer Sammlungspraxis zu vermitteln. Dabei wurde auch der für Berlin spezifische lokalgeschichtliche Charakter der Sammlung thematisiert, indem zahlreiche fürstliche Memorabilien und Objekte mit Preußen-Bezug gezeigt wurden. Genau 100 Jahre zuvor, im Jahr 1830, wurde das Alte Museum als erstes königliches Museum eröffnet. Die Re-Inszenierung der Kunstkammer auf der Sommerschau ‚Altes Berlin' fand also vor dem Hintergrund des 100-jährigen Jubiläums der ehemals Königlichen bzw. nach 1918 Staatlichen Museen zu Berlin statt. Im Kontext dieser Retrospektive wurde die Kunstkammer als Keimzelle der Staatlichen Museen inszeniert und damit eine historische Kontinuität von den Anfängen der brandenburgisch-preußischen Sammlungen zu den Staatlichen Museen Berlins dargestellt. Die derzeitige Wahrnehmung der Kunstkammer lässt sich in einem Zitat von Otto Reichl (1900–1972), dem Kurator des Ausstellungsbereichs zur Kunstkammer, fassen: *In den Vitrinen herrschte das bunte Durcheinander, das wir aus den Inventaren alter Sammlungen kennen, Natur- und Kunstgegenstände aus allen Gebieten waren vermischt, in jeder Ecke konnte man etwas anderes und überraschendes sehen; das Verhalten des Publikums ließ dabei erkennen, daß die alte Art der nicht so stark spezialisierten Museen auch heute noch populär sein würde.*[25] Die von Reichl als *buntes Durcheinander* beschriebene Ordnung der Objekte steht beispielhaft für die Wahrnehmung der Kunstkammer zu jener Zeit, die von Julius von Schlosser geprägt wurde. Die Wiederentdeckung der historischen Sammlungsräume im Schloss gab zunächst Anlass zur Überlegung, die Kunstkammer im Schloss wiederaufleben zu lassen und in den dort bestehenden musealen Rundgang zu integrieren.[26] Dieser Gedanke wurde mit der Sommerschau zunächst temporär und an einem anderen Schauplatz realisiert. Heute wird die Idee mit dem Humboldt Forum wieder aufgegriffen.

---

23 Ausstellungs-, Messe- und Fremdenverkehrs-Amt (Hrsg.): Offizieller Katalog der Berliner Sommerschau 1930 ‚Altes Berlin' – Fundamente der Weltstadt, Berlin, Funkturmhallen 23.5.–3.8.1930, Berlin 1930.

24 Reichl: Die Staatlichen Museen 1931, S. 13–16.

25 Zur Ausstellung in den Funkturmhallen siehe Reichl: Die Staatlichen Museen 1931, S. 16.

26 Vgl. Otto Reichl: Zur Geschichte der ehemaligen Berliner Kunstkammer, in: Jahrbuch der Preussischen Kunstsammlungen 51 (1930), S. 223–249.

Abb. 5.2: Rekonstruktion der ehemaligen Naturalienkammer der Brandenburgisch-Preußischen Kunstkammer in den Messehallen am Funkturm, Berlin (Staatliche Museen zu Berlin, Zentralarchiv, Gustav Schwarz)

Die Re-Inszenierung der Berliner Kunstkammer auf der Ausstellung ‚Altes Berlin' setzt einen Marker in der Ausstellungspraxis des 20. Jahrhunderts, da ein vergleichbares Beispiel, eine Kunstkammer als Sammlungsform auszustellen, bis dahin nicht bekannt ist. Geht man vom Anspruch einer Inszenierung eines Gesamtgefüges von Raum, Ausstattung und Bestand oder einer bestimmten Szene aus, so sind ähnliche Tendenzen in der Ausstellungspraxis seit der Etablierung von Period Rooms im kulturhistorischen oder von Dioramen im naturhistorischen Kontext Ende des 19. Jahrhunderts zu beobachten. Diesen Modellen stehen derzeit parallel existierende, puristische Präsentationstechniken entgegen, die sich ausgehend von der Wiener Secession entwickelten und die sich im Zuge der Versachlichung der 1920er-Jahre im Museum etablierten.[27]

In den 1960er-Jahren beginnt allmählich eine verstärkte Auseinandersetzung einzelner Institutionen mit der Kunstkammer als historischer Keimzelle mit identitätsstiftendem Faktor. So fand im Jahr 1960 in Dresden anlässlich der Rückgabe von Kulturgütern aus der Sowjetunion und des gleichzeitigen 400-jährigen Bestehens der Dresdner Kunstsammlungen eine Ausstellung statt, die sich der historischen Kunstkammer widmete.[28] Auch hier stand, wie in der Berliner Ausstellung von 1930, die Vermittlung einer historischen Kontinuität im Vordergrund. Für Dresden war es die Entwicklung von der fürstlichen Kunstkammer zur *sozialistischen Bildungsstätte des Volkes*[29]. Anspruch der Ausstellung war es, die Geschichte der Dresdner Kunstsammlungen aufzuzeigen und den Versuch einer Rekonstruktion der Sächsischen Kunstkammer um 1600 zu unternehmen. Die Basis der Rekonstruktion einer repräsentativen Auswahl von drei der ursprünglich sieben Räumen bildete insbeson-

27 Vgl. Georg Friedrich Koch: Ausgestellte Kunst wird Ausstellungskunst. Wandlungen in der Präsentation von Kunst im 20. Jahrhundert, in: Der Zugang zum Kunstwerk. Schatzkammer, Salon, Ausstellung, ‚Museum', hrsg. von Jacques Thuillier/ Elisabeth Liskar (Akten des XXV. Internationalen Kongresses für Kunstgeschichte, Bd. 4), Wien u. a. 1986, S. 147–159; Susanne Köstering: Die Museumsreformbewegung im frühen 20. Jahrhundert, in: Handbuch Museum. Geschichte – Aufgaben – Perspektiven, hrsg. von Markus Walz, Stuttgart 2016, S. 52–56.

28 An dieser Stelle sei Dr. Michael Korey, Oberkonservator am Mathematisch-Physikalischen Salon in Dresden, für den Hinweis auf diese Ausstellung gedankt.

29 Dresdener Kunstsammlungen 1960, S. 7.

dere das Inventar von 1610.[30] Auch hier standen in allen Räumen Objekte der Kunst und der Natur nebeneinander, die auf Tischen und in Regalen offen präsentiert wurden. Anders als die Berliner Ausstellung, deren Räume durchschritten werden konnten, wurde die Dresdner wie eine Art Schaukasten gestaltet (Abb. 5.3) und erinnerte dadurch an Frontispizdarstellungen aus Kunstkammer-Katalogen, wie sie seit 1599 bekannt sind (vgl. Abb. 1.1–1.10).[31] Die Decken der Schaukästen wurden aus textilen Stoffbahnen gebildet, die eine kassettierte Bemalung imitierten.
Wie die Ausstellung in Berlin 1930 war auch jene in Dresden temporär angelegt. Eine vermutlich erste, permanente Wiedereinrichtung einer historischen Kunstkammer findet sich im österreichischen Benediktinerstift Kremsmünster. Diese wurde im Jahr 1962 mit Hilfe von Museumsexperten des Oberösterreichischen Landesmuseums und unter der Leitung von Erwin Neumann (1925–1975) eingerichtet, der als Kustos der Sammlungen für Plastik und Kunstgewerbe in der Nachfolge von Julius von Schlosser am Kunsthistorischen Museum stand.[32] Die Kunstkammer in Kremsmünster hatte bis dato noch partiell im Stift existiert und konnte auf eine lange Tradition bis ins 17. Jahrhundert zurückblicken. Während sie zunächst als repräsentative Sammlung der Äbte aufgebaut wurde, erfolgte mit der Errichtung des Mathematischen Turms 1759 die Aufteilung der Bestände für den Aufbau eines der frühen Universalmuseen und die Nutzung als Lehrsammlung der Ritterakademie.[33] Auch hier vollzog sich Mitte des 19. Jahrhunderts die Trennung der Bestände in Objekte der Kunst und der Natur. Was nicht aufgeteilt oder den neu geschaffenen Sammlungskomplexen zugeordnet werden konnte, wurde erneut zu einer Kunstkammer vereint, die folglich aus Überresten bestand und tatsächlich eine unsystematische Ansammlung von Objekten bildete. Mit der Neukonzeption der Stiftssammlungen um 1960, die anlässlich des 1200-jährigen Stiftsjubiläums forciert wurde, wurde auch die Kunstkammer neu aufbereitet. Dabei standen erstmals die historischen Sammlungs-, Ordnungs- und Präsentationskonzepte selbst im Vordergrund: *In ihrer Arbeit ließen sich die Aufsteller jedenfalls von der Einsicht leiten, daß eine „museale" Darbietung im modernen Sinne des Wortes aus räumlichen, finanziellen und vor allem auch aus historischen Gründen nicht in Frage kommen konnte; hingegen drängten fast alle Gegebenheiten in fast zwingender Weise zu einer möglichst intensiven Ausspielung*

30 Vgl. Dresdener Kunstsammlungen 1960, S. 5.

31 Die erste bekannte Frontispizdarstellung einer Kunstkammer findet sich in Ferrante Imperatos ‚Historia naturalis' von 1599. An diese Tradition der Frontispizdarstellungen bzw. Schaukasteninszenierung knüpft auch die US-amerikanische Künstlerin Rosamond Purcell (*1942) mit ihrer Installation ‚All Things strange and beautiful' an, bei der sie das Museum Wormianum auf Basis der Frontispizdarstellung des Sammlungskatalogs im Jahr 2012 im Naturhistorischen Museum Kopenhagen rekonstruierte.

32 Neumann: Neueinrichtung 1963.

33 Vgl. Erwin Neumann: Einleitung, in: Die Kunstdenkmäler des Benediktinerstiftes Kremsmünster 2: Die Stiftlichen Sammlungen und die Bibliothek (Österreichische Kunsttopographie 43), Wien 1977, S. 19; Johann-Christian Klamt: Sternwarte und Museum im Zeitalter der Aufklärung. Der Mathematische Turm zu Kremsmünster (1749–1758), Mainz 1999.

Abb. 5.3: Rekonstruktion der Dresdner Kunstkammer um 1600: Raum des *hintern großen Gemach kegen dem vesten Bawgarten* mit dem *Dröhewerk* (Foto: Sächsische Landesbibliothek – Staats- und Universitätsbibliothek Dresden/ Deutsche Fotothek / Herbert Ludwig, Verwalter: Dresden, Staatliche Kunstsammlungen Dresden (SKD), Grünes Gewölbe)

der spezifischen Qualitäten dieser Sammlung, das heißt zu ihrer möglichst „kunstkammermäßigen" Inszenierung.[34] Bemerkenswert bei dieser Neukonzeption der Schausammlung war es, dass damals gängige museale Ordnungs- und Präsentationsprinzipien keine Anwendung fanden. So wurde die Kunstkammer neu aufgestellt und ihre Bestände dicht und insbesondere nach Material geordnet in historischen Repositorien präsentiert.[35] Bestände, Möbel, Raum und Ordnungskonzept basieren zwar auf historischen Grundlagen, ihre bis heute bestehende Konstellation ist jedoch fik-

34 Neumann: Neueinrichtung 1963, S. 76.

35 Vgl. Friderike Klauner: Kunstsammlungen/V Einleitung, in: 1200 Jahre Kremsmünster, Stiftsführer. Geschichte, Kunstsammlungen, Sternwarte, Linz 1977, S. 116–131, bes. S. 121–122; Willibrord Neumüller: Zur Neuaufstellung der Stiftssammlungen in Kremsmünster, in: Jahrbuch des Oberösterreichischen Musealvereines 108 (1963), S. 59–62, hier S. 60.

tiv. Im Vordergrund stand, eine historisierende Inszenierung einer Kunstkammer zu schaffen, die letztlich eine physische Manifestation der Vorstellung der Kuratoren und Beteiligten von einer Kunstkammer bildet, so wie es bereits bei den vorangegangenen temporären Ausstellungen und auch bis heute der Fall ist.
Der Anspruch des Bezugs auf eine historische Kunstkammersituation und die Schaffung historisierender Inszenierungen kann auch bei späteren Ausstellungen der 1970er-Jahre beobachtet werden, so beispielsweise in den teilweise rekonstruierten Kunstkammern im Dommuseum Salzburg oder auf Schloss Ambras bei Innsbruck, die beide im Jahr 1974 eröffneten. Während die Kunstkammer in Salzburg im Zuge der Gründung des Dommuseums anlässlich des 1200-jährigen Domjubiläums entstand und aufgrund dieser Erstkonzeption wieder an ihrem ursprünglichen Aufstellungsort in originalen Repositorien – jedoch mit hauptsächlich neu erworbenen Beständen bestückt – eingerichtet werden konnte[36], mussten auf Ambras Lösungen gefunden werden, die bereits Ende der 1950er-Jahre in den Blick gefasste Wiederbelebung der Kunstkammer Ferdinands II. (1529–1595), Erzherzogs von Österreich, in einem bereits bestehenden musealen Konzept zu realisieren.[37] So konnte die Kunstkammer beispielsweise nicht im historischen Raum rekonstruiert werden, da dort erst wenige Jahre zuvor die ‚Große Rüstkammer' neu eingerichtet worden war. Hinzu kam, dass die für diese Kunstkammer charakteristische, in der Raummitte Rücken an Rücken aufgestellte Schrankreihe nachgebildet werden musste. Dabei wurde zwar die innere Ordnung nach insbesondere Material vor dem Hintergrund einer farblichen Fassung wiedergegeben, doch weichen sowohl die Gestalt der Schränke als auch die Art der farblichen Fassung von der historischen Situation ab und erzeugen somit einen neuen Raumeindruck. Anhand dieser Beispiele lässt sich nachvollziehen, wie stark eine bestehende Ausstellungsstruktur und noch vorhandene historische Grundlagen auf die Konzeption und Umsetzung Einfluss nehmen. Dies zeigt sich am deutlichsten bei der ‚Kunst- und Naturalienkammer der Franckeschen Stiftungen zu Halle' (1995), die aufgrund der hervorragenden Überlieferungslage und der seit der Wende begonnenen Sanierungsarbeiten der Gebäude im historischen Raum mit historischen Möbeln, historischen Beständen und unter Anwendung des historischen, museumstheoretischen Konzepts rekonstruiert werden konnte.[38]

36 Vgl. Johannes Neuhardt (Hrsg.): Dommuseum und alte erzbischöfliche Kunst- und Wunderkammer zu Salzburg, Salzburg 1974.

37 Vgl. Laurin Luchner: Denkmal eines Renaissancefürsten. Versuch einer Rekonstruktion des Ambraser Museums von 1583, Wien 1958, S. 10; Elisabeth Scheicher: Die Neuaufstellung der Sammlungen in Schloss Ambras, in: Alte und Moderne Kunst 142 (1975), S. 22–28.

38 Müller-Bahlke: Wunderkammer 2012 (1998).

Abb. 5.4: Kunstkammer Gotha auf Schloss Friedenstein in Gotha, Raum 3: Arbeiten aus Bernstein, Elfenbein, Nautilus (Foto: Sarah Wagner)

4 Der Boom der Kunstkammer-Ausstellung um 2000

Um das Jahr 2000 fanden zahlreiche Kunstkammer-Ausstellungen statt, die mit neuen Ansätzen an das Thema Kunstkammer herangingen und sich vom Anspruch einer authentischen Gesamtinszenierung loslösten. Standen bis dahin gerade bei der Konzeption von Dauerausstellungen rekonstruierende Ansprüche oder historisierende Inszenierungspraktiken, die an das Konzept des Period Rooms erinnern, im Vordergrund, so fächerte sich um die Jahrtausendwende das Spektrum an Ausprägungsformen hinsichtlich der Konzeption und Präsentation auf.

Eine Form bilden Kunstkammer-Ausstellungen, die historische Objekte unter Anwendung moderner Ausstellungssprache präsentieren, so z. B. in der Überzahl der Räume der Kunstkammer auf Schloss Friedenstein in Gotha (2009) oder in der Kunstkammer im Kunsthistorischen Museum Wien (2013) anzutreffen. Dabei wechseln die Präsentationstechniken zwischen Einzelobjektfokussierungen und Gruppendisplays und zwischen modernen und historischen Inszenierungspraktiken. Moderne Vitrinen und der Einsatz von Ausstellungshilfsmitteln sind ebenfalls besonders kennzeichnend für diese modernen Neuinszenierungen, bei denen weniger die

Schaffung eines Gesamtensembles Kunstkammer, sondern vielmehr die Geschichte der Sammlung oder das Phänomen Kunstkammer selbst im Vordergrund stehen. Daher ist diese Ausprägungsform themenbezogen oder chronologisch orientiert. In Wien wird in 23 Räumen die Geschichte der Sammlungskultur unter besonderer Berücksichtigung der Kunstkammern des Hauses Habsburg vom Mittelalter bis zum Klassizismus dargestellt. Innerhalb dieser Chronologie sind einzelne Räume bestimmten Sammlerpersönlichkeiten wie Erzherzog Ferdinand II. oder Kaiser Rudolf II. (1552–1612) gewidmet und Themenkomplexe eingebunden, die Objekte nach Material oder Klassifikation (z. B. *exotica*) geordnet präsentieren.[39]
Die Gothaer Kunstkammer besteht aus sechs Räumen, wobei der erste Einstiegsraum historisierend, die folgenden modern inszeniert sind. Thematisiert werden die Geschichte der Sammlung und ihrer Sammlerpersönlichkeiten sowie allgemeine Ordnungspraktiken einer Kunstkammer.[40] Die modern gestalteten Räume kennzeichnet die Präsentation von insbesondere Einzelobjekten oder kleineren Objektgruppen in farbig gerahmten Hängevitrinen, die kaum mehr an bis dahin typische Kunstkammer-Inszenierungen erinnert (Abb. 5.4).
Neben diesen modernen Neuinszenierungen, bei denen ein Erzählstrang im Vordergrund steht, gibt es Ausstellungen, die sich ebenfalls moderner Präsentationstechniken bedienen, auf konzeptueller Ebene aber versuchen, eine ideale Kunstkammer zu konstruieren. In Landshut auf der Burg Trausnitz wurde im Jahr 2004 eine ‚Kunst- und Wunderkammer' eingerichtet, die sich auf die Sammlungspraxis des Hauses Wittelsbach und insbesondere die unter Herzog Albrecht V. von Bayern (1528–1579) zwischen 1563 und 1567 angelegte Kunstkammer in München bezieht.[41] Dort wurden vier Räume eingerichtet, die sich den übergeordneten Kategorien einer Kunstkammer – *artificialia*, *naturalia*, *exotica* und *scientifica* – widmen, so wie sie in Samuel Quicchebergs (1529–1567) Traktat ‚Inscriptiones vel tituli theatri amplissimi'[42] von 1565 angedeutet sind (Abb. 5.5). Der flämische Arzt und Gelehrte, der seit 1559 am Münchner Hof und insbesondere für die Kunstkammer tätig war,[43] hatte diesen ersten museologischen Ratgeber zur Anlage und Ordnung einer idealen Sammlung mitunter in Verbindung mit der Errichtung der Münchner Kunstkammer entwickelt, weshalb zahlreiche Parallelen zwischen Sammlung und Traktat bestehen. Die Nomenklaturen dieser Kategorien werden in Quicchebergs Traktat jedoch nicht explizit genannt. Erst spätere museologische Traktate, wie die ‚Geöffnete Raritäten- und Naturalien-Kammer' von

39 Die Kunstkammer Wien. Konzept zur Neuaufstellung, s. http://press.khm.at/ fileadmin/content/KHM/Presse/2013/Kunstkammer_Eroeffnung/KK_Konzept_dt.pdf [31.5.2020].

40 Zur Kunstkammer-Ausstellung in Gotha vgl. Martin Eberle: Die Neupräsentation der Kunstkammer auf Schloß Friedenstein in Gotha, in: Museum aktuell 175 (2010), S. 18–22.

41 Zur Kunst- und Wunderkammer auf Burg Trausnitz s. Eikelmann: Kunst- und Wunderkammer 2007; Sigrid Sangl: Das Kunst- und Wunderkammermuseum auf der Burg Trausnitz in Landshut, in: AVISO Zeitschrift für Wissenschaft und Kunst in Bayern 1 (2012), S. 10–15.

42 Vgl. Roth: Anfang 2000.

43 Vgl. ebd., S. 7.

Abb. 5.5: Kunst- und Wunderkammer Burg Trausnitz in Landshut, Raum Naturalia (Foto: Sarah Wagner)

Leonhard Christoph Sturm (1669–1719) aus dem Jahr 1704[44], nennen diese Kategorien *naturalia*, *artificialia* und *scientifica*, wobei der Vierklang mit den *exotica* erst in der heutigen modernen Kunstkammerforschung Usus geworden ist.[45] Wenngleich die Münchner Kunstkammer in der Anordnung der Objekte diesem Prinzip nicht folgte[46], so wurde diese ideale Struktur mit der Ausstellung in Landshut realisiert. Die Exponate der Ausstellung stammen mitunter aus der Münchner Kunstkammer und wurden zusätzlich durch Ankäufe und Leihgaben ergänzt.[47] Auf derlei Praktiken, Stellvertreterobjekte für die Konzeption einer Kunstkammer in Form von Leihgaben zu akquirieren, stößt man häufig, da es überwiegend Kulturhistorische Museen sind,

44 Sturm: Raritäten- und Naturalien-Kammer 1704.

45 Vgl. Beßler: Wunderkammern 2012 (2009), S. 78f.

46 Zur Münchner Kunstkammer s. insbesondere Lorenz Seelig: Die Münchner Kunstkammer, in: Die Münchner Kunstkammer, hrsg. von Willibald Sauerländer, Bd. 3, Aufsätze und Anhänge, München 2008, S. 1–114.

47 Vgl. Eikelmann: Kunst- und Wunderkammer 2007, S. 9.

die solche Ausstellungen einrichten und die in der Regel nicht über entsprechende Naturalia verfügen, um dem enzyklopädischen Charakter gerecht zu werden.
Im Hamburger Museum für Kunst und Gewerbe (2012) wurde eine Kunstkammer eingerichtet, die ein Gesamtensemble unter Anwendung moderner Ausstellungssprache konstruiert, sich im Gegensatz zu den eben genannten Beispielen aber nicht auf eine konkrete historische Sammlung bezieht. Hingegen wird hier auf metaphorischer Ebene versucht, Grundaspekte des Prinzips Kunstkammer anhand typischer Kunstkammer-Objekte zu vermitteln. Die dortige Kunstkammer bildet einen Raum innerhalb der chronologisch angelegten Dauerausstellung ‚Antike und Renaissance' und besteht aus 24 Vitrinen, die in eine konkave Wand eingelassen sind und die in ihrer Anzahl und Beschriftung eine Art Alpha und Omega-Komplex bilden, der auf den Aspekt der Vollständigkeit anspielt.[48] Unterbrochen wird die Vitrinenpräsentation von einem auf der Wand angebrachten Krokodil und einem Blumenstillleben als Repräsentanten der Kunst und der Natur. Gegenüber dieser Wand befindet sich eine komplett verspiegelte Fläche, die den Raum zu einem Kreis ergänzt, in dem sich der Betrachter inmitten der Objekte verorten kann (Abb. 5.6). Damit erinnert diese Inszenierung an Philipp Hainhofers (1578–1647) Beschreibung der Münchner Kunstkammer von 1611: *Inn der Wand ein gar grosser spiegel wie ein kasten, darinn man fast alles in der kunst Cammer, sich selbst und noch etliche neben Ihme gantz sehen kann.*[49] Die Kombination moderner Ausstellungssprache mit symbolkräftiger Anspielung auf grundlegende Kunstkammer-Prinzipien ist besonders kennzeichnend für die Hamburger Inszenierung.
Neben Rekonstruktionen, historisierenden Inszenierungen, modernen Neuinszenierungen und Idealisierungen stellen diejenigen Kunstkammer-Ausstellungen eine weitere Ausprägungsform dar, die zeitgenössische Kunst in die Inszenierung integrieren und mit den historischen Objekten in einen Dialog bringen, so z. B. die kürzlich aufgelöste Wunderkammer Olbricht in Berlin (2010–2020)[50], die durch die eingangs erwähnte Kunstkammer Georg Laue konzipiert und betreut wurde und als eine der größten privaten Kunstkammern des 21. Jahrhunderts galt. Das Prinzip des Zusammenspiels von Kunstkammer-Objekten und zeitgenössischer Kunst war bereits in den temporär angelegten Ausstellungen ‚Wunderkammer' von Adalgisa Lugli (1946–1995) auf der Biennale in Venedig im Jahr 1986[51] oder im ‚Assoziationsraum Wunderkammer. Zeitgenössische Künste zur Kunst- und Naturalienkammer der Franckeschen Stiftungen zu Halle' im Jahr 2015 zu beobachten.[52]

48 In einem ausliegenden Begleitheft im Ausstellungsraum werden die Vitrinen von A bis Z aufgeführt und ihr jeweiliger Inhalt mit Piktogrammen versehen, sodass der Besucher die Einzelobjekte entschlüsseln kann.

49 Christian Häutle: Die Reisen des Augsburgers Philipp Hainhofer nach Eichstätt, München und Regensburg in den Jahren 1611, 1612 und 1613, in: Zeitschrift des Historischen Vereins für Schwaben und Neuburg 8 (1881), S. 1–314, hier S. 95.

50 Website Wunderkammer Olbricht, URL: https://www.me-berlin.com/wunderkammer/ [31.5.2020].

51 Adalgisa Lugli: Wunderkammer (Arte e scienza), Venedig 1986.

Abb. 5.6: Die Kunstkammer im Museum für Kunst und Gewerbe Hamburg (Foto: Sarah Wagner)

5 Erfolgsmodell Kunstkammer

Dieser kurze und sehr ausschnitthafte Überblick über die Geschichte und Formate des Ausstellungsmodells Kunstkammer lässt bereits erkennen, dass das historische Sammlungsmodell in der Ausstellungspraxis in der ersten Hälfte des 20. Jahrhunderts keineswegs in Vergessenheit geraten war und seit der Jahrtausendwende in unterschiedlichsten Facetten musealer Inszenierung wieder aufblüht. Zur flächendeckenden Eroberung der Kunstkammer um 2000 hatten zahlreiche Ausstellungen und Untersuchungen beigetragen, die neue Formate erprobten und das historische Sammlungsphänomen tiefgehend erforschten. So erschienen in den 1980er- und 1990er-Jahren einschlägige Publikationen, die die Sammlungen nicht mehr aus ihrer eigenen Logik heraus erklärten, sondern auch andere Fachdisziplinen einbezogen, darunter die zentralen Arbeiten von Oliver Impey und Arthur MacGregor[53] oder

52 Nike Bätzner: Assoziationsraum Wunderkammer. Zeitgenössische Künste zur Kunst- und Naturalienkammer der Franckeschen Stiftungen zu Halle, Halle 2015.

53 Impey/ MacGregor: Origins of museums 1985.

Horst Bredekamp[54]. Die bis in die 1990er-Jahre fortgeschrittene sammlungsgeschichtliche Forschung vertiefte sich weiter auf wissenschafts- und sozialhistorische sowie postkoloniale Aspekte, wodurch Komplexität und Facettenreichtum des Sammlungsmodells und seine Einbettung und Rolle in Kultur und Wissenschaft herausgearbeitet wurden.[55] Parallel zum Aufschwung der sammlungshistorischen und speziell der Kunstkammer-Forschung standen die Museumskrise und poststrukturalistische Strömungen der 1960er- bis 1980er-Jahre, die das Verhältnis von Museum und Öffentlichkeit in Frage stellten und das Verständnis von Wahrheit relativierten[56], was tiefgreifende Auswirkungen auf die Institution in ihrer Ausstellungs- und Vermittlungspraxis hatte.[57] Dabei wurde von den Museen eingefordert, die historische Lücke zwischen dem Publikum bzw. der Öffentlichkeit und dem Experten zu schließen, sich mehr nach außen zu öffnen, mehr Transparenz der eigenen Arbeit zu schaffen und Informationen bzw. Zugang zu den Beständen zu gewährleisten. In dieser Folge wurden Ausstellungen zunehmend „entschult", zugrundeliegende Informationen zur Deutung der Objekte mitgeliefert und auch Formate gefunden, das Publikum in die Gestaltung von Ausstellungen einzubeziehen. Gleichzeitig wurden klassifizierende Displays von multiperspektivischen Strukturen abgelöst, die es ermöglichten, Geschichten und vor allem die Beziehung zwischen dem Mensch und seiner materiellen Kultur zu vermitteln.[58] Vor diesem Hintergrund scheint das Ausstellungsmodell Kunstkammer eine regelrechte Antwort auf die Museumskritik dieser Jahre zu sein. Ihre Ordnungs- und Präsentationsstruktur erlaubt einen großen Deutungsspielraum und einen assoziativen Zugang zum Objekt, der nicht notwendigerweise Vorwissen erfordert. Hans G. Merz, der Gestalter der Wiener Kunstkammer, betrachtete das Ausstellungsmodell Anfang der 2000er-Jahre im Kontext der Ereignisgesellschaft als nachhaltige Lösung, das über lange Zeit in der Lage sei, Neugier und Schaulust zu erzeugen und gleichzeitig Bildung zu ermöglichen. Gerade die Kombination verschiedener Objekte und der geringe Einsatz von Ausstellungshilfsmitteln verstärke die Wirkung der Objekte im Gegensatz zu klassifizierenden Präsentationen, bei denen das Einzelobjekt in einer homogenen Reihe untergehe.[59] Angesichts ihrer historisch legitimierten Interdisziplinarität, ihrer häufig dich-

54 Bredekamp: Antikensehnsucht 2012 (1993).

55 Für einen sehr ausdifferenzierten Überblick über die verschiedenen Forschungsperspektiven, insbesondere während der Hochkonjunktur in den 1990er-Jahren, s. Felfe: Kunstkammer 2014, S. 342–351.

56 Vgl. z. B. die Arbeiten von Michel Foucault (Die Ordnung der Dinge 1966, Subversion des Wissens 1974, Überwachen und Strafen 1975) oder Jean-François Lyotard (Das postmoderne Wissen 1979).

57 Zur Museumskrise vgl. Anke te Heesen: Theorien des Museums zur Einführung, Hamburg 2015, insbesondere S. 143–156; Mario Schulze/ Anke te Heesen/ Vincent Dold (Hrsg.): Museumskrise und Ausstellungserfolg. Die Entwicklung der Geschichtsausstellung in den Siebzigern, Berlin 2015.

58 Zur Auswirkung des Poststrukturalismus auf die Ausstellungs- und Vermittlungspraxis in Museen vgl. Tony Bennett: Birth of the museum. History, theory, politics, London/ New York 1995; Bennett: Museums 2018; Eilean Hooper-Greenhill: Museums and the shaping of knowledge, London/ New York 1992, insbesondere S. 197–215.

59 Vgl. Hans G. Merz: Wunderkammer versus Wunderland, in: Kunst des Ausstellens. Beiträge, State-

ten Präsentation und der untrennbaren Einheit von Objekten, Repositorien bzw. Mobiliar und Raum bildet das Ausstellungsmodell Kunstkammer nicht nur einen Gegenpol zu klassifizierenden und häufig fachgebundenen Inszenierungsformen, sondern auch zum White Cube.[60] Letzterer ist in den vergangenen Jahren zunehmend in die Kritik gekommen, da die nüchterne Präsentationsweise und das sterile Raumambiente Unwohlsein hervorrufe und den Erlebnischarakter hemme.[61] Der Künstler Mark Dion kritisierte den White Cube vor allem aus epistemologischer Perspektive: *I have no more questions for white walls!*[62]
Neben einem attraktiven Display und vielfältigen Interpretationsebenen bietet das Modell Kunstkammer eine Reflexionsbasis für die Institutionen- bzw. Sammlungsgeschichte der Museen und Ausstellungsbetriebe selbst. In einigen Fällen ist zu beobachten, dass Kunstkammern im Zuge von Jubiläen entstehen, die Anlass für eine Retrospektive und damit verbundene Einrichtung einer Kunstkammer geben, so z. B. bei den vorgestellten Ausstellungen wie in Berlin 1930, in Dresden 1960, in Kremsmünster 1962 oder in Salzburg 1974. In diesem Zusammenhang wurde die Kunstkammer jeweils als Keimzelle der Sammlungen bzw. Institutionen herausgestellt, wodurch sie zum identitätsstiftenden und historisch legitimierenden Faktor für die jeweilige Kultureinrichtung wurde. Besonders deutlich zeigt sich die Bedienung des Modells Kunstkammer unter diesen Vorzeichen am Beispiel der 2016 eröffneten ‚Bürgerlichen Kunstkammer' im Aachener Suermondt-Ludwig-Museum. Die in diese Kunstkammer-Inszenierung eingebundenen Exponate stammen aus Aachener bürgerlichen Sammlungen des 19. Jahrhunderts, die den Grundstock des Museums bildeten. Zwar beinhalteten diese Sammlungen auch kunstkammertypische Objekte, eine direkte Verbindung zwischen Museum und frühneuzeitlicher Kunstkammer ist jedoch nicht gegeben.

6 Ausblick: Die Kunstkammer 3.0

Seit der Jahrtausendwende geraten zunehmend strukturelle Parallelen in der Informationsvernetzung zwischen der Kunstkammer und dem Internet in den Fokus, die sich mitunter auf die Aspekte der Assoziation und Informationsvernetzung beziehen.[63] Auch die eingangs skizzierten Trends in sozialen Netzwerken, bei denen

ments, Diskussionen, hrsg. von Hans Dieter Huber/ Hubert Locher/ Karin Schulte, Ostfildern-Ruit 2002, S. 281–296, insbesondere S. 284, 288.

60 Zum White Cube vgl. z. B. Brian O'Doherty: In der weißen Zelle. Aus dem Amerikanischen von Wolfgang Kemp, Berlin 1996 (1976).

61 Vgl. Holger Liebs: Wolke oder Wunderkammer, in: Monopol, Magazin für Kunst und Leben 7 (2007); Christian Müller-Straten: Museologische Bemerkungen zu farbigen Innenwänden und Ausleuchtung von Museen, in: Museum aktuell 153 (2008), S. 14–20.

62 Mark Dion/ Alex Coles: Interview: Fieldwork and the Natural History Museum, in: The optic of Walter Benjamin, hrsg. von Alex Coles, London 1999, S. 38–55, hier S. 46.

63 Vgl. z. B. Kai Uwe Hemken: Das entfesselte Wissen. Die Idee der Kunst- und Wunderkammer im „Zeitalter des Digitalen", in: Palast des Wissens. Die Kunst- und Wunderkammer Zar Peters des Großen, hrsg. von Brigitte Buberl/ Michael Dückershoff, München 2003, Bd. 2, S. 284–291, Stephan Brakensiek: wunderkammer.internet. Der Versuch der virtuellen Welterschließung im Wis-

Objekte und Inszenierungen über Hashtags miteinander verbunden werden, bilden eine konkrete Form dieser assoziativen Informationsvernetzung am Beispiel der Kunstkammer selbst. Technologien des Semantic Web[64] ermöglichen es heute, Daten im Netz mit Bedeutung zu versehen und sie global miteinander in Beziehung zu setzen. Auf diese Weise entstehen große Informationsnetzwerke, die es erlauben, vielseitige Bezüge und Perspektiven zwischen bzw. auf Information herzustellen. Damit wird die Idee des Universalgelehrten Athanasius Kircher (1602–1680) ins digitale 21. Jahrhundert transferiert, der die Auffassung vertrat, dass alles durch geheime Knoten miteinander verbunden sei. Semantic Web-Technologien kommen aktuell in verschiedenen Forschungsprojekten zum Einsatz, bei denen Sammlungen den zentralen Gegenstand bilden. So beispielsweise im Projekt ‚Objekte im Netz'[65], bei dem die Sammlungen der Friedrich-Alexander-Universität Erlangen-Nürnberg digital erschlossen und auf Basis gemeinsamer Merkmale und Kriterien miteinander in Beziehung gesetzt werden. Im Projekt ‚Das Fenster zur Natur und Kunst – eine historisch-kritische Aufarbeitung der Brandenburgisch-Preußischen Kunstkammer' werden diese Technologien sogar auf eine historische Kunstkammer angewandt. Auf Basis der virtuellen Forschungs- und Dokumentationsumgebung WissKI[66] und dem Conceptual Reference Model des ICOM CIDOC[67] werden die Informationen zu den Objekten aus der Berliner Kunstkammer auf Basis historischer Quellen hinsichtlich ihrer Bedeutung, Bewertung, Präsentation, Einordnung in die Sammlungssystematik und Vermittlung tiefenerschlossen und miteinander vernetzt.[68] Auf diese Weise können komplexe Beziehungen innerhalb der Sammlung abgebildet sowie Veränderungen in der Sammlungspraxis und -logik nachvollzogen werden. Damit wird das Prinzip Kunstkammer auch konzeptuell unter Anwendung digitaler Technologien realisiert und eine neue Ausprägungsformen – die virtuelle – eingeführt.

---

sensraum „Sammlung" und „Computernetz": Überlegungen zur Verwandtschaft des assoziativen Zugriffs auf Bilder einst und jetzt, in: Kritische Berichte 34,2 (2006), S. 5–16, oder Maria L. Felixmüller: Produktive Unordnung. Metamorphosen der Wunderkammer bei Aby M. Warburg und im Internet, Springe 2018.

64 https://www.w3.org/standards/semanticweb/ [31.5.2020].

65 Das Projekt fand zwischen 2017 und 2020 statt und bildete den Grundstein für die weitere Erschließung und Digitalisierung der Sammlungen der Friedrich-Alexander-Universität Erlangen-Nürnberg. Projektseite: http://objekte-im-netz.fau.de/projekt/ [31.5.2020].

66 http://wiss-ki.eu/ [31.5.2020].

67 http://www.cidoc-crm.org/ [31.5.2020].

68 Das DFG-Projekt läuft seit 2018 und findet in Kooperation zwischen der Humboldt-Universität zu Berlin, den Staatlichen Museen zu Berlin und dem Museum für Naturkunde Berlin statt. Zur virtuellen Forschungsumgebung und Datenmodellierung vgl. Sarah Wagner: Unsichtbares sichtbar machen. Semantische Modellierung interpretativer Vorgänge am Beispiel der historischen Bestandsaufnahme der Brandenburgisch-Preußischen Kunstkammern, in: DHd 2020 Spielräume. Digital Humanities zwischen Modellierung und Interpretation, hrsg. von Christof Schöch, Paderborn 2020, Konferenzabstracts, S. 238–240 (https://doi.org/10.5281/zenodo.3666690; 5.10.2020).

Anhang: Katalog der Merkwürdigkeiten in der Stadtbibliothek

von Christine Sauer

Vorbemerkung

Die für die Stadtbibliothek an verschiedenen Stellen bezeugten, nur teilweise erhaltenen rund 170 Memorabilien werden im Folgenden möglichst vollständig aufgelistet. Bei der Darbietung kann sich auf keine historisch verbürgte Ordnung gestützt werden, deshalb ist sie an gängige Kunstkammereinteilungen wie *antiquitates, naturalia, exotica, artificia* und *scientifica* angelehnt und um die diesen Gruppen nicht zuordenbaren Reformationsmemorabilien erweitert. Da ein Großteil der Gegenstände nicht erhalten ist, sind wo immer möglich Objekte von gleicher Art oder identischer Aufstellung zusammengefasst, so dass die Zahl der Katalognummern von der Gesamtzahl der Memorabilien deutlich abweicht. Soweit bekannt, werden der gegenwärtige Aufbewahrungsort, die Ersterwähnung in der Literatur über die Stadtbibliothek, Nachweise historischer Abbildungen, Angaben zum Erwerb und die ehemaligen Standorte in den Bibliotheksräumen im Dominikanerkloster angeführt. Einen unbekannten Verbleib deutet das Stichwort „verschollen" an. Grenzfälle sind die von den Besuchern in einem Zug mit den Memorabilien immer wieder erwähnten Bücher: In das Verzeichnis wurden nur die Drucke und Handschriften aufgenommen, die Teil eines Ensembles mit anderen Gegenständen waren oder die einen Objektcharakter hatten (z. B. Kat. 3.12, 4.7, 8.4–8.10, 10, 12.4, 13, 17.1, 23.2–23.3, 31). Ausgeklammert bleiben trotz häufiger Erwähnungen das kolorierte Exemplar des ‚Hortus Eystettensis' (StadtBN, Solg. 1797.2°), zwei Druckmanuskripte des Philipp Melanchthon (StadtBN, Cent. V, App. 21–22), ein für sein angebliches Alter hochgeschätztes griechisches Evangelistar (StadtBN, Cent. V, App. 43b) sowie Widmungsexemplare des Octavius de Strada (1550–1612) mit Herrscherbildern und Impresen in Serien (StadtBN, Cent. V, App. 23–25). Ausführliche Beschreibungen der Memorabilien mit Abbildungen und Literaturnachweisen werden voraussichtlich ab 2021 in der virtuellen Rekonstruktion der Memorabiliensammlung der Stadtbibliothek zu finden sein (stadtbibliothek.nuernberg.de).

Antiquitates (Kat. 1–2)

Alltags- und Kultgegenstände aus der Antike waren bei Sammlern begehrt. Auch die 1538/43 gegründete Stadtbibliothek wartete bereits 1643 mit einem kleinen Bestand an antiken Gefäßen auf. Die beiden nur spärlich dekorierten Öllampen aus Ton konnten in der Qualität mit den im Ansehen höherstehenden, mit Figurenschmuck versehenen Exemplaren in vielen anderen Wunderkammern nicht mithalten; um so mehr Interesse erregten Lesung und Deutung der eingestempelten Inschriften am Boden. Dabei handelt es sich wahrscheinlich um Namensstempel der Produzenten, mit denen die in den ersten drei Jahrhunderten nach Christi Geburt in Massen hergestellten Firmalampen versehen wurden (Kat. 2). Eine kleine Sensation sind dagegen die beiden Gefäße mit unteritalischer Vasenmalerei (Kat. 1): Im frühen 17. Jahrhundert findet sich kaum eine andere Kunstkammer im deutschsprachigen Raum mit vergleichbaren Artefakten. Die allen vier Gefäßen zugesprochene kultische Bedeutung stellte sie im Ansehen der Sammler über reine Alltagsgegenstände.

1 Zwei Gefäße in rotfiguriger Vasenmalerei

1.1 Lekanis (Schüssel mit Deckel)

Unteritalien, 4. Jahrhundert v. Chr. (vermutlich zweite Hälfte)
Verschollen; Ersterwähnung Saubert: Historia 1643, S. 84; Abb. Leibnitz: Memorabilia 1674, Frontispiz von Johann Alexander Boener (Abb. 1.1, 2.7) und S. 13f., 31f. mit Taf. zu S. 13, oben (Abb. 2.8)
Aufbewahrt im Naturalienschrank im zweiten Kreuzgangflügel

1.2 Oinochoe (Kanne)

Unteritalien, 4. Jahrhundert v. Chr. (vermutlich zweite Hälfte)
Verschollen; Ersterwähnung Saubert: Historia 1643, S. 84; Abb. Leibnitz: Memorabilia 1674, Frontispiz von Johann Alexander Boener (Abb. 1.1, 2.7) und S. 13f., 31f. mit Taf. zu S. 13, unten (Abb. 2.8)
Aufbewahrt im Naturalienschrank im zweiten Kreuzgangflügel

2 Zwei römische Öllampen aus Ton

2.1 Öllampe mit Stempel EXOFIVSTI

Italien, 1.–3. Jahrhundert n. Chr. (?)
Verschollen; Ersterwähnung und Abb. Leibnitz: Memorabilia 1674, Frontispiz von Johann Alexander Boener (Abb. 1.1, 2.7) und S. 14, 33f. mit Taf. zu S. 14, oben (Abb. 2.9)
Aufbewahrt im Naturalienschrank im zweiten Kreuzgangflügel

2.2 Öllampe mit Stempel LVCIM

Italien, 1.–3. Jahrhundert n. Chr. (?)
Verschollen; Ersterwähnung und Abb. Leibnitz: Memorabilia 1674, Frontispiz von Johann Alexander Boener (Abb. 1.1, 2.7) und S. 14, 33f. mit Taf. zu S. 14, unten (Abb. 2.9)
Aufbewahrt im Naturalienschrank im zweiten Kreuzgangflügel

Naturalia (Kat. 3–8)

Wie die Antiquitäten zählten die Naturalien zu den ältesten und wichtigsten Komplexen innerhalb der Memorabiliensammlung der Stadtbibliothek; mehrere Schwerpunkte lassen sich unterscheiden. Einen Kernbestand bildeten Tier- und Menschenskelette aus dem Besitz des Stadtarztes und Anatomen Volcher Coiter (1534–1576), die zusammen mit dem hölzernen Modell eines Mannes mit Knochen und Muskeln (Écorché) wohl aus dessen Nachlass vom Rat übernommen und in die Stadtbibliothek transferiert worden waren (Kat. 3.1). Als für die unter Platznot leidende Büchersammlung 1624/26 das Obergeschoss des Kreuzgangs im Dominikanerkloster ausgebaut wurde, ist das im westlichen Umgang in der Raummitte aufgestellte, für die medizinische Literatur vorgesehene Regal mit einem Schrank ausgestattet worden, dessen Holztüren sich gegen die Fensterseite zur Burgstraße öffneten. Bereits 1627 bereicherte eine erste Schenkung diese Sammlung (Kat. 3.2). Im von Johann Alexander Boener (1647–1720) entworfenen Frontispiz zur 1674 gedruckten Beschreibung der Memorabiliensammlung von Johann Jacob Leibnitz ist die räumliche Situation bei geöffnetem Schrank dokumentiert (Abb. 2.7). Auf drei Regalböden standen antike Gefäße (Kat. 1–2), Skelette, ein ausgestopftes Tier, Missbildungen und Konkremente (Kat. 4) dichtgedrängt und ohne erkennbare Ordnung. In Holzkisten an die gegenüberliegende Fensterwand waren weitere menschliche und tierische Knochenpräparate ausquartiert worden, die aufgrund ihrer Größe keinen Platz im Schrank gefunden hatten. Vielleicht 1774, sicher aber zwischen 1730 und 1778, sind die Skelette abgezogen und an das Anatomische Theater im ehemaligen Katharinenkloster überwiesen worden. Es verblieben in der Bibliothek nur einige wenige Naturalien, darunter als häufig bemerkte Bestandssegmente Missbildungen (Kat. 3.3–3.12) sowie ein wechselnder Bestand von Nieren- und Blasensteinen in Originalen, Wachs- und Holzmodellen (Kat. 4). Als im 17. und vor allem im 18. Jahrhundert im Nürnberger Umland aufgefundene versteinerte Hölzer und Wunderpflanzen zu begehrten Sammelobjekten wurden, spiegelte sich diese „Mode" auch in den Zugängen der Stadtbibliothek. Die oftmals gewichtigen Stücke mussten vor den Regalen wohl auf dem Boden platziert werden (Kat. 6). Dazu kamen einzelne botanische Beispiele wie der Stamm der Aloe, die 1726 in Nürnberg geblüht hatte, dann getrocknet und speziell präpariert vor 1730 an der Decke neben dem Regal mit den *medicina* befestigt wurde und dort 1945 verbrannte (Kat. 7). Vereinzelt erhielt die Bibliothek mineralische Substanzen zur Aufbewahrung, gesammelt aus unterschiedlichen Motiven von Liebhabern der Alchemie oder Religionsreisenden (Kat. 8). Und schließlich ergänzten Drucke, Kupferstiche oder Gemälde diese Objektsammlung, entweder wegen zusätzlicher Informationen oder als Substitute für nicht erreichbare Originale (Kat. 3.12, 4.7, 5.1). Nur anlässlich der Übergabe fand eine Drachenfälschung Erwähnung (Kat. 5.2).

3 Tier- und Menschenskelette, Missbildungen

3.1 Skelette von Menschen, Embryonen/ Kleinkindern, von Nachteule, Frosch, Schildkröte, Wiesel, Reiher, Luchs, Storch, Affe, Wolf und Adler; Schädel einer Gazelle; Knochenpräparat eines vierfüßigen Huhns, 1573 angefertigt von Georg Palma; Écorché aus Holz

Verschollen; Ersterwähnung Saubert: Historia 1643, S. 84; Abb. Leibnitz: Memorabilia 1674, S. 18f. mit Frontispiz von Johann Alexander Boener (Abb. 1.1, 2.7) und Taf. zu S. 16 (Abb. 2.10); Embryonen reproduziert in Coiter: Tabulae 1572, Taf. 1–3 (Abb. 2.13), vierfüßiges Huhn in Coiter: Explicationes 1575, Tab. III (Abb. 2.12); Écorché im Porträt Volcher Coiters (Abb. 2.51)
Erworben wahrscheinlich aus dem Nachlass Volcher Coiters, nach 1577
Aufbewahrt bis 1730/1778 im Naturalienschrank im zweiten Kreuzgangflügel

3.2 Skelett eines Eichhörnchens in Holzkasten

Verschollen; Ersterwähnung Leibnitz: Memorabilia 1674, S. 19
Geschenk von Christoph Girschner (1552–1629), 9. Oktober 1627 (StadtBN, AK. 1, f. 11v)
Aufbewahrt im Naturalienschrank im zweiten Kreuzgangflügel

3.3 Hörner einer Kuh, die in ihrer Materialität einem Hirschgeweih glichen, 1564 datiert

Verschollen; Ersterwähnung und Abb. Leibnitz: Memorabilia 1674, S. 18 mit Titelkupfer von Johann Alexander Boener (Abb. 1.1, 2.7) und Taf. zu S. 16 (Abb. 2.10)
Wahrscheinlich Geschenk von Heinrich Mülich (Mülegg), 7. Mai 1639 (StadtBN, AK. 1, f. 24v)
Aufbewahrt im Naturalienschrank im zweiten Kreuzgangflügel

3.4 Ein von einem Hahn gelegtes Ei, 1661 datiert

Verschollen; Ersterwähnung und Abb. Leibnitz: Memorabilia 1674, S. 18 mit Taf. zu S. 16 (Abb. 2.10)
Aufbewahrt im Naturalienschrank im zweiten Kreuzgangflügel

3.5–3.7 Gehörnter menschlicher Schädel, Schädel eines Schweden von besonderer Härte, Schädel eines Deutschen

Verschollen; Ersterwähnung und Abb. Leibnitz: Memorabilia 1674, S. 18 mit Titelkupfer von Johann Alexander Boener (Abb. 1.1, 2.7) und Taf. zu S. 16 (Abb. 2.10)
Aufbewahrt im Naturalienschrank im zweiten Kreuzgangflügel

3.8 Schwarz verfärbter Schädel

Verschollen; Ersterwähnung Keyssler: Neueste Reise 1741, S. 1191

3.9–3.11 Junger Haifisch und Panzer von einer größeren und einer kleineren Riesenschildkröte

Verschollen; Ersterwähnung Murr: Beschreibung 1778, S. 297
Aufbewahrt im zweiten Kreuzgangflügel

3.12 Zwei Kupferstiche mit Missbildungen eines Menschen bzw. eines Kalbs

Verschollen; Ersterwähnung Murr: Memorabilia 1786, S. 11
Aufbewahrt im Naturalienschrank im zweiten Kreuzgangflügel

4 Wunderwerke der Natur – Grausame Pein des Menschen: Konkremente

4.1 Wachsmodell des figurierten Blasensteins von Philipp Emanuel de Lorraine, Duc de Mercœur, gestorben 1602 in Nürnberg

Verschollen; Ersterwähnung und Abb. Leibnitz: Memorabilia 1674, S. 15f. mit Taf. bei S. 16 (Abb. 2.10)
Aufbewahrt im Naturalienschrank im zweiten Kreuzgangflügel

4.2 Blasensteine von einem fünfjährigen Mädchen und einem vierzehnjährigen Jungen, 1641

Verschollen; Ersterwähnung Saubert: Historia 1643, S. 84

4.3 Wachsmodell des Blasensteins von Johannes Saubert, 1646

Verschollen; Ersterwähnung Leibnitz: Memorabilia 1674, S. 16; Abb. Dilherr: Abbildung [1647], Weber: Leichpredigt 1647, S. 39 (Abb. 2.11)
Ein Exemplar (bemaltes Wachs um Metallstab, Nürnberg, 1646–1656/59) erhalten in Gotha, Schloss Friedenstein, Museum der Natur
Aufbewahrt im Naturalienschrank im zweiten Kreuzgangflügel

4.4 Holzmodell des Blasensteins von Georg Maier, entnommen am 7. November 1648 in Stockholm, aufbewahrt in einem silbernen Kästchen

Verschollen; Ersterwähnung und Abb. Leibnitz: Memorabilia 1674, S. 16 mit Taf. zu S. 16 (Abb. 2.10)
Aufbewahrt im Naturalienschrank im zweiten Kreuzgangflügel

4.5 Blasenstein eines Hundes

Verschollen; Ersterwähnung und Abb. Leibnitz: Memorabilia 1674, S. 16 mit Taf. zu S. 16 (Abb. 2.10)
Aufbewahrt im Naturalienschrank im zweiten Kreuzgangflügel

4.6 Konkrement, abgegangen ex posteriora *bei einer Frau aus der Schweiz*

Verschollen; Ersterwähnung Keyssler: Neueste Reise 1741, S. 1191

4.7 Bei den Blasensteinen liegender Druck zur Steingeburt

Sigismundus Rex: Lithogenesias humanae specimen binis epistolis ad illustrem Anglorum societatem Regiam discussum, Bern 1689 (http://mdz-nbn-resolving.de/urn:nbn:de:bvb:12-bsb11270253-0, 13.11.2020)
Verschollen; Ersterwähnung bei Murr: Memorabilia 1786, S. 11
Aufbewahrt im Naturalienschrank im zweiten Kreuzgangflügel

5 Einhorn und Drache

5.1 Gemälde von einem Horn des Einhorns

Verschollen; zur Ersterwähnung 1658 s. Bock: Bibliotheksbesuch 1952, S. 220
Aufbewahrt im zweiten Kreuzgangflügel

5.2 Maulwurf, präpariert und in die Gestalt eines Drachens oder Lindwurms gebracht

Verschollen
Geschenk von Andreas Georg Paumgärtner (1613–1686), 1. August 1677 (StadtBN, AK. 1, f. 102v)

6 Versteinerte Hölzer und Wunderpflanzen

6.1 Versteinerter Birnbaumstamm

Verschollen; Ersterwähnung Leibnitz: Memorabilia 1674, S. 16f.
Aufbewahrt im zweiten Kreuzgangflügel

6.2 Versteinertes Holz aus dem Main bei Kulmbach

Verschollen; Ersterwähnung Keyssler: Neueste Reise 1741, S. 1190
Aufbewahrt im zweiten Kreuzgangflügel

6.3 Versteinerter Stamm einer Linde, gefunden bei Burgfarrnbach

Verschollen; Ersterwähnung Keyssler: Neueste Reise 1741, S. 1190
Aufbewahrt im zweiten Kreuzgangflügel

6.4 Versteinertes Holz

Verschollen
Geschenk von Daniel Eißler (um 1642–1718/20), 31. März 1690 (StadtBN, AK. 1, f. 118r)

6.5 Versteinertes Holz aus einem Garten bei Oberfürberg

Verschollen
Geschenk von Susanna Spielberger, 18. Dezember 1714 (StadtBN, AK. 1, f.131v)
Aufbewahrt im zweiten Kreuzgangflügel

6.6 Wunderzeichen im gespaltenen Stamm einer 1713 bei Schnaittach gefällten Buche

Verschollen; Ersterwähnung und Abb. Ranner: Beschreibung 1821, S. 48–52 (Abb. 2.37)

6.7 Ähre, gewachsen auf der rechten Achsel einer zum Einzug Karls VI. am 15. Januar 1712 angefertigten Holzstatue

Verschollen; Ersterwähnung Keyssler: Neueste Reise 1741, S. 1191

7 Stamm der Aloe (Agave americana) mit 39 Verzweigungen, die im Volkamerschen Garten 1726 geblüht hatte

1945 verbrannt; Ersterwähnung Keyssler: Neueste Reise 1741, S. 1191; Abb. der blühenden Aloe Puschner: Aloe Americana [1726] (Abb. 2.38); Trew: Beschreibung 1727; Abb. des Bibliotheksraums mit Stamm in einer 1929 entstandenen Fotografie (Abb. 2.39)

Befestigt an der Decke des zweiten Kreuzgangflügels

8 Gesteine und Metalle aus fernen und unzugänglichen Regionen für alchemistische Forschungen und Andachtsübungen

8.1 Kästchen mit Materialproben von diversen loca sancta

Verschollen; Ersterwähnung Leibnitz: Memorabilia 1674, S. 14f., 35f.
Geschenk von Johann Michael Mendlein (1642–1695), wohl nach 1663 (vgl. StadtBN, Will. III. 487.4°)
Aufbewahrt im Naturalienschrank im zweiten Kreuzgangflügel

8.2 Gefäß, angefertigt aus einem auf der Insel Malta gewonnenen Ton, das durch Abstoßen oder Zerbrechen eine eingefüllte Flüssigkeit als Gift anzeigte

Verschollen; Ersterwähnung bei einer Bibliotheksführung 1654, dazu Karp: Stadträume 2020, S. 105f.

8.3 Fässchen mit dem Volumen von rund einem halben Nürnberger Eimer (ca. 36 l) mit einer in einem ungarischen Bergwerk aufgefundenen Substanz, bei der es sich um den Stein der Weisen gehandelt haben soll

Verschollen
Geschenk von Heinrich Nicolai, 7. August 1689 (StadtBN, AK. 1, f. 117r)
Aufgestellt im vierten Kreuzgangflügel

8.4–8.10 Sieben Handschriften des Heinrich Nicolai mit Exzerpten aus alchemistischen Texten und Rezeptsammlungen

StadtBN, Cent. VI, 40, 41, 42, 43a(1–4)
Geschenk von Heinrich Nicolai, nach dem 7. August 1689 (StadtBN, AK. 1, f. 117r)

8.11 Schale, hergestellt durch Zementation in Neusohl oder Herrengrund

Neusohl (Banská Bystrica) oder Herrengrund (Špania Dolina), vor 1730
Verschollen; Ersterwähnung Keyssler: Neueste Reise 1741, S. 1190

Rara, ethnographica, exotica (Kat. 9–13)

Für die wenigen in Europa ausgestellten Kultgegenstände aus Amerika oder China verwendete der Altdorfer Professor Christoph Molitor (1627–1674) im Vorwort zur 1674 veröffentlichten Beschreibung der Memorabiliensammlung der Stadtbibliothek den Begriff *rara*. Solche auch als *exotica* oder *ethnographica* bezeichneten Zeugnisse für Religion und Kultur anderer Völker gehörten in jede wohlsortierte Kunstkammer. Auf die extreme Seltenheit, mit der *Americana* im 16. und 17. Jahrhundert nach Europa gelangten, verweist die Tatsache, dass sich kaum 80 solcher Gegenstände erhalten haben. Ein solches Objekt – heute das wohl bekannteste Artefakt aus der ehemaligen Memorabiliensammlung der Stadtbibliothek – beschrieb erstmals um 1660/62 der Theologe und Stadtbibliothekar Johann Michael Dilherr (1604–1669, Stadtbibliothekar seit 1646). Er identifizierte eine wohl in Mittelamerika entstandene affenartige Figur mit einem als Spiegel benutzten, polierten Pyritklumpen auf dem

Rücken als Darstellung des aztekischen Kriegs- und Sonnengottes Huitzilopochtli oder Vitzliputzli (Kat. 9). Als Türkenbeute erhielt die Stadtbibliothek im späten 17. Jahrhundert Priestergewänder, Amulette und Handschriften, an denen zum Teil noch Blut klebte (Kat. 12–13). Neben Zeugnissen des muslimischen Glaubens befand sich in der Memorabiliensammlung auch ein Reliquienschrein, der aus Sicht der protestantischen Reichsstadt die verfehlte Heiligenverehrung der römisch-katholischen Kirche repräsentierte (Kat. 11). Extrem selten und deshalb bei europäischen Sammlern begehrt waren chinesische Druckerzeugnisse, die vor allem von Missionaren des Jesuitenordens aus dem kaum zugänglichen Kaiserreich geschmuggelt wurden; auch die Stadtbibliothek konnte bereits 1674 ein solches Exemplar vorweisen (Kat. 10.1). Aus unbekannter Quelle kam dazu im 18. Jahrhundert ein wohl in Verbindung mit der Dänisch-Halleschen Mission aus Tamil Nadu in Südostindien nach Europa gelangtes Palmblatt(buch) mit malabarischer Schrift (Kat. 10.2).

9 Mesoamerikanische Statuette, genannt Vitzliputzli

Mittelamerika (?), wohl 13.–15. oder 16. Jahrhundert
Silber, vergoldet, Pyrit, Perle
Höhe: 7,5 cm, Breite: 6 cm, Tiefe: 6,5 cm
Museen der Stadt Nürnberg, Kunstsammlungen, Pl.O. 1248 (Abb. 2.16)
Ersterwähnung mit Abb. Dilherr: Propheten-Schul [1662], S. 469f. mit Taf. 7 (Abb. 2.22); Abb. Leibnitz: Memorabilia 1674, Taf. zu S. 20/22 (Abb. 2.14)
1674 aufbewahrt in einem Schrank im vierten Kreuzgangflügel, dann im 18. Jahrhundert umgestellt in den Naturalienschrank im zweiten Kreuzgangflügel

10 Ein chinesischer Druck und ein malabarisches Palmblatt

10.1 Chinesischer Druck, Fragment, Anfang und Schluss fehlen

China, vor 1674
Papier, 224 S. und 4 Beilagen
27,5 x 16 cm
StadtBN, Cent. V, App. 34b (Abb. 2.17)
Ersterwähnung Leibnitz: Memorabilia 1674, S. 21
1674 aufbewahrt in einem Schrank im vierten Kreuzgangflügel

10.2 Malabarisches Palmblatt(buch)

Südostindien (?)
Verschollen; Ersterwähnung Murr: Memorabilia 1786, S. 10
Aufbewahrt im Naturalienschrank im zweiten Kreuzgangflügel

11 Reliquienschrein wohl aus der 1553 abgebrochenen Sebastiankapelle

Nürnberg, um 1510 oder 1645
Korpus Eichenholz mit farbiger Fassung, Applikationen Silberblech; Architekturteile Kupfer- und Messingguss, zumeist vergoldet
Höhe: 63,5 cm; Breite: 141 cm; Tiefe: 40,5 cm
Nürnberg, GNM, Pl.O. 3486 (Leihgabe Kunstsammlungen der Stadt Nürnberg) (Abb. 2.15)
Ersterwähnung mit Abb. Leibnitz: Memorabilia 1674, S. 20 mit Taf. zu S. 20 (Abb. 2.14)
Geschenk des Ratsherrn Lukas Friedrich Behaim von Schwarzbach (1587–1648, Kirchenpfleger seit 1643), 1645 (Leibnitz: Memorabilia 1674, S. 20)
1674 aufbewahrt im dritten, später im vierten Kreuzgangflügel

12 Kriegstrophäen aus einem grünen Zelt, das angeblich nur von den Nachfahren Mohammeds betreten werden durfte, erbeutet beim Entsatz von Wien 1683

Geschenk des Reichsfeldmarschalls Markgraf Ludwig Wilhelm von Baden-Baden (1655–1707), genannt der Türkenlouis; der Empfänger, der Arzt (?) Johann Jakob Kühn, übergab dieses am 18./19. Oktober 1683 dem Rat der Stadt Nürnberg gegen eine Verehrung (StadtBN, AK. 1, f. 109v)

12.1 Untergewand

Osmanisch, 17. Jahrhundert
Cremeweißes Seidengewebe, Länge: 134 cm
Nürnberg, GNM, T7340 (Leihgabe Kunstsammlungen der Stadt Nürnberg) (Abb. 2.41)
Aufbewahrt in einer roten Schachtel im Naturalienschrank im zweiten Kreuzgangflügel

12.2 Obergewand

Osmanisch, 17. Jahrhundert
Weißes Leinen mit bunter Seidenstickerei, Länge x Breite: 101 x 126 cm
Nürnberg, GNM, T7341 (Leihgabe Kunstsammlungen der Stadt Nürnberg) (Abb. 2.42)
Aufbewahrt in einer roten Schachtel im Naturalienschrank im zweiten Kreuzgangflügel

12.3 Zwei Amulette in einem Säckchen

Verschollen
Aufbewahrt in einer roten Schachtel im Naturalienschrank im zweiten Kreuzgangflügel

12.4 Koranhandschrift

1683 erwähnt und kurz beschrieben bei Murr: Memorabilia 1786, S. 29; 1801 von der französischen Besatzung eingefordert (heute Bibliothèque Nationale de France, Paris?)

13 Eine Handschrift mit Blutspritzern, erbeutet bei der Rückeroberung von Neuhäusel 1685

Abū Dschaʿfar Muhammad ibn Dscharīr at-Tabarī (839–923): Annalen in türkischer Übersetzung, Teil 1, Schluss fehlt
Osmanisches Reich, vor 1685
Handschrift, Papier, 559 S., 28 x 20,5 cm
StadtBN, Cent. V, App. 52 (Abb. 2.57)

Geschenk von Gabriel Nützel (1624–1687, Kirchenpfleger von 1677–1686), Januar 1686 (StadtBN, AK. 1, f. 114r und Schenkungsnotiz in der Handschrift auf f. IIv)

Reformationsmemorabilien (Kat. 14–17)

Relikte von Protagonisten der Reformation haben sich an vielen Orten und in vielen Kunst- und Wunderkammern erhalten; sie bilden eigentlich keine eigene Kategorie, sollen aber aufgrund der prominenten Rolle in der Bibliothek der protestantischen Reichsstadt Nürnberg gesondert ausgewiesen werden.
Bereits zu Lebzeiten von Martin Luther und Philipp Melanchthon lässt sich das Interesse der Zeitgenossen an Memorabilien der beiden Reformatoren fassen. Aus ihren letzten Lebensjahren sind zahllose Ersuche um eigenhändige Einträge in Büchern

belegt und Hunderte solcher Inskriptionen erhalten. Die Nachfragen bezeugen eine sich verändernde Wertschätzung von Schrift: Handgeschriebenes erhielt in dieser Zeit den Status von einem authentischen Zeugnis einer Persönlichkeit. Das neue Ansehen von Handschriftlichem bildete die Grundlage für die später aufblühende Stammbuchkultur und das bis heute fortdauernde Sammeln von Autographen.

Bereits in den 1630er-Jahren entstand in der Stadtbibliothek eine kleine Sammlung mit Autographen von Personen, die an der Einführung der Reformation in Nürnberg beteiligt gewesen waren; dazu kamen Schriftzeugnisse von Gelehrten und Schriftstellern sowie kalligraphisch gestaltete Dokumente wie ein türkischer Pass oder ein Schreibmeisterblatt Johann Neudörffers (1497–1563) (Kat. 16.1). Grundstock für diese auf Betreiben des Bibliothekars Johannes Saubert (1597–1643, Stadtbibliothekar seit 1637) ausgebaute Kollektion bildete ein mit eigenhändigen Unterschriften von Martin Luther und Philipp Melanchthon versehenes, 1533 ausgestelltes Gutachten, das in einem auf dem Trödelmarkt erworbenen Buch gefunden und 1637 der Bibliothek überreicht worden war. Der für die Aufbewahrung dieses Bestandes genutzte Holzkasten mit Schiebedeckel ist noch heute erhalten. In den 1670er-Jahren erweiterten diesen Bestand acht Schreibtafeln von Johann Friedrich I., Kurfürst von Sachsen (1503–1554), mit Mitschriften von Predigten Martin Luthers (Kat. 16.4) sowie eines der vielen von Martin Luther als Gastgeschenk vergebenen Trinkgläser (Kat. 14). Erst 1721 gelangte ein Käppchen aus schwarzem Atlas hinzu, das Martin Luther 1530 während seines Aufenthaltes auf der Veste Coburg getragen haben soll (Kat. 15). Als Bestätigungen des protestantischen Glaubens können sodann noch zwei Gegenstände bezeichnet werden, die Feuerproben unbeschadet überstanden hatten: Dazu zählten eine Lutherbibel, die aus der Ruine des 1696 niedergebrannten Egidienklosters geborgen wurde, sowie eine gemalte Kreuzigung, die aus einer beim Neutor 1654 ausgebrochenen Feuersbrunst wohl behalten hervorging (Kat. 17).

14 Trinkglas Martin Luthers mit Futteral

14a Glas

Tirol (?), um 1530/40, mit mehrmals nachträglich aufgefrischten Malereien
Höhe: 10,2 cm, Durchmesser: 10,4 cm

14b Zugehöriges Futteral

Gedrechseltes und bemaltes Holz
Höhe: 15,8 cm, Durchmesser: 13 cm
Nürnberg, GNM, GI 206a und 206b (Leihgabe Kunstsammlungen der Stadt Nürnberg) (Abb. 2.19)
Ersterwähnung mit Abb. Leibnitz: Memorabilia 1674, S. 22f. mit Taf. zu S. 22 (Abb. 2.18)

Der Stadtbibliothek vermacht von Johann Münck d. J. (1616–1672), übergeben von Johann Christoph Stoy († 1708) am 31. März 1672 (StadtBN, AK. 1, f. 98v)
1674 aufbewahrt in einem Schrank im vierten Kreuzgangflügel, dann im 18. Jahrhundert umgestellt in den Naturalienschrank im zweiten Kreuzgangflügel

15 Käppchen, 1530 getragen von Martin Luther auf der Veste Coburg

Schwarzer Atlas, vor 1530 (?)
Verschollen; Ersterwähnung Murr: Memorabilia 1786, S. 10
Geschenk von Johann Gottlieb Wilhelm Rößler (1682–1734), 24. September 1721 (Ranner: Beschreibung 1821, S. 23 und 45)
Aufbewahrt im Naturalienschrank im zweiten Kreuzgangflügel

16 Grapho-Relikte: Autographen berühmter Personen mit Schwerpunkt Reformation

16.1 Briefsammlung in 18 Umschlägen (nach 1786 erweitert auf 42 Umschläge), aufbewahrt in einem hölzernen Kasten mit Schiebedeckel

Holzkasten: Länge: 43,3 cm, Breite: 30,5 cm, Höhe: 12,5cm
StadtBN, Cent. V, App. 34m (Abb. 2.56)
Geschenke von Michael Weber, Wolfgang Jakob Pömer (1590–1655), Johann Hieronymus I. Imhof (1595–1663), Johannes Saubert (1592–1646, Stadtbibliothekar seit 1637) und Johann Michael Dilherr (1604–1669, Stadtbibliothekar seit 1646), 1638ff. (StadtBN, AK. 1, f. 24r–25v)

16.2 Acht hölzerne Schreibtafeln mit Mitschriften von Predigten Martin Luthers in Bleistift von der Hand Johann Friedrichs I., Kurfürst von Sachsen (1503–1554)

Verschollen; Ersterwähnung Leibnitz: Memorabilia 1674, S. 21, 43
Geschenk des Kirchenpflegers Georg Sigmund Fürer (1612–1677, Kirchenpfleger seit 1666), 26. Juli 1674 (StadtBN, AK. 1, f. 100r)

17 Wunderzeichen: Einer Bibel und einer gemalten Kreuzigung kann Feuer nichts anhaben

17.1 Biblia Das ist: Die gantze heilige Schrifft Deudsch. D. Mart. Luth., Wittenberg: Zacharias Lehmann, 1588 (VD16 B 2806)

StadtBN, Cent. V, App. 57 (Abb. 2.45)
Ersterwähnung Keyssler: Neueste Reise 1741, S. 1189
Geschenk der Mutter des im Egidienkloster 1696 verbrannten Messnersjungen Andreas Bauer, 2. April 1697 (eingelegter Zettel, Abb. 2.46)

17.2 Kreuzigung Christi, unversehrt aus einem am 21. März 1654 in der Gaststätte Zum Schwarzen Kreuz beim Neutor ausgebrochenen Feuer geborgen

Geschenk der Zirnerin (Zürnerin), Pelz- oder Rauchhändlerin, 27. Mai 1716 (StadtBN, AK. 1, f. 133v)

Artificia (Kat. 18–32)

Unter den Memorabilien der Stadtbibliothek befanden sich auch Gemälde und kunsthandwerkliche Gegenstände. Als angemessene Ergänzungen der in den Büchern vertretenen geistigen Schöpfungen von Gelehrten galten Konterfeis der Autoren. Unter den der Bibliothek anvertrauten Gemälden dominierten daher Porträts, für die sich bereits im 17. Jahrhundert eine Präsentation in Gruppen gemäß den Funktionen der Dargestellten herauskristallisierte. An der Eingangswand waren über der Tür drei Bildnisse vorreformatorischer Theologen angebracht worden, darunter ein Bildnis des Desiderius Erasmus aus der Werkstatt des Georg Pencz (um 1500–1550) (Kat. 18), während im selben Raumabschnitt, nämlich dem ersten Kreuzgangflügel mit den philosophischen Büchern, an unbekannter Stelle eine Wiedergabe des griechischen Mönches Metrophanes (1589–1639), seit 1636 Patriarch von Alexandria, präsentiert wurde (Kat. 20). Die dem Eingang gegenüberliegende Fensterwand ist als Sammelstelle für die zu verschiedenen Gelegenheiten eintreffenden Bildnisse ehemaliger Stadtbibliothekare von Künstlern wie Lorenz Strauch (1554–1630) oder Hans Rudolf von Werenfels (1629–1673) genutzt worden (Kat. 19). Zum anschließenden Umgang mit der historischen und medizinischen Literatur erwähnte Johann Jacob Leibnitz (1653–1705) bereits 1674 eine ‚Votivwand' mit Bildnissen berühmter Mediziner und Gelehrter (Kat. 21). Im selben Umgang entstand im 18. Jahrhundert eine kleine Galerie mit Porträts von Kaisern und Fürsten (Kat. 22). Für Bildnisse bedeutender Theologen wie Josephus Adjutus († 1668) oder Johannes Mathesius (1504–1565) und Nikolaus Herman († 1561) aus Joachimsthal wählte man bevorzugt den vierten Umgang mit der theologischen Literatur. Hier hingen auch eine Ikone des Moses in Halbfigur, die für ihr Alter hochgeachtet wurde, und eine Dürerfälschung (Kat. 26). So wie bei dem im dritten Umgang aufgehängten, von Johann Daniel Preißler (1666–1737) angefertigten Porträt des Jakob Wilhelm Imhof (1651–1728) verdienten einige der Dargestellten auch als Stifter von Büchern ein besonderes Gedächtnis (Kat. 25). Religiöse Bilder wurden dagegen nur vereinzelt der Stadtbibliothek übertragen (Kat. 32, vgl. Kat. 17.2). Andere Gemälde dienten als Substitute für nicht vorhandene Gegenstände (Kat. 5.1) oder dokumentierten naturhistorische Ereignisse (Kat. 60).

Die bereits im 17. Jahrhundert, zunehmend aber im 18. Jahrhundert der Stadtbibliothek zuwachsende Funktion eines Memorialortes für lokalgeschichtliche Ereignisse und für die Kunstproduktion vor Ort spiegelt sich in der Übergabe diverser gemalter und kunsthandwerklicher Erzeugnisse. So erfolgte die Versetzung des Meistersingerschreins in die Bibliothek im stolzen Bewusstsein von der auf Hans Sachs zurückgehenden, weit über die Stadt hinausreichenden Vorbildfunktion der Singschulen (Kat. 24). Unter diesem Aspekt zu betrachten sind aber auch solche für Kunstkammern typische Sammlerstücke wie wohl in Nürnberg hergestellte Kunstdrechselarbeiten, ein Dreifaltigkeitsring und Contrefaits (Kat. 28.1–2), eine Suite von Papstbildnissen auf 247 Medaillen von Caspar Gottlieb Lauffer (1674–1740) (Kat. 29) oder eine geschnitzte und farbig gefasste Tischplatte mit einer Liste der Patriarchen des Alten Testaments, deren Abschluss mit dem Apostel Petrus wohl als antipäpstliche Polemik gedacht war. Gestaltet wurde diese schematische Darbietung vom berühmtesten Schreibmeister Nürnbergs, Johann Neudörffer d. Ä. (1497–1563) (Kat. 27). Auch Frauen fanden Eingang in diese lokale Leistungsschau: Kein Besucher kam an den im dritten Umgang auf halbhohen Regalen ausliegenden Folianten vorbei, ohne die Kalligraphie der Margareta Kartäuser (1404–1489) zu bewundern: Obwohl das von der Nonne zwischen 1458 und 1470 geschriebene achtbändige Chorbuch eigentlich ein

Zeugnis der seit Einführung der Reformation in Nürnberg überwundenen römisch-katholischen Liturgie und somit unbrauchbar war, erhielt es aufgrund der meisterhaft von einer Nürnbergerin ausgeführten Schrift als Kunstwerk eine neue Funktion (Kat. 31). Das Gedächtnis einer Frau bewahrte auch das Ensemble zu Leben und Werk der Reproduktionsstecherin Susanna Maria von Sandrart (1656–1716) (Kat. 23).
Zu den bei den Besitzern von Kunstkammern beliebten Kleinigkeitsarbeiten zählten ein mit einem Hufeisen beschlagenes Ei (Kat. 28.3) sowie Mikrographien, die als Neujahrs- und Huldigungsblätter zahlreich beim Rat eingingen; als Ablieferungen an die Bibliothek wurden sie an Wänden und Regalen aufgehängt oder auf Tischen präsentiert (Kat. 30).

18 Trias vorreformatorischer Theologen über dem Eingang

18.1 Desiderius Erasmus (1466–1536)

Nürnberg, Werkstatt des Georg Pencz, 1537
Öl auf Holz
Bildmaß: 60,5 x 49 cm, Rahmenmaß: 76,5 x 65 cm
Museen der Stadt Nürnberg, Kunstsammlungen, Gm 0001 (Abb. 2.47)
Ersterwähnung Saubert: Historia 1643, S. 97
Geschenk von Christoph Fürleger d. J. († 1632, Genannter seit 1611), Juli 1628 (StadtBN, AK. 1, f. 12v); Schenkungsnotiz von Christoph Reich (1567–1632, Stadtbibliothekar seit 1616), auf der Rückseite des Gemäldes (Abb. 2.48)
Aufgehängt über der Eingangstür im ersten Kreuzgangflügel

18.2 Jan Hus (1370–1415)

Verschollen; Ersterwähnung Murr: Memorabilia 1786, S. 5
Aufgehängt über der Eingangstür im ersten Kreuzgangflügel

18.3 Johannes Tauler (um 1300–1361)

Verschollen; Ersterwähnung Murr: Memorabilia 1786, S. 5
Aufgehängt über der Eingangstür im ersten Kreuzgangflügel

19 Galerie der Stadtbibliothekare im ersten Kreuzgangflügel

19.1 Bernhard Praetorius (1567–1616, Stadtbibliothekar seit 1604)

Nürnberg, unbekannter Künstler, frühes 17. Jahrhundert
Öl auf Leinwand
Bildmaß: 83,5 x 65,5 cm
Museen der Stadt Nürnberg, Kunstsammlungen, Gm 0210 (derzeit Nürnberg, GNM, als Leihgabe Kunstsammlungen der Stadt Nürnberg) (Abb. 2.49)
Ersterwähnung Ranner: Beschreibung 1821, S. 19
Geschenk von Jakob Wilhelm Imhof (1651–1728) auf Geheiß seines Vaters, Wilhelm Imhof (1622–1690, Kirchenpfleger seit 1686), 3. September 1683 (StadtBN, AK. 1, f. 110r); Notiz auf einem auf der Rückseite des Gemäldes befestigten Zettel
Aufgehängt an einer Fensterwand im ersten Kreuzgangflügel

19.2 Christoph Reich (1567–1632, Stadtbibliothekar seit 1616)

Nürnberg, Lorenz Strauch, 1627
Öl auf Leinwand
Rahmenmaß: 88 x 76,5 cm, Bildmaß: 72 x 60,5 cm
Museen der Stadt Nürnberg, Kunstsammlungen, Gm neu 0228 (Abb. 2.50)
Ersterwähnung Murr: Memorabilia 1786, S. 5
Aufgehängt an einer Fensterwand im ersten Kreuzgangflügel

19.3 Johannes Saubert (1592–1646, Stadtbibliothekar seit 1637)
Verschollen; Ersterwähnung Murr: Memorabilia 1786, S. 5
Aufgehängt an einer Fensterwand im ersten Kreuzgangflügel

19.4 Johann Michael Dilherr (1604–1669, Stadtbibliothekar seit 1646)
Nürnberg (?), Hans Rudolf von Werenfels, um 1660
Öl auf Leinwand
Rahmenmaß: 115 x 101,5 cm, Bildmaß: 96,5 x 83 cm
Museen der Stadt Nürnberg, Kunstsammlungen, Gm neu 0254
Ersterwähnung Murr: Memorabilia 1786, S. 5
Geschenk der Testamentsexekutoren und Juristen Magnus Fetzer (1614–1692) und Christoph Gottlieb Dilherr (1625–1685) im August 1669 (StadtBN, AK. 1, f. 96r)
Aufgehängt an einer Fensterwand im ersten Kreuzgangflügel

19.5 Andreas Myhldörffer (1636–1714, Stadtbibliothekar seit 1704)
Verschollen; Ersterwähnung Murr: Memorabilia 1786, S. 5
Aufgehängt an einer Fensterwand im ersten Kreuzgangflügel

19.6 Johann Wülfer (1651–1724, Stadtbibliothekar seit 1714)
Verschollen; Ersterwähnung Murr: Memorabilia 1786, S. 5
Aufgehängt an einer Fensterwand im ersten Kreuzgangflügel

20 Porträt des Metrophanes (1589–1639), seit 1636 Patriarch von Alexandria

Nürnberg, unbekannter Künstler, 1626
Öl auf Leinwand
Bildmaß: 52,3 x 46,3 cm
Museen der Stadt Nürnberg, Gm neu 239
Ersterwähnung beim Rundgang durch die Bibliothek 1658, dazu Bock: Bibliotheksbesuch 1952, S. 219
1658 aufbewahrt im ersten Kreuzgangflügel

21 „Votivwand" mit Bildnissen von Gelehrten im zweiten Kreuzgangflügel

21.1 Volcher Coiter (1534–1576)
Nürnberg, Umkreis von Nicolas Juvenel d. Ä. oder Nicolas Neufchâtel, 1575
Öl auf Leinwand, neuaufgezogen über einer neuen Holzplatte in altem Rahmen
Rahmenmaß: 120,3 x 108 cm, Bildmaß: 101 x 88 cm
Museen der Stadt Nürnberg, Kunstsammlungen, Gm neu 0276 (Abb. 2.51)
Ersterwähnung Leibnitz: Memorabilia 1674, S. 19, 41
Wohl mit der aus dem Nachlass erworbenen Skelettsammlung in die Stadtbibliothek gelangt, bezeugt seit 1643 (Saubert: Historia 1643, S. 97)
Aufgehängt an einer Wand im zweiten Kreuzgangflügel

21.2 Georg Palma (1543–1591)
Nürnberg, Nicolas Neufchâtel (?), 1576
Öl auf Leinwand
Rahmenmaß: 111 x 98 cm, Bildmaß: 92,5 x 80 cm
Museen der Stadt Nürnberg, Kunstsammlungen, Gm neu 0275
Ersterwähnung Leibnitz: Memorabilia 1674, S. 41
Geschenk des Arztes Johann Georg Volkamer d. Ä. (1616–1693), 30. April 1672 (StadtBN, AK. 1, f. 98v)
Aufgehängt an einer Wand im zweiten Kreuzgangflügel

21.3 Theophrastus Bombast von Hohenheim (1493/4–1541), genannt Paracelsus

Unbekannter Künstler, 2. Hälfte 16. Jahrhundert
Öl auf Holz, parkettiert, schwarzer Rahmen; 1993 restauriert
Bildmaß: 37 x 29 cm
Museen der Stadt Nürnberg, Kunstsammlungen, ohne Inventar-Nummer
Ersterwähnung Murr: Memorabilia 1786, S. 6
Vielleicht mit der Privatbibliothek Georg Palmas 1592 in die Stadtbibliothek gelangt
Aufgehängt an einer Wand im zweiten Kreuzgangflügel

21.4 Martin Luther (1483–1546)

Verschollen
Ersterwähnung Saubert: Historia 1643, S. 97
Aufgehängt an einer Wand im zweiten Kreuzgangflügel

21.5 Hugo Donellus (1527–1591)

Kriegsverlust, olim Museen der Stadt Nürnberg, Kunstsammlungen, Gm 250
Ersterwähnung Saubert: Historia 1643, S. 97
Aufgehängt an einer Wand im zweiten Kreuzgangflügel

21.6 Ulrich Zasius (1461–1535, gemeint mit Philipp Zasius?)

Verschollen; Ersterwähnung Saubert: Historia 1643, S. 97
Aufgehängt an einer Wand im zweiten Kreuzgangflügel

22 Fürstenbilder im zweiten Kreuzgangflügel

22.1 Leopold I. (1640–1705)

Verschollen; bezeugt 8. September 1707 (StadtBN, AK. 1, f. 129r)
Aufgehängt an einer Wand im zweiten Kreuzgangflügel

22.2 Joseph I. (1678–1711)

Unbekannter Künstler
Öl auf Leinwand
180 x 120 cm
Museen der Stadt Nürnberg, Kunstsammlungen, Gm 0138 (?)
Ersterwähnung Murr: Memorabilia 1786, S. 6
Übergeben von Gottlieb Volckamer (1648–1709, Ratsbaumeister seit 1682), 8. September 1707 (StadtBN, AK. 1, f. 129r)
Aufgehängt an einer Wand im zweiten Kreuzgangflügel

22.3 Karl VI. (1685–1740)

Unbekannter Künstler
Museen der Stadt Nürnberg, Kunstsammlungen, Gm 0133 (?)
Ersterwähnung Murr: Memorabilia 1786, S. 6
Aufgehängt an einer Wand im zweiten Kreuzgangflügel

22.4 Prinz Eugen von Savoyen (1663–1736)

Unbekannter Künstler, vor 1711
Öl auf Leinwand
Bildmaß: 85 x 73,5 cm, Rahmenmaß: 94,5 x 83,5 cm
Museen der Stadt Nürnberg, Kunstsammlungen, Gm 0269
Übergeben vom Kirchenpfleger Christoph Fürer (1663–1723, Kirchenpfleger von 1709 bis 1718), 13. April 1711 (StadtBN, AK. 1, f. 130v)
Aufgehängt an einer Wand im zweiten Kreuzgangflügel

23 Memorialdenkmal zu Ehren von Susanna Maria von Sandrart

23.1 Susanna Maria von Sandrart (1658–1716)

Nürnberg, Johann Leonhard Hirschmann, 1700 (Rahmen nach 1716 ergänzt)
Öl auf Leinwand
Bildmaß 42 x 32,5 cm, Rahmenmaß 94,5 x 61 cm
Museen der Stadt Nürnberg, Kunstsammlungen, Gm 0103 (Abb. 2.53)
Ersterwähnung WGN Bd. 3, 1757, S. 160–164, bes. S. 162, und S. 451f., bes. S. 452
Geschenk des Ehemanns Wolfgang Moritz Endter (1653–1723), zwischen 1716 und 1723
Aufgehängt im zweiten Kreuzgangflügel

23.2 Susanna Maria von Sandrart: Klebeband mit Zeichnungen, Kupferstichen, Radierungen und Texten

Nürnberg, angelegt nach 1695, gebunden 1713–1716
Nürnberg, GNM, Bibliothek, St. N. 237 (Leihgabe Kunstsammlungen der Stadt Nürnberg)
Ersterwähnung WGN Bd. 3, 1757, S. 160–164, bes. S. 162, und S. 451f., bes. S. 452
Geschenk des Ehemanns Wolfgang Moritz Endter (1653–1723), zwischen 1716 und 1723

23.3 Susanna Maria von Sandrart/ Johann Jacob Pfitzer: Auserlesenes Hand-Buch, Für Gottselige Krancke und Sterbende, bestehend aus unterschiedlicher, sowol neuer, als alter Lehrer, zusammen gelesenen Betrachtungen, Gebeten, Sprüchen, Seufzern und Liedern, in Sechs Handlungen abgetheilet, worinnen gehandelt wird I. Von der Vorbereitung zum Tod ... II. Von allerhand Leibs-Gemüths- und Alters-Kranckheiten ... III. Von hertzlicher Versöhnung mit Gott ... IV. Von Erweckung der Seele ... V. Von Aufmunterung der Seele ... VI. Von etlichen Special-Fällen ... gar nutzlich zu gebrauchen. Nürnberg: Wolfgang Moritz Endter, Johann Ernst Adelbulner, 1716

Bezeugt 1713, die beiden Bände der Stadtbibliothek (Theol. 3625.8°(1–2)) wurden erst im 19. bzw. 20. Jahrhundert erworben
Ersterwähnung WGN Bd. 3, 1757, S. 160–164, bes. S. 162, und S. 451f., bes. S. 452

24 Memorialdenkmal zum Meistergesang: Meistersingerschrein

Nürnberg, Franz Hein und Jacob Schneider, 1584 und 1620
Öl auf Lindenholz
Maße: 100 x 67/69 cm
Museen der Stadt Nürnberg, Kunstsammlungen, Pl 0019 (Abb. 2.52)
Ersterwähnung Murr: Memorabilia 1786, S. 6
Aufgehängt im zweiten Kreuzgangflügel

25 Solitär im dritten Kreuzgangflügel: Jakob Wilhelm Imhof (1651–1728)

Nürnberg, Johann Daniel Preißler, vor 1728
Öl auf Leinwand
Rahmenmaß: 146,5 x 120,5 cm; Bildmaß: 127,4 x 101,5 cm
Museen der Stadt Nürnberg, Kunstsammlungen, Gm 0196
Ersterwähnung Murr: Beschreibung 1801, S. 407
Aufgehängt im dritten Kreuzgangflügel

26 Heilige, Theologen und Gelehrte im vierten Kreuzgangflügel

26.1 Kopf des Moses

Byzantinische Ikone (?)
ca. 47 x 34 cm
Versteigert am 4. Oktober 1852
Zur Ersterwähnung bei einer Bibliotheksführung 1654 s. Karp: Stadträume 2020, S. 106; Abb. als Kupferstichreproduktion von Peter Troschel (1615–1680) für die vierte Ausgabe der Kurfürstenbibel von 1652, verwendet bis zur zehnten Auflage aus dem Jahr 1703
Biblia, Das ist: Die gantze Heilige Schrifft, Altes und Neues Testaments…, Nürnberg: Endter 1700 (VD17 3:300432V)
StadtBN, Theol. 1194.2°, zu S. 1 (Abb. 2.24)
Kupferstichreproduktion von Joseph von Montalègre († 1718) für die elfte Ausgabe der Kurfürstenbibel von 1708
Biblia : Das ist Die gantze Heilige Schrifft Altes und Neues Testaments…, Nürnberg: Endter 1720
StadtBN, Theol. 30.2°, zu S. 1 (Abb. 2.25)
Aufgehängt im vierten Kreuzgangflügel

26.2–26.3 Diptychon, verbunden durch ehemals an der Rahmung befestigtem Klappmechanismus

26.2 Johannes Mathesius (1504–1565)

Joachimsthal, unbekannter Künstler, 1564
Öl auf Holz
Bildmaß: 61 x 43 cm, Rahmenmaß 69 x 52 cm
Museen der Stadt Nürnberg, Kunstsammlungen, Gm neu 0240
Ersterwähnung Murr: Memorabilia 1786, S. 13
Aufgehängt im vierten Kreuzgangflügel

26.3 Nikolaus Herman († 1561)

Joachimsthal, unbekannter Künstler, 1560
Öl auf Holz
Bildmaß: 58,5 x 45 cm, Rahmenmaß: 68,5 x 53 cm
Museen der Stadt Nürnberg, Kunstsammlungen, Gm neu 0241 (Abb. 2.54)
Aufgehängt an einer Wand im vierten Kreuzgangflügel

26.4 Josephus Adjutus (1602–1668)

Unbekannter Maler, 1647
Öl auf Leinwand, auf neue Leinwand doubliert
Bildmaß: 60 x 50 cm, Rahmenmaß: 66 x 57 cm
Museen der Stadt Nürnberg, Kunstsammlungen, Gm neu 0236
Ersterwähnung Blainville: Extract 1765, S. 50
Aufgehängt im vierten Kreuzgangflügel

26.5 Hans Pirkel d. J., Gewandschneider und Genannter im Größeren Rat von 1526 bis 1541 (olim Albrecht Dürer: Willibald Pirckheimer, 1514)

Kopie eines Bildnisses von Hans Brosamer, 1520
Öl auf Holz, Rahmenmaß: 54,5 x 43,5 cm (Abb. 2.55)
Verbleib unbekannt
Ersterwähnung Murr: Memorabilia 1786, S. 13; Abb. bei Reicke: Deutung eines Bildnisses 1911/12, S. 230 Fig. 2
Aufgehängt im vierten Kreuzgangflügel

27 Tischplatte mit der Genealogie Christi, fortgeführt bis in das Jahr 45 n. Chr.

Nürnberg, nach einer Vorlage von Johann Neudörffer d. Ä., Mitte 16. Jahrhundert
Holz, geschnitzt und in Schwarz, Rot und Gold gefasst
Maße: ca. 121,5 x 106 cm
Verschollen; Ersterwähnung Saubert: Historia 1643, S. 64–66, mit Abb. N1 zu S. 58/59 (Abb. 2.6)
Aufgestellt als Schragentisch im ersten Kreuzgangflügel

28 Kunstkammerstücke, zumeist gedrechselt

28.1 Dreifaltigkeitsring

Holz, gedrechselt
1945 verbrannt im Germanischen Nationalmuseum (?); Ersterwähnung bei Keyssler: Neueste Reise 1741, S. 1191; Abb. bei Johann Friedrich Kern/ Daniel Wilhelm Moller: Dispvtatio de annvlo trinitario, vulgo Dreyfaltigkeits-Ring ..., quam praeside Dan. Guil. Mollero ... defendet Joh. Fridericus Kernius ... Altdorf 1701 (StadtBN, Will. III. 927.4°, Titelblatt)
Aufbewahrt im Naturalienschrank im zweiten Kreuzgangflügel

28.2 Contrefait-Büchsen aus Elfenbein mit Kupferkugel

Verschollen; Ersterwähnung Keyssler: Neueste Reise 1741, S. 1191

28.3 Hühnerei, mit einem Hufeisen künstlich beschlagen

Verschollen; Ersterwähnung Schramm: Reise-Lexicon 1744, Sp. 1224

29 Medaillensuite der Päpste von Petrus bis Clemens XI. (1649–1721), vorgelegt von Caspar Gottlieb Lauffer (1674–1745)

Nürnberg, um 1720
Folge von Papstbildnissen auf 247 Medaillen, 38 mm Durchmesser, vergoldetes Kupfer
Dazugehöriges Holzschränkchen mit verschließbaren Türen und elf mit hellblauer Seide ausgeschlagenen Schubladen, in denen die Münzen lagern
Höhe: 25,8 cm, Breite: 36,5 cm, Tiefe: 25 cm
Nürnberg, GNM, Historisches Archiv, HG 13010 (Leihgabe Kunstsammlungen der Stadt Nürnberg) (Abb. 2.44)
Ersterwähnung Murr: Memorabilia 1786, S. 12
Aufbewahrt im vierten Kreuzgangflügel

30 Kunstkammerstücke und Huldigungsblätter an den Rat, zumeist in Mikrographie

30.1 Johann Christoph Schön: Zitate aus den Psalmen 18 und 103 in der Form eines Schiffes, 1625

Verschollen
Übergeben von Johann Christoph Schöns Schwester, der Witwe des Georg Priefer (Prüfer), 7. Oktober 1675 (StadtBN, AK. 1, f. 100v)

30.2 Rabbi Machsan, konvertierter Jude aus Sulzbach: Zitate aus dem Alten Testament und Ps 22 in der Gestalt des am Kreuz hängenden Christus

Verschollen
Übergeben von Rabbi Machsan, 9. April 1684 und 13. April 1685 (StadtBN, AK. 1, f. 111r, 112v)
Aufgezogen auf eine Tafel aufbewahrt im vierten Kreuzgangflügel

30.3 Balthasar Kraußer (bezeugt 1684 bis 1705), Schreiber: Ecce homo mit Stadtwappen und Prospekt der Stadt Nürnberg

Verschollen
Übergeben vom Glaubensflüchtling Georg Wibmer aus der Bergstadt Schemnitz in Ungarn (heute Banská Štiavnica in der Slowakei), 9. Oktober 1683 (StadtBN, AK. 1, f. 110r)
Aufgehängt bei den historischen Büchern im zweiten Kreuzgangflügel

30.4 Stammbaum Philipp Melanchthons im Querformat

Verschollen
Übergeben vom Registrator Johann Sigmund Schwingsherlein, 12. März 1689 (StadtBN, AK. 1, f. 117r)

30.5 Friedrich Häckel, Rindermetzger: Kopie der Kupferstichreproduktion der Moses-Ikone (Kat. 26.1), gerahmt unter Glas und mit einem Deckel versehen

Höhe: ca. 30 cm
Verschollen; Ersterwähnung Blainville: Extract 1765, S. 51
Übergeben von Friedrich Häckel, 17. April 1698 (StadtBN, AK. 1, f. 123v)
Aufbewahrt zunächst liegend, dann hängend im vierten Kreuzgangflügel

30.6 Johann Speutel: Immerwährender Kalender mit Reichsadler und Stadtwappen auf Pergament

Verschollen; Ersterwähnung bei Murr: Memorabilia 1786, S. 11
Übergeben von Johann Speutel, 23. März 1699 (StadtBN, AK. 1, f. 123v)
Aufgehängt an der Stirnseite eines Regals im zweiten Kreuzgangflügel

30.7 Anton Wilhelm Männerl: Reichsadler mit den Wappen der Älteren Herrn, der Ratsmannen und Schöffen sowie der Alten Genannten, Kupferstich (?) auf Pergament, 1699

Verschollen
Übergeben vom Losunger Paul Jakob Scheurl (1648–1725), 9. August 1699 (StadtBN, AK. 1, f. 124r)
Ausgelegt auf einem Tisch im vierten Kreuzgangflügel

30.8 Johann Michael Püchler (Stadtschreiber in Meiningen, 1698–1712): Bildnis Kaiser Karls VI.

Verschollen
Übergeben vom Losunger Paul Jakob Scheurl (1648–1725), 26. Juli 1712 (StadtBN, AK. 1, f. 130v)
Ausgelegt auf einem Tisch im vierten Kreuzgangflügel

31 Chorbuch aus dem Katharinenkloster in Nürnberg, geschrieben von Margareta Kartäuser (1404–1489), Cadellen und Fleuronnéinitialen von Barbara Gewichtmacher († 1491), Initialen in Deckfarben und Blattgold von Barbara Gewichtmacher und verschiedenen Laienbuchmalern

Ersterwähnung Saubert: Historia 1643, S. 95 mit Kupferstich zu S. 85/86 (Abb. 2.6 N3)
Auf halbhohen Regalen im dritten Kreuzgangflügel ausliegend

31.1 Graduale, Winterteil

Nürnberg, 1458
Pergament, 89 Bl., ca. 60 x 40 cm
StadtBN, Cent. V, App. 34p

31.2 Graduale, Winterteil

Nürnberg, 1459
Pergament, 53 Bl., ca. 60 x 40 cm
StadtBN, Cent. V, App. 34q

31.3 Graduale, Sommerteil

Nürnberg, 1460
Pergament, 73 Bl., ca. 60 x 40 cm
StadtBN, Cent. V, App. 34r

31.4 Graduale, Sommerteil

Nürnberg, 1461
Pergament, 61 Bl., ca. 60 x 40 cm
StadtBN, Cent. V, App. 34s

31.5 Antiphonar, Winterteil

Nürnberg, 1465
Pergament, 59 Bl., ca. 60 x 40 cm
StadtBN, Cent. V, App. 34t

31.6 Antiphonar, Winterteil
Nürnberg, 1467
Pergament, 67 Bl., ca. 60x40cm
StadtBN, Cent. V, App. 34u

31.7 Antiphonar, Sommerteil
Nürnberg, 1468
Pergament, 64 Bl., ca. 60x40cm
StadtBN, Cent. V, App. 34v

31.8 Antiphonar, Sommerteil
Nürnberg, 1470
Pergament, 73 Bl., ca. 60x40cm
StadtBN, Cent. V, App. 34w

32 Religiöses Gemälde

Maria Magdalena oder Maria von Ägypten
Verschollen
Übergeben vom Kirchenpfleger Christoph Fürer (1663–1732, Kirchenpfleger 1709–1718), 16. Dezember 1709 (StadtNB, AK. 1., f. 130r)

Scientifica (Kat. 33–63)

Bis in die zweite Hälfte des 17. Jahrhunderts hinein waren wissenschaftliche Geräte in der Stadtbibliothek nahezu ausschließlich in der Form von Globen und Weltkarten vertreten. Sie veranschaulichten nicht nur die sich im Kolonialzeitalter ständig erweiternden Kenntnisse vom Aussehen der Erde, sondern standen auch für den herrschaftlichen Machtanspruch des Rats als Träger der Einrichtung. Schon lange vor 1643 dürfte daher der handgemalte, unter Aufsicht Johannes Schöners (1477–1547) 1520 entstandene und 1531 dem Rat geschenkte Erdglobus neben einem Erd- und einem Himmelsmodell des Verlegers Blaeu in der Bibliothek gestanden haben (Kat. 33.1–33.3). Mit dem Ankauf der Instrumentensammlung der Familie Ayrer 1675 kam dazu ein Himmelsglobus, für den 1616 Johannes Praetorius (1537–1616) den Sternenstand im Jahr 1650 berechnet hatte (Kat. 33.4). Eine Weltkarte aus der Amsterdamer Offizin Blaeu hing seit 1672 bei den Büchern der historischen Fakultät (Kat. 33.5), das nach 1702 in der Nähe aufgestellte Modell einer Meilensäule von Johann Christoph Volkamer (1644–1720) verdeutlichte die Entfernungen der in Europa liegenden Städte von Nürnberg (Kat. 63).
Während mathematische und astronomische Instrumente in jeder fürstlichen Kunstkammer vertreten waren, konnte in der Stadtbibliothek bis 1675 nur ein 1552 von Christian Heyden (1499–1561) angefertigtes Multifunktionsgerät vorgezeigt werden (Kat. 34). Es war dem Patrizier und Kirchenpfleger Hieronymus Paumgärtner d.Ä. (1498–1565) gewidmet worden, dessen Interesse an Mathematik und Astronomie während des Studiums in Wittenberg geweckt wurde. Ein Liebhaber dieser Wissensgebiete war auch der Kirchenpfleger Georg Sigmund Fürer (1612–1677, Kirchenpfleger seit 1666), der der Stadtbibliothek eine der bedeutendsten Kollektionen an wissenschaftlichen Geräten einverleibte, die seit 1877 als Herzstück der entsprechenden Sammlungen des Germanischen Nationalmuseums gezeigt wird. Nach dem Tod von Johann Aegidius Ayrer (1598–1674) begann der Ausverkauf des von seinem Großvater Melchior Ayrer (1520–1579) gegründeten Kunstkabinetts. 1675 wurde der bedeutende Bestand an mathematischen und astronomischen Instrumen-

ten herausgelöst und von Georg Sigmund Fürer für 225 Gulden angekauft. Unter den fast 40 Objekten bildeten arabische und europäische Astrolabien sowie portable Sonnenuhren in verschiedenen Ausführungen die Schwerpunkte (Kat. 35–58). In Größe, Materialität und Bildschmuck stechen die rund neun Prachtgeräte hervor, die für Melchior Ayrer von Johannes Praetorius in Zusammenarbeit mit Nürnberger Goldschmieden angefertigt wurden. Prominent vertreten sind als Hersteller oder Vorbesitzer weitere mit Nürnberg verknüpfte Wissenschaftler wie Johannes Regiomontanus (1436–1476), Georg Hartmann (1489–1564), Johannes Werner (1468–1522) oder Paul Reinmann (1557–1609). Im 18. Jahrhundert ist der Bestand an *scientifica* vor allem um mechanische Erfindungen wie den Wassertreter von Johann Christoph Wagenseil (1633–1705) oder den Kunstwagen des Stephan Farfler (1633–1689) erweitert worden (Kat. 61–62). Einen Kometendurchgang als Nachtstück dokumentierte ein 1665 übergebenes Gemälde von Bartholomäus Wittig (1613/14–1684, Kat. 60).

33 Modelle von Himmel und Erde im Raum (vgl. Kat. 51–52)

33.1 Erdglobus

Nürnberg: Johannes Schöner, 1520
Hohlkugel aus Papiermaché (?) von 2,5–5 cm Stärke, darüber polychrom bemalter Kreidegrund; im Innern ein von Pol zu Pol durchlaufender Holzstab, jeweils polseitig in einen Metallstift zur Aufhängung am Polring mündend; Umfang am Äquator (gemessen 2013): 278 cm (errechneter Kugeldurchmesser ca. 88 cm)
Holzgestell, partiell bemalt; Höhe: 129 cm
Nürnberg, GNM, WI 0001 (Leihgabe Kunstsammlungen der Stadt Nürnberg) (Abb. 2.36)
Angefertigt für Johannes Seiler († 1530), Bamberg; dem Rat übergeben von Johann Eck 1531; Ersterwähnung Saubert: Historia 1643, S. 63f., 67 mit Abb. N4 zu S. 88 (Abb. 2.6)
Aufgestellt im ersten oder im vierten Kreuzgangflügel

33.2–3 Erd- und Himmelsglobus

Hohlkugeln bemalt und beschriftet
Amsterdam: Blaeu, vor 1643
Verschollen; Ersterwähnung Saubert: Historia 1643, S. 63f., 67 mit Abb. N4 zu S. 88 (Abb. 2.6)
Aufgestellt im ersten oder im vierten Kreuzgangflügel

33.4 Himmelskugel mit dem Stand der Sterne im Jahr 1650

Nürnberg: Johannes Praetorius, 1616
Hohlkugel, bemalt von Christoph Hemrich
Verschollen; Ersterwähnung Murr Beschreibung 1778, S. 69
Angefertigt für Johann Aegidius Ayrer (1598–1674); mit der Ayrerischen Instrumentensammlung 1675 für die Stadtbibliothek erworben
Aufgestellt im vierten Kreuzgangflügel

33.5 Kolorierte Weltkarte, aufgehängt im zweiten Kreuzgangflügel bei den historischen Büchern

Amsterdam, Blaeu
Verschollen
Übergeben von Georg Christoph Volckamer (1610–1679, seit 1653 Kriegsherr), 13. August 1672 (StadtBN, AK. 1, f. 99r)
Aufgehängt bei den historischen Büchern im zweiten Kreuzgangflügel

34 *Scyphus mathematicus* – ein Multifunktionsgerät: Bechersonnenuhr, Astrolab und Sternuhr sowie Zylindersonnenuhr

Nürnberg, Christian Heyden, 1552
Messing gegossen, abgedreht, gefeilt, graviert, punziert, vergoldet; Glas, Stahl, Flußperlen
Höhe: 23,5 cm, Durchmesser: 17,7 cm
Nürnberg, GNM, WI 0029 (Becheruhr), WI 0019 (Deckel), WI 0035 (Zylindersonnenuhr) (Leihgabe Kunstsammlungen der Stadt Nürnberg) (Abb. 2.21)
Ersterwähnung Leibnitz: Memorabilia 1674, S. 23–25 mit S. 44 und Taf. zu S. 23 (Abb. 2.20)
Gewidmet dem Kirchenpfleger Hieronymus Paumgärtner d. Ä. (1498–1565)
1674 aufbewahrt in einem Schrank im vierten Kreuzgangflügel, im 18. Jahrhundert umgestellt in den ehemaligen Naturalienschrank und um 1800 transferiert in den Geräteschrank im zweiten Kreuzgangflügel

35 Astrolab (Identifikation nicht gesichert)

Wien (?), 1457
Messing, vergoldet
Durchmesser: 12,9 cm
Nürnberg, GNM, WI 0129 (Leihgabe Kunstsammlungen der Stadt Nürnberg)
Ersterwähnung Murr: Memorabilia 1786, S. 10
Mit der Ayrerischen Instrumentensammlung angekauft vom Kirchenpfleger Georg Sigmund Fürer (1612–1677, Kirchenpfleger seit 1666), 21. März 1675
Aufbewahrt im Geräteschrank im zweiten Kreuzgangflügel

36 Klappsonnenuhr

Wien, Johannes Regiomontanus (?), ca. 1464–1467
Messing, gegossen, punziert, graviert
Höhe: 6 cm, Breite: 4,2 cm, Dicke: 0,7 cm
Nürnberg, GNM, WI 0007 (Leihgabe Kunstsammlungen der Stadt Nürnberg) (Abb. 2.27)
Ersterwähnung Murr: Memorabilia 1786, S. 9
Mit der Ayrerischen Instrumentensammlung angekauft vom Kirchenpfleger Georg Sigmund Fürer (1612–1677, Kirchenpfleger seit 1666), 21. März 1675
Aufbewahrt im Geräteschrank im zweiten Kreuzgangflügel

37 Astrolabscheibe

Deutscher Sprachraum oder Ungarn, Johannes Regiomontanus (?), 1468
Messing (Scheibe), graviert, punziert; Kupfer (Rete)
Höhe: 31 cm, Durchmesser: 28 cm
Nürnberg, GNM, WI 0005 (Leihgabe Kunstsammlungen der Stadt Nürnberg) (Abb. 2.28)
Ersterwähnung Murr: Memorabilia 1786, S. 9
Mit der Ayrerischen Instrumentensammlung angekauft vom Kirchenpfleger Georg Sigmund Fürer (1612–1677, Kirchenpfleger seit 1666), 21. März 1675
Aufbewahrt im Geräteschrank im zweiten Kreuzgangflügel

38 Astrolab

Syrien, Al-Sahl al-Nisaburi, zwischen 1180 und 1299
Messing, Silberauflagen (Rete), Silberintarsien (Thron und Rückseite der Mater)

Höhe: 25,5 cm, Durchmesser: 16,1 cm
Nürnberg, GNM, WI 0020 (Leihgabe Kunstsammlungen der Stadt Nürnberg) (Abb. 2.26)
Ersterwähnung Arnold: Memoria Fureriana, 1677, S. 58f. mit S. 86; Abb. der Inschriften bei Murr: Beschreibung 1801, S. 402–406
Mit der Ayrerischen Instrumentensammlung angekauft vom Kirchenpfleger Georg Sigmund Fürer (1612–1677, Kirchenpfleger seit 1666), 21. März 1675
Aufbewahrt im Geräteschrank im zweiten Kreuzgangflügel

39 Astrolab

Italien, 14. Jahrhundert; Paris: Henri Arnauld, vor 1460/65; Nürnberg, 16. Jahrhundert
Messing, graviert, punziert
Durchmesser: 14,4 cm
Nürnberg, GNM, WI 0006 (Leihgabe Kunstsammlungen der Stadt Nürnberg)
Ersterwähnung Ranner: Beschreibung 1821, S. 42, bes. S. 34 Nr. 9 und Anm. ** auf S. 35
Mit der Ayrerischen Instrumentensammlung angekauft vom Kirchenpfleger Georg Sigmund Fürer (1612–1677, Kirchenpfleger seit 1666), 21. März 1675
Aufbewahrt im Geräteschrank im zweiten Kreuzgangflügel

40 Astrolab

Italien, 14. Jahrhundert (?)
Messing, graviert, punziert
Durchmesser: 11 cm
Nürnberg, GNM, WI 0021 (Leihgabe Kunstsammlungen der Stadt Nürnberg)
Ersterwähnung Ranner: Beschreibung 1821, S. 35 Nr. 11
Mit der Ayrerischen Instrumentensammlung angekauft vom Kirchenpfleger Georg Sigmund Fürer (1612–1677, Kirchenpfleger seit 1666), 21. März 1675
Aufbewahrt im Geräteschrank im zweiten Kreuzgangflügel

41 Astrologische Scheibe

Nürnberg (?): Johannes Werner (?), 1516
Messing, vergoldet, graviert
Durchmesser: 16,7 cm
Nürnberg, GNM, WI 0022 (Leihgabe Kunstsammlungen der Stadt Nürnberg)
Ersterwähnung Murr: Memorabilia 1786, S. 10
Mit der Ayrerischen Instrumentensammlung angekauft vom Kirchenpfleger Georg Sigmund Fürer (1612–1677, Kirchenpfleger seit 1666), 21. März 1675

42 Solarium oder Allgemeines Uhrtäfelchen

Nürnberg, Georg Hartmann, 1523
Messing, graviert, punziert
Höhe: 5,1 cm, Breite: 4,8 cm
Nürnberg, GNM, WI 0026 (Leihgabe Kunstsammlungen der Stadt Nürnberg)
Ersterwähnung Murr: Memorabilia 1786, S. 10
Mit der Ayrerischen Instrumentensammlung angekauft vom Kirchenpfleger Georg Sigmund Fürer (1612–1677, Kirchenpfleger seit 1666), 21. März 1675
Aufbewahrt im Geräteschrank im zweiten Kreuzgangflügel

43 Armillarsphäre mit Handgriff

Nürnberg (?), um 1500
Messing, graviert; Holz, gedrechselt
Höhe: 34,5 cm; Durchmesser: 15,2 cm
Nürnberg, GNM, WI 0023 (Leihgabe Kunstsammlungen der Stadt Nürnberg)
Ersterwähnung Ranner: Beschreibung 1821, S. 36f. Nr. 19
Mit der Ayrerischen Instrumentensammlung angekauft vom Kirchenpfleger Georg Sigmund Fürer (1612–1677, Kirchenpfleger seit 1666), 21. März 1675
Aufbewahrt im Geräteschrank im zweiten Kreuzgangflügel

44 Scheibe mit senkrechter und waagrechter Sonnenuhr

Nürnberg (?), Johannes Praetorius (?), 1560er Jahre
Messing, getrieben, poliert, vergoldet, graviert, punziert
Höhe: 14 cm, Durchmesser: 12,8 cm
Nürnberg, GNM, WI 0024 (Leihgabe Kunstsammlungen der Stadt Nürnberg)
Ersterwähnung Ranner: Beschreibung 1821, S. 37 Nr. 20
Mit der Ayrerischen Instrumentensammlung angekauft vom Kirchenpfleger Georg Sigmund Fürer (1612–1677, Kirchenpfleger seit 1666), 21. März 1675
Aufbewahrt im Geräteschrank im zweiten Kreuzgangflügel

45 Würfelsonnenuhr

Nürnberg, Johannes Praetorius, 1562
Messing, graviert, punziert; Glas, Stahl
Höhe: 17 cm, Breite: 12,3 cm, Tiefe: 18,3 cm
Nürnberg, GNM, WI 0010 (Leihgabe Kunstsammlungen der Stadt Nürnberg)
Ersterwähnung Arnold: Memoria Fureriana 1677, S. 86
Mit der Ayrerischen Instrumentensammlung angekauft vom Kirchenpfleger Georg Sigmund Fürer (1612–1677, Kirchenpfleger seit 1666), 21. März 1675
Aufbewahrt im Geräteschrank im zweiten Kreuzgangflügel

46 Blocksonnenuhr

Nürnberg, 1567
Elfenbein, graviert; Messing
Grundfläche: 3,5 x 7 cm; Höhe: 5 cm
Nürnberg, GNM, WI 0015 (Leihgabe Kunstsammlungen der Stadt Nürnberg) (Abb. 2.33)
Ersterwähnung Ranner: Beschreibung 1821, S. 39 Nr. 33
Mit der Ayrerischen Instrumentensammlung angekauft vom Kirchenpfleger Georg Sigmund Fürer (1612–1677, Kirchenpfleger seit 1666), 21. März 1675
Aufbewahrt im Geräteschrank im zweiten Kreuzgangflügel

47 Reisesonnenuhr in Form eines Bechers

Nürnberg, Johannes Praetorius, 1563
Messing, vergoldet, graviert, punziert
Durchmesser: 7 cm
Nürnberg, GNM, WI 0030 (Leihgabe Kunstsammlungen der Stadt Nürnberg)
Ersterwähnung Arnold: Memoria Fureriana 1677, S. 86
Mit der Ayrerischen Instrumentensammlung angekauft vom Kirchenpfleger Georg Sigmund Fürer (1612–1677, Kirchenpfleger seit 1666), 21. März 1675
Aufbewahrt im Geräteschrank im zweiten Kreuzgangflügel

48 Reisesonnenuhr in einer Büchse

Nürnberg, Johannes Praetorius, 1566
Messing, getrieben, graviert, punziert; Holz, gedrechselt
Höhe: 3,3 cm, Durchmesser der hölzernen Dose: 8 cm, Durchmesser der Messingbüchse: 6,8 cm
Nürnberg, GNM, WI 0031 (Leihgabe Kunstsammlungen der Stadt Nürnberg)
Ersterwähnung Arnold: Memoria Fureriana 1677, S. 86
Mit der Ayrerischen Instrumentensammlung angekauft vom Kirchenpfleger Georg Sigmund Fürer (1612–1677, Kirchenpfleger seit 1666), 21. März 1675
Aufbewahrt im Geräteschrank im zweiten Kreuzgangflügel

49 Reisesonnenuhr in Form eines Sterns

Nürnberg (?), 16. Jahrhundert
Messing, vergoldet, graviert
Größte Länge: 5,7 cm
Nürnberg, GNM, WI 0008 (Leihgabe Kunstsammlungen der Stadt Nürnberg) (Abb. 2.34)
Ersterwähnung Ranner: Beschreibung 1821, S. 39 Nr. 32
Mit der Ayrerischen Instrumentensammlung angekauft vom Kirchenpfleger Georg Sigmund Fürer (1612–1677, Kirchenpfleger seit 1666), 21. März 1675
Aufbewahrt im Geräteschrank im zweiten Kreuzgangflügel

50 Reisesonnenuhr in Form eines Zylinders

Nürnberg (?), 16. Jh.
Messing, gegossen, gedreht, graviert, punziert
Höhe: 14 cm
Nürnberg, GNM, WI 0034 (Leihgabe Kunstsammlungen der Stadt Nürnberg)
Ersterwähnung Ranner: Beschreibung 1821, S. 38 Nr. 24
Mit der Ayrerischen Instrumentensammlung angekauft vom Kirchenpfleger Georg Sigmund Fürer (1612–1677, Kirchenpfleger seit 1666), 21. März 1675
Aufbewahrt im Geräteschrank im zweiten Kreuzgangflügel

51 Himmelsglobus

Nürnberg, Johannes Praetorius und Hans Epischofer, 1566
Messing, vergoldet, gegossen, graviert, punziert
Höhe: 47 cm; Durchmesser: 28 cm
Nürnberg, GNM, WI 0002 (Leihgabe Kunstsammlungen der Stadt Nürnberg)
Ersterwähnung Arnold: Memoria Fureriana 1677, S. 86
Mit der Ayrerischen Instrumentensammlung angekauft vom Kirchenpfleger Georg Sigmund Fürer (1612–1677, Kirchenpfleger seit 1666), 21. März 1675
Aufbewahrt im Geräteschrank im zweiten Kreuzgangflügel

52 Erdglobus

Nürnberg, Johannes Praetorius und Hans Epischofer, 1566
Messing, vergoldet, gegossen, graviert, punziert
Höhe: 47 cm; Durchmesser: 28 cm
Nürnberg, GNM, WI 0003 (Leihgabe Kunstsammlungen der Stadt Nürnberg) (Abb. 2.29)

Ersterwähnung Arnold: Memoria Fureriana 1677, S. 86
Mit der Ayrerischen Instrumentensammlung angekauft vom Kirchenpfleger Georg Sigmund Fürer (1612–1677, Kirchenpfleger seit 1666), 21. März 1675
Aufbewahrt im Geräteschrank im zweiten Kreuzgangflügel

53 Torquetum

Nürnberg, Johannes Praetorius und Monogrammist WW, 1568
Messing, vergoldet, graviert, punziert
Höhe: 23,5 cm, Grundplatte: 17 x 17 cm
Nürnberg, GNM, WI 0033 (Leihgabe Kunstsammlungen der Stadt Nürnberg)
(Abb. 2.32)
Ersterwähnung Arnold: Memoria Fureriana 1677, S. 86
Mit der Ayrerischen Instrumentensammlung angekauft vom Kirchenpfleger Georg Sigmund Fürer (1612–1677, Kirchenpfleger seit 1666), 21. März 1675
Aufbewahrt im Geräteschrank im zweiten Kreuzgangflügel

54 Astrolab mit Standfuß

Nürnberg, Johannes Praetorius und Hans Epischofer, 1568
Messing, gegossen (Thron), vergoldet, graviert, punziert
Höhe (Astrolab mit Thron): 46,3 cm; Durchmesser: 39,4 cm
Nürnberg, GNM, WI 0004 (Leihgabe Kunstsammlungen der Stadt Nürnberg)
(Abb. 2.31)
Ersterwähnung Arnold: Memoria Fureriana 1677, S. 86
Mit der Ayrerischen Instrumentensammlung angekauft vom Kirchenpfleger Georg Sigmund Fürer (1612–1677, Kirchenpfleger seit 1666), 21. März 1675
Aufbewahrt im Geräteschrank im zweiten Kreuzgangflügel

55 Sonnenquadrant mit Standfuß

Nürnberg, Johannes Praetorius und Hans Epischofer, 1571
Messing, gegossen, graviert, punziert
Höhe: 98 cm; Quadrant: 52,8 x 52,8 cm
Nürnberg, GNM, WI 0012 (Leihgabe Kunstsammlungen der Stadt Nürnberg)
(Abb. 2.30)
Ersterwähnung Arnold: Memoria Fureriana 1677, S. 86
Mit der Ayrerischen Instrumentensammlung angekauft vom Kirchenpfleger Georg Sigmund Fürer (1612–1677, Kirchenpfleger seit 1666), 21. März 1675
Aufbewahrt im Geräteschrank im zweiten Kreuzgangflügel

56 Geschützaufsatz (Kanonenrichtgerät)

Nürnberg, Paul Reinmann, 1602
Messing, gegossen, gefeilt, graviert, vergoldet
Höhe: 16 cm, Breite: 9,1 cm, Tiefe: 10,5 cm
Nürnberg, GNM, WI 0018 (Leihgabe Kunstsammlungen der Stadt Nürnberg)
(Abb. 2.35)
Ersterwähnung Murr: Memorabilia 1786, S. 10
Mit der Ayrerischen Instrumentensammlung angekauft vom Kirchenpfleger Georg Sigmund Fürer (1612–1677, Kirchenpfleger seit 1666), 21. März 1675
Aufbewahrt im Geräteschrank im zweiten Kreuzgangflügel

57 Maßstab zur Vergleichung des spezifischen Gewichts verschiedener Metalle

Deutscher Sprachraum, 16./17. Jahrhundert
Messing
Nürnberg, GNM, WI 0009 (Leihgabe Kunstsammlungen der Stadt Nürnberg)
Ersterwähnung Ranner: Beschreibung 1821, S. 35 Nr. 14

Mit der Ayrerischen Instrumentensammlung angekauft vom Kirchenpfleger Georg Sigmund Fürer (1612–1677, Kirchenpfleger seit 1666), 21. März 1675
Aufbewahrt im Geräteschrank im zweiten Kreuzgangflügel

58 Objekte aus der Ayrerischen Sammlung, um 1800 als im Geräteschrank im zweiten Kreuzgangflügel noch vorhanden beschrieben

58.1 Ein Geometrischer Quadrant, im Semidiameter von 7 ½ Zoll [=19 cm], samt seinem Perpendikel und Absehen, in einen Triangel eingefasset

Ranner: Beschreibung 1821, S. 35 Nr. 13

58.2 Büchsenmeisterstab, signiert E. Z., datiert 1547

Ranner: Beschreibung 1821, S. 36 Nr. 16

58.3 Zylindersonnenuhr, im Durchmesser ¾ Zoll, in der Länge 3 ¼ Zoll [8 cm], mit Kompass

Ranner: Beschreibung 1821, S. 38 Nr. 25

58.4 Aufrechtes Perpendikel in einer Messingbüchse, im Durchmesser 1 Zoll, in der Länge 2 ½ Zoll

Ranner: Beschreibung 1821, S. 38 Nr. 26

58.5 Dreifacher viereckiger Universal-Sonnenanzeiger mit Magnet, 2 ¼ Zoll lang, 1 ¾ Zoll breit

Ranner: Beschreibung 1821, S. 39 Nr. 31

58.6 Zwei kleine Stück mit Zubehör nach dem verjüngten Maßstab in Proportion verfertigt

Ranner: Beschreibung 1821, S. 40 Nr. 41

58.7 Von einem Perspektivtisch das Gestänge

Ranner: Beschreibung 1821, S. 40f. Nr. 42 mit S. 41 Anm. *

58.8 Verschiedene Zirkel aus einem Werkzeugtisch

Ranner: Beschreibung 1821, S. 41f. Nr. 44 mit S. 42 Anm. *

59 Zusatz zur Ayrerischen Sammlung: Proportionalzirkel

Nürnberg, vor 1675
Verschollen; Ersterwähnung Arnold: Memoria Fureriana 1677, S. 58f.

Geschenk des Kirchenpflegers Georg Sigmund Fürer (1612–1677, Kirchenpfleger seit 1666), 11. August 1675 (StadtBN, AK 1, f. 100v)

60 Tafel mit dem Kometen von 1664/1665 oder 1665

Nürnberg, Bartholomäus Wittig (?), 1665
Öl auf Holz, ca. 43,5 x 99 cm
Verschollen; Ersterwähnung Leibnitz: Memorabilia 1674, S. 11f., 29

Geschenk des Druckers Jeremias Dümler (1598–1668), 1665
Aufgehängt im ersten Kreuzgangflügel

61 Erfindung aus dem Bereich Bionik: Wasserschild und Wassertreter

61.1 Johann Christoph Wagenseil: Modell des Wasserschildes (Hydraspis)

Verschollen; Abb. in Kat. 61.3, Taf. B
Dem Rat verehrt von Johann Christoph Wagenseil (1633–1705), an die Bibliothek weitergeleitet durch den Kirchenpfleger Johann Paul Paumgärtner (1667–1726, Kirchenpfleger seit 1690), 14. Juli 1692 (StadtBN, AK. 1, f. 120r)

61.2 Johann Christoph Wagenseil: Wassertreter

Verschollen; Abbildung in Kat. 61.3, Taf. B
Dem Rat verehrt von Johann Christoph Wagenseil (1633–1705), an die Bibliothek weitergeleitet durch den Kirchenpfleger Johann Paul Paumgärtner (1667–1726, Kirchenpfleger seit 1690), 14. Juli 1692 (StadtBN, AK. 1, f. 120r)

61.3 Johann Christoph Wagenseil: De Hydraspide sva, sive, Adversus extrema pericula Auarum munimento ac Præsidio, daran: Wasser-Schild, welchen in dem Ehren-Tempel der Geheiligten Majestät Des Aller-Grosmächtigsten und Unüberwindlichsten Römischen Kaysers Leopoldi [et]c. [et]c. [et]c. in tieffester Demut aufhencket J. C. W., Nürnberg: Hofmann 1690 (VD17 23:627838F)

StadtBN Var. 77.4°
Dem Rat verehrt von Johann Christoph Wagenseil (1633–1705), an die Bibliothek weitergeleitet durch den Kirchenpfleger Johann Paul Paumgärtner (1667–1726, Kirchenpfleger seit 1690), 21. Juli 1692 (StadtBN, AK. 1, f. 120r)

61.4 Johann Christoph Wagenseil: Ad Johannem Fechtium Virum ... Joh. Christophori Wagenseilii De Infundibuli Sui Occasione, Consilio, & Instituto, Dissertatio Epistolica, In Qua, adversus Dialogistam, etiam asseritur Hydraspis ... Altdorf: Johann Heinrich Schönnerstaedt, 1793 (VD17 14:027326U)

StadtBN Var. 78.4°
Dem Rat verehrt von Johann Christoph Wagenseil (1633–1705), an die Bibliothek weitergeleitet durch den Kirchenpfleger Johann Paul Paumgärtner (1667–1726, Kirchenpfleger seit 1690), 19. Oktober 1693 (StadtBN, AK 1, f. 120r)

62 Erfindung aus dem Bereich Mechanik: Kunstwagen oder Rollstuhl

62.1 Modell des mechanisch bewegbaren Kunstwagens

Verschollen; Ersterwähnung Doppelmayr: Nachricht 1730, S. 302f.
Geschenk des Johann Christoph Wagenseil (1633–1705)
Aufbewahrt im Naturalienschrank im zweiten Kreuzgangflügel

62.2 Mechanisch bewegbarer Kunstwagen

Altdorf: Stephan Farfler, zweite Hälfte 17. Jahrhundert
1945 verbrannt; Ersterwähnung mit Abb. Doppelmayr: Nachricht 1730, S. 302f. mit Taf. IV, fig. 4, weitere Abb. bei Pilz: Führer 1934, S. 31 mit Abb. 7 (Photo von Johann Weiherer, Nürnberg) (Abb. 2.40)
Angekauft und in die Bibliothek übersandt vom Kirchenpfleger Johann Paul Paumgärtner (1667–1726, Kirchenpfleger seit 1690), 28. Juli 1690 (StadtBN, AK. 1, f. 119r)
Aufbewahrt im vierten Kreuzgangflügel

63 Erfindung im Bereich Kartographie: Johann Christoph Volkamers Meilensäule

Koloriertes Exemplar des Kupferstichs Columna milliaria uniuersae Europae faciem, Nürnberg, [Johann Baptist Homann] 1702 (StadtBN Will. I. 91M = Kt 014–03,003, Blattmaß: 72,2 x 51 cm, Plattenmaß: 69,2x 45,5 cm) (Abb. 2.43), aufgezogen auf einen Holzschaft mit einem Durchmesser von ca. 13,05 cm bei einer Höhe von ca. 60 cm

Verschollen; Ersterwähnung Murr: Memorabilia 1780–1786, S. 12

Geschenk des Johann Christoph Volkamer (?)

Aufgestellt im zweiten Kreuzgangflügel (vgl. Abb. 2.39)

Abkürzungs- und Literaturverzeichnis

1 Abkürzungen

GNM	Germanisches Nationalmuseum, Nürnberg
MVGN	Mitteilungen des Vereins für Geschichte der Stadt Nürnberg
StadtAN	Stadtarchiv Nürnberg
StadtBN	Stadtbibliothek im Bildungscampus Nürnberg
StAN	Staatsarchiv Nürnberg
UB	Universitätsbibliothek

2 Abgekürzt zitierte Quellen

StadtBN, AK. 1
Zugangsverzeichnis der Stadtbibliothek Nürnberg, 1605–1716

StAN, Rep. 45 Nr. 2239, f. 38–89
‚Zusammenstellung der in Nürnberg befindlichen, dem Staate gehoerigen Malereyen, welche gröstentheils zur bessern Aufbewahrung geeignet sind', angelegt 1806, darin Bl. 53ff. Verzeichnisse zu den Kunstwerken und Naturalien in der Stadtbibliothek Nürnberg

3 Abgekürzt zitierte Literatur

Achilles-Syndram: Das Praunsche Kabinett 1994
Achilles-Syndram, Katrin (Hrsg.): Das Praunsche Kabinett. Kunst des Sammelns. Meisterwerke von Dürer bis Carracci, Nürnberg 1994

Adamowsky/ Böhme/ Felfe: Ludi naturae 2011
Adamowsky, Natascha/ Böhme, Hartmut/ Felfe, Robert (Hrsg.): Ludi naturae. Spiele der Natur in Kunst und Wissenschaft, München 2011

Anders: Huitzilopochtli 1992
Anders, Ferdinand: Huitzilopochtli – Vitzliputzli – Fizlipuzli – Fitzebutz. Das Schicksal eines mexikanischen Gottes in Europa, in: Willers: Focus Behaimglobus 1992, Bd. 1, S. 423–446

Armatur-Cammer [1725]
Kurtze Beschreibung Der Armatur-Cammer und Kunst-Cabinets des seel. Verstorbenen Herrn Joh. Andreas Viatis in Nürnberg, [Nürnberg, ca. 1725] (StadtBN, Will. III. 768a)

Arnold: Memoria Fureriana 1677
Arnold, Christoph: Memoria Fureriana: Quam Funebri Laudatione Viri Magnifici, Nobilissimi, Strenuissimi, Ac Prudentissimi, Dn. Georgii Sigismundi Fureri, Ab Et In Haimendorf, Etc. Triumviri Ac Protoscolarchae Meritissimi, cultus & officii supremi causa, In Coenobio Augusti-

niano / celebravit Christophorus Arnoldus, die XIX. Aug. MDCLXXVII, Nürnberg: Christoph Gerhard, 1677 (VD17 75:657569B; StadtBN, Will. II. 768.4°(6))

Bächtold-Stäubli: Handwörterbuch 1927
Bächtold-Stäubli, Hanns (Hrsg.): Handwörterbuch des deutschen Aberglaubens, Bd. 1, Berlin 1927

Baier: Musiktisch 2014
Baier, Irmtraud: ‚Musica noster amor!' Der Musiktisch des Landgrafen Moritz von Hessen (Museumslandschaft Hessen Kassel, Wissenschaftliche Reihe 2), Berlin/ München 2014

Barraud Wiener/ Jezler: Kunstkammer 1994
Barraud Wiener, Christine/ Jezler, Peter: Die Kunstkammer der Bürgerbibliothek in der Wasserkirche in Zürich. Eine Fallstudie zur gelehrten Gesellschaft als Sammlerin, in: Grote: Macrocosmos 1994, S. 763–798

Becker: Bibliotheksreisen 1980
Becker, Peter Jörg: Bibliotheksreisen in Deutschland im 18. Jahrhundert, in: Archiv für Geschichte des Buchwesens 21 (1980), Sp. 1361–1534

Becker: Bibliotheksarchitektur 1992
Becker, Regina: Theorie und Praxis – zur Typologie in der Bibliotheksarchitektur des 17. und 18. Jahrhunderts, in: Ikonographie der Bibliotheken, hrsg. von Carsten-Peter Warncke (Wolfenbütteler Schriften zur Geschichte des Buchwesens 17), Wiesbaden 1992, S. 235–269

Becker: Vom Raritäten-Kabinett 1996
Becker, Christoph: Vom Raritäten-Kabinett zur Sammlung als Institution. Sammeln und Ordnen im Zeitalter der Aufklärung (Deutsche Hochschulschriften 1103), Egelsbach 1996

Beßler: Wunderkammern 2012 (2009)
Beßler, Gabriele: Wunderkammern. Weltmodelle von der Renaissance bis zur Kunst der Gegenwart, Berlin 2012 (1. Aufl. 2009)

Beßler: Kunst- und Wunderkammern 2015
Beßler, Gabriele: Kunst- und Wunderkammern, in: Europäische Geschichte Online (EGO), hrsg. vom Leibniz-Institut für Europäische Geschichte (IEG), Mainz 2015-07-09. URL: http://www.ieg-ego.eu/besslerg-2015-de URN: urn:nbn:de:0159-2015070810 (1.3.2020)

Beßler: Sammlungen 2015
Beßler, Gabriele: Vormoderne städtische Sammlungen: Erinnerung und Identifikation, in: Stadt zwischen Erinnerungsbewahrung und Gedächtnisverlust, hrsg. von Joachim J. Halbekann/ Ellen Widder/ Sabine von Heusinger (Stadt in der Geschichte 39), Ostfildern 2015, S. 301–332

Blainville: Extract 1765
Blainville, J. de: Extract aus des Herrn von Blainville Reisebeschreibung, den Zustand von Nuernberg betreffend, s.l. 1765 (VD18 12710504; https://nbn-resolving.org/urn:nbn:de:bvb:29-bv023409450-1, 26.10.2020)

Bock: Reich 1944
Bock, Friedrich: Magister Christoph Reich. Aus der Geschichte der Nürnberger Stadtbibliothek, in: MVGN 39 (1944), S. 197–222

Bock: Bibliotheksbesuch 1952
Bock, Friedrich: Ein kaiserlicher Bibliotheksbesuch in Nürnberg 1658, in: Libri 2 (1952), S. 215–225

Brakensiek: Interpretation 2010
Brakensiek, Stephan: Gemalte Interpretation – Gemälde nach druckgraphischen Erfindungen, in: Druckgraphik zwischen Reproduktion und Invention, hrsg. von Markus A. Castor (Passagen 31), Berlin/ München 2010, S. 39–53

Bredekamp: Antikensehnsucht 2012 (1993)
Bredekamp, Horst: Antikensehnsucht und Maschinenglauben. Die Geschichte der Kunstkammer und die Zukunft der Kunstgeschichte (Wagenbachs Taschenbuch 361), Berlin 2012 (4. Auflage der im Jahr 2000 erweiterten Erstausgabe von 1993)

Brink: Kunstkammer 2012
Brink, Claudia: *„auf daß Ich alles zu sehen bekhomme“*. Die Dresdner Kunstkammer und ihr Publikum im 17. Jahrhundert, in: Syndram/ Minning: Kurfürstlich-sächsische Kunstkammer 2012, S. 380–407

Bujok: Neue Welten 2004
Bujok, Elke: Neue Welten in europäischen Sammlungen. Africana und Americana in Kunstkammern bis 1670, Berlin 2004

Catalogus librorum [1750]
Catalogus librorum ex bibliotheca Ebermayeriana, omni tempore venalium, [Nürnberg 1750] (https://nbn-resolving.org/urn:nbn:de:bvb:29-bv011194110-5, 3.10.2020)

Coiter: Tabulae 1572
Coiter, Volcher: Externarvm et internarvm principalivm hvmani corporis partivm tabvlae, atqve anatomicae exercitationes observationesqve variae … Nürnberg: Dietrich Gerlach, 1572 (VD16 ZV 3754, http://mdz-nbn-resolving.de/urn:nbn:de:bvb:12-bsb00085314-1, 15.02.2020; StadtBN, Med. 238.2°)

Coiter: Explicationes 1575
Coiter, Volcher: Diversorvm animalivm sceletorvm explicationes iconibvs ... illvstratae (VD16 C 4497), enthalten in: Lectiones Gabrielis Fallopii de partibvs similaribvs hvmani corporis … Nürnberg: Dietrich Gerlach, 1575 (VD16 C 4497, http://mdz-nbn-resolving.de/urn:nbn:de:bvb:12-bsb00085316-2, 15.02.2021; StadtBN, 1 an Med. 238.2°)

Daston: Neugierde 1994
Daston, Lorraine: Neugierde als Empfindung und Epistemologie in der frühmodernen Wissenschaft, in: Grote: Macrocosmos 1994, S. 35–59

Daston/ Park: Wunder 2002
Daston, Lorraine/ Park, Katharine: Wunder und die Ordnung der Natur, 1150–1750, Frankfurt/ Main 2002 (Wonders and the order of nature, 1150–1750, New York 1998)

Dilherr: Abbildung [1647]
Dilherr, Johann Michael: Abbildung des Steins, so von dem … Herrn M. Iohanne Sauberto, … nach dem todt auß der Harnblaßen also ligend geschnitten worden den 3 Nov. Ao. 1646 (StadtBN, Graphikkasten Medizin; Kupferstich auch verwendet als Illustration in Weber: Leichpredigt 1647))

Dilherr: Propheten-Schul [1662]
Dilherr, Johann Michael: Propheten-Schul. Das ist/ Christliche Anweisung/ zu Gottseliger Betrachtung Des Lebens und der Lehre Heiliger Propheten Altes Testaments: Derer Bildnußen/ in schönen Kupferstichen mit sind beygefüget / Allerlei Stands-Personen erbaulich zulesen ... Nürnberg: Paul Fürst/ Christoph Gerhard [1662] (VD17 12:133732E; StadtBN, Solg. 455.4°)

Dolezel: Raritätenhaus 2018
Dolezel, Eva: Das „vollständige Raritätenhaus" des Leonhard Christoph Sturm. Ein Modell für die Museologie des 18. Jahrhunderts, in: Dolezel/ Godel/ Pečar/ Zaunstöck: Ordnen 2018, S. 21–47

Dolezel/ Godel/ Pečar/ Zaunstöck: Ordnen 2018
Dolezel, Eva/ Godel, Rainer/ Pečar, Andreas/ Zaunstöck, Holger (Hrsg.): Ordnen – Vernetzen – Vermitteln. Kunst- und Naturalienkammern in der Frühen Neuzeit als Lehr- und Lernorte (Acta historica Leopoldina 70), Halle/ Saale 2018

Dolezel: Traum vom Museum 2019
Dolezel, Eva: Der Traum vom Museum. Die Kunstkammer im Berliner Schloss um 1800 – eine museumsgeschichtliche Verortung, Berlin 2019

Dolz: *scientifica* 2012
Dolz, Wolfram: Die *scientifica* in der Dresdner Kunstkammer. Messinstrumente der Landvermessung und des Artilleriewesens als Werkzeuge des tätigen Fürsten, Karten sowie Erd- und Himmelsmodelle als Repräsentationsobjekte seiner weltlichen Macht, in: Syndram/ Minning: Kurfürstlich-sächsische Kunstkammer 2012, S. 185–199

Doosry/ Lauterbach/ Pommeranz: Frucht der Verheißung 2011
Doosry, Yasmin/ Lauterbach, Christiane/ Pommeranz, Johannes: Die Frucht der Verheißung. Zitrusfrüchte in Kunst und Kultur, Nürnberg 2011

Doppelmayr: Nachricht 1730
Doppelmayr, Johann Gabriel: Historische Nachricht Von den Nuernbergischen Mathematicis und Künstlern, ... Nürnberg: Monath 1730 (http://nbn-resolving.de/urn:nbn:de:bsz:16-diglit-440119, 26.10.2020)

Dresdner Kunstsammlungen 1960
400 Jahre Dresdener Kunstsammlungen, hrsg. von der Generaldirektion der Staatlichen Kunstsammlungen Dresden, Dresden 1960

Effinger/ Logemann/ Pfisterer: Götterbilder 2012
Effinger, Maria/ Logemann, Cornelia/ Pfisterer, Ulrich (Hrsg.): Götterbilder und Götzendiener in der Frühen Neuzeit. Europas Blick auf fremde Religionen (Schriften der Universitätsbibliothek Heidelberg 12), Heidelberg 2012

Ehrenthal: Führer 1899
Ehrenthal, Max von: Führer durch das Königliche Historische Museum zu Dresden, Dresden 1899

Eikelmann: Kunst- und Wunderkammer 2007
Eikelmann, Renate (Hrsg.): Kunst- und Wunderkammer Burg Trausnitz, München 2007

Fechner: Einheit 1977
Fechner, Jörg-Ulrich: Die Einheit von Bibliothek und Kunstkammer im 17. und 18. Jahrhundert, dargestellt an Hand zeitgenössischer Berichte, in: Öffentliche und private Bibliotheken im 17.

und 18. Jahrhundert: Raritätenkammern, Forschungsinstrumente oder Bildungsstätten?, hrsg. von Paul Raabe (Wolfenbütteler Forschungen 2), Bremen 1977, S. 11–31

Felfe: Umgebender Raum 2003
Felfe, Robert: Umgebender Raum – Schauraum. Theatralisierung als Medialisierung musealer Räume, in: Schramm/ Schwarte/ Lazardzig: Kunstkammer 2003, S. 226–264

Felfe: Raum 2007
Felfe, Robert: Der Raum frühneuzeitlicher Kunstkammern zwischen Gedächtniskunst und Erkenntnistheorie, in: Ausmessen – Darstellen – Inszenieren. Raumkonzepte und die Wiedergabe von Räumen in Mittelalter und früher Neuzeit, hrsg. von Ursula Kundert/ Barbara Schmid/ Regula Schmid, Zürich 2007, S. 191–210

Felfe: Kunstkammer 2014
Felfe, Robert: Die Kunstkammer – und warum ihre Zeit erst kommen wird, in: Kunstchronik 67 (2014), S. 342–351

Felfe: Formkräfte 2015
Felfe, Robert: Formkräfte der Natur, menschliche Künste und Geschichte. Dimensionen des Steinernen in der Frühen Neuzeit, in: Assoziationsraum Wunderkammer. Zeitgenössische Künste zur Kunst- und Naturalienkammer der Franckeschen Stiftungen zu Halle, hrsg. von Nike Bätzner, Wiesbaden 2015, S. 97–109

Fey: Manuskripte 2017
Fey, Carola: Manuskripte und Drucke, in: Die Kunstkammer der Herzöge von Württemberg. Bestand, Geschichte, Kontext, Ulm 2017, Bd. 1, S. 315–322

Fey: Manuskripte 2018
Fey, Carola: Manuskripte und Drucke im Kontext der Stuttgarter Kunstkammer der Herzöge von Württemberg, in: Dolezel/ Godel/ Pečar/ Zaunstöck: Ordnen 2018, S. 325–354

Findlen: Zeit 1994
Findlen, Paula: Die Zeit vor dem Laboratorium: Die Museen und der Bereich der Wissenschaft 1550–1750, in: Grote: Macrocosmos 1994, S. 191–207

Fröde/ Kahl: Donatorenbücher 2014
Fröde, Tino/ Kahl, Uwe (Hrsg.): Die Donatorenbücher der Zittauer Ratsbibliothek 1607–1762, Löbau 2014

Ghillany: Index 1846
Ghillany, Friedrich Wilhelm: Index rarissimorum aliquot librorum manuscriptorum saeculoque XV typis descriptorum quos habet bibliotheca publica Noribergensis additis quibusdam autographorum exemplis et picturis, Nürnberg 1846

Gleixner: Schriften 2015
Gleixner, Ulrike: Unlesbare Schriften. Bestände von Weltensammlern des 18. Jahrhunderts in der Herzog August Bibliothek, in: Neumann: Präsenz 2015, S. 202–217

Goldberg/ Heimberg/ Schawe: Dürer 1998
Goldberg, Gisela/ Heimberg, Bruno/ Schawe, Martin: Albrecht Dürer. Die Gemälde der Alten Pinakothek, Heidelberg 1998

Goldmann: Stadtbibliothek 1957
Goldmann, Karlheinz: Sechshundert Jahre Stadtbibliothek Nürnberg, Nürnberg 1957

Grieb: NKL 2007
Grieb, Manfred H. (Hrsg.): Nürnberger Künstlerlexikon. Bildende Künstler, Kunsthandwerker, Gelehrte, Sammler, Kulturschaffende und Mäzene vom 12. bis zur Mitte des 20. Jahrhunderts, 4 Bde., Berlin/ Boston 2007

Grimm: Das Badische Landesmuseum 1993
Grimm, Ulrike: Das Badische Landesmuseum in Karlsruhe: zur Geschichte seiner Sammlungen, Karlsruhe 1993

Grote: Macrocosmos 1994
Grote, Andreas (Hrsg.): Macrocosmos in Microcosmo. Die Welt in der Stube. Zur Geschichte des Sammelns 1450–1800 (Berliner Schriften zur Museumskunde 10), Opladen 1994

Haarländer: Anfänge 1964
Haarländer, Wilhelm: Anfänge geologischer Sammlungen im Gebiet der ehemaligen Reichsstadt Nürnberg, in: Geologica Bavarica 53 (1964), S. 209–256

Hampe: Kunstfreunde 1904
Hampe, Theodor: Kunstfreunde im alten Nürnberg und ihre Sammlungen, in: MVGN 16 (1904), S. 57–124

Herrlinger: Coiter 1952
Herrlinger, Robert: Volcher Coiter, 1534–1576 (Beiträge zur Geschichte der medizinischen und naturwissenschaftlichen Abbildung 1), Nürnberg 1952

Hirsching: Versuch 1788
Hirsching, Friedrich Carl Gottlob: Versuch einer Beschreibung sehenswürdiger Bibliotheken Teutschlands nach alphabetischer Ordnung der Städte, Bd. 3,1, Erlangen 1788

Impey/ MacGregor: Origins 1985
Impey, Oliver/ MacGregor, Arthur (Hrsg.): The origins of museums. The cabinet of curiosities in sixteenth- and seventeenth century Europe, Oxford 1985

Jahn: Kurfürstenbibel 1986
Jahn, Rolf-Dieter: Die Weimarer Ernestinische Kurfürstenbibel und Dilherr-Bibel des Endterverlags Nürnberg, 1641–1788. Versuch einer vollständigen Chronologie und Bibliographie, 1986

Jegel: Handwerksrecht 1965
Jegel, August: Alt-Nürnberger Handwerksrecht und seine Beziehungen zu anderen, Nürnberg 1965

Kaltwasser: Bibliothek als Museum 1999
Kaltwasser, Franz Georg: Die Bibliothek als Museum. Von der Renaissance bis heute, dargestellt am Beispiel der Bayerischen Staatsbibliothek (Beiträge zum Buch- und Bibliothekswesen 38), Wiesbaden 1999

Kammel: Leibniz 2016
Kammel, Frank: Leibniz und die Leichtigkeit des Denkens. Historische Modelle: Kunstwerke, Medien, Visionen, Nürnberg 2016

Karp: Stadträume 2020
Karp, Samuel Nathanael: Interkonfessionelle Stadträume in Reisebeschreibungen des 17. Jahrhunderts. Nürnberg – Frankfurt – Regensburg (Hamburger Beiträge zur Germanistik 65), Berlin 2020

Kettner: Beginn 2013
Kettner, Jasper: Vom Beginn der Kupferstichkunde. Druckgraphik als eigenständige Kunst in der Sammlung Paulus Behaims (1592–1637), Diss. Freie Universität Berlin 2013 (http://nbn-resolving.de/urn:nbn:de:kobv:188-fudissthesis000000093915-7, 10.10.2020)

Keyssler: Neueste Reise 1741
Keyssler, Johann Georg: Neueste Reise durch Teutschland, Böhmen, Ungarn, die Schweitz, Italien, und Lothringen … Bd. 2, Hannover: Förster 1741 (http://mdz-nbn-resolving.de/urn:nbn:de:bvb:12-bsb10366664-6, 26.10.2020)

Kremb: Tischplatten 2016
Kremb, Jens: Bemalte Tischplatten des Spätmittelalters (Studien zur Kunst 34), Köln/ Weimar/ Wien 2016

Kümmel: Blasenstein-Operation 2013
Kümmel, Werner Friedrich: Marin Marais (1656–1728). *Le Tableau de l'Opération de la Taille* – Die barocke Vertonung einer Blasenstein-Operation, in: Leben in Leichenpredigten 07/2013, hrsg. von der Forschungsstelle für Personalschriften, Marburg, Online-Ausgabe: http://www.personalschriften.de/leichenpredigten/artikelserien/artikelansicht/details/marin-marais-1656-1728.html (9.2.2021)

Kwakkelstein: Copying prints 2000
Kwakkelstein, Michael: Copying prints as an aspect of artistic training in the Renaissance, in: Images of death. Rubens copies Holbein, hrsg. von Kristin Lohse Belkin, Antwerpen 2000, S. 35–62

Laube: Reliquie 2007
Laube, Stefan: Von der Reliquie zum Relikt. Luthers Habseligkeiten und ihre Musealisierung in der frühen Neuzeit, in: Archäologie der Reformation. Studien zu den Auswirkungen des Konfessionswechsels auf die materielle Kultur, hrsg. von Carola Jäggi/ Jörn Staecker (Arbeiten zur Kirchengeschichte 104), Berlin/ New York 2007, S. 429–453

Laube: Luthers Maske 2017
Laube, Stefan: Luthers Maske und Melanchthons Schuh. Die Bibliothek als Kunstkammer der Reformation, in: Wissensspeicher der Reformation. Die Marienbibliothek und die Bibliothek des Waisenhauses in Halle, hrsg. von Doreen Zerbe (Kataloge der Franckeschen Stiftungen 34), Wiesbaden 2017, S. 57–71

Lauterbach: Hesperidenwerk 2011
Lauterbach, Iris: Johann Christoph Volkamers Hesperidenwerk, in: Doosry/ Lauterbach/ Pommeranz: Frucht der Verheißung 2011, S. 237–263

Lehner: Bücher 2015
Lehner, Georg: Chinesische Bücher auf dem europäischen Markt, in: Neumann: Präsenz 2015, S. 484–496

Leibnitz: Memorabilia 1674
Leibnitz, Johann Jacob: Inclutae Bibliothecae Norimbergensis Memorabilia, hoc est, Naturae Admiranda, Ingenii humani Artificia, & Antiquitatis Monumenta …, Nürnberg: Wolfgang Moritz Endter und Johann Andreas Endter Erben, 1674 (VD17 12:130738N, https://reader.digitale-sammlungen.de/resolve/display/bsb10679381.html, 13.11.2020)

Leßmann: Sandrart 1991
Leßmann, Sabina: Susanna Maria von Sandrart (1658–1716). Arbeitsbedingungen einer Nürnberger Grafikerin im 17. Jahrhundert (Studien zur Kunstgeschichte 59), Hildesheim/ Zürich/ New York 1991

Linke: Werk 2007
Linke, Oliver: Das kalligrafische Werk Johann Neudörffers d. Ä., in: Linke/ Sauer: Zierlich schreiben 2007, S. 7–117

Linke/ Sauer: Zierlich schreiben 2007
Linke, Oliver/ Sauer, Christine: Zierlich schreiben. Der Schreibmeister Johann Neudörffer d. Ä. und seine Nachfolger in Nürnberg (Beiträge zur Geschichte und Kultur der Stadt Nürnberg 25), Memmingen 2007

Linnebach: Museum 2014
Linnebach, Andrea: Das Museum der Aufklärung und sein Publikum. Kunsthaus und Museum Fridericianum in Kassel im Kontext des historischen Besucherbuches (1769–1796) (Kasseler Beiträge zur Geschichte und Landeskunde 3), Kassel 2014

MacGregor: Curiosity 2007
MacGregor, Arthur: Curiosity and enlightenment. Collectors and collections from the sixteenth to the nineteenth century, New Haven 2007

Major: Bedencken 1674
Major, Johann Daniel: J D M P D Unvorgreiffliches Bedencken von Kunst- und Naturalien-Kammern ins gemein, Kiel: Reuman, 1674 (VD17 1:090814S, http://diglib.hab.de/drucke/ub-4f-6/start.htm, 26.10.2020)

Maué: Aloe 2015
Maué, Hermann: Die Amerikanische Aloe, die Königin der Blumen, in: Geldgeschichtliche Nachrichten 279/280 (2015), S. 236–250

Minning: Werkzeug 2012
Minning, Martina: Werkzeug in der Dresdner Kunstkammer, in: Syndram/ Minning: Kurfürstlich-sächsische Kunstkammer 2012, S. 167–183

Moller: Commentatio 1704
Moller, Daniel Wilhelm: Danielis Guilielmi Molleri Professoris Publici Et Bibliothecarii Altorfini Commentatio De Technophysiotameis Sive Germanice Von Kunst- und Naturalienkammern … Altdorf 1704 (VD18 14617196, http://mdz-nbn-resolving.de/urn:nbn:de:bvb:12-bsb10051204-0, 26.10.2020)

Müller: Beschreibung 1793
Müller, Christian Gottlieb: Kurze Beschreibung der Reichsstadt Nürnberg. Ein Handbuch für Einheimische und Fremde, zunächst aber für Reisende, Nürnberg 1793

Müller-Bahlke: Wunderkammer 2012 (1998)
Müller-Bahlke, Thomas J.: Die Wunderkammer. Die Kunst- und Naturalienkammer der Franckeschen Stiftungen zu Halle (Saale), 2. überarb. und erw. Aufl. 2012 (Erstausgabe 1998)

Mulsow: Lafitau 2012
Mulsow, Martin: Joseph-François Lafitau und die Entdeckung der Religions- und Kulturvergleiche, in: Effinger/ Logemann/ Pfisterer: Götterbilder 2012, S. 37–47

Mulsow: Substanzen 2015
Mulsow, Martin: Alchemische Substanzen als fremde Dinge, in: Neumann: Präsenz 2015, S. 43–72

Mummenhoff: Rathaus 1891
Mummenhoff, Ernst: Das Rathaus in Nürnberg, Nürnberg 1891

Murr: Beschreibung 1778
Murr, Christoph Gottlieb von: Beschreibung der vornehmsten Merkwuerdigkeiten in des H.R. Reichs freyen Stadt Nuernberg und auf der hohen Schule zu Altdorf, Nürnberg 1778 (http://mdz-nbn-resolving.de/urn:nbn:de:bvb:12-bsb11084206-5, 26.10.2020)

Murr: Memorabilia 1786
Murr, Christoph Gottlieb von: Memorabilia bibliothecarvm pvblicarvm Norimbergensivm et Vniversitatis Altdorfinae, Bd. 1, Nürnberg 1786 (http://mdz-nbn-resolving.de/urn:nbn:de:bvb:12-bsb11093403-8, 26.10.2020)

Murr: Beschreibung 1801
Murr, Christoph Gottlieb von: Beschreibung der vornehmsten Merkwürdigkeiten in der Reichsstadt Nürnberg, in deren Bezirke und auf der Universität Altdorf. Nebst einem Anhange. Zwote durchaus vermehrte Ausgabe, Nürnberg 1801 (http://mdz-nbn-resolving.de/urn:nbn:de:bvb:12-bsb10376832-5, 26.10.2020)

Neickel/ Kanold: Museographia 1727
Neickel (Jencquel), Kaspar Friedrich/ Kanold, Johann: Museographia Oder Anleitung Zum rechten Begriff und nuetzlicher Anlegung der Museorum Oder Raritäten-Kammern …, Leipzig/ Breßlau: Hubert 1727 (VD18 15307492)(http://mdz-nbn-resolving.de/urn:nbn:de:bvb:12-bsb10522844-6; 7.6.2020)

Neumann: Neueinrichtung 1963
Neumann, Erwin: Zur Neueinrichtung der Kunstkammer des Stiftes Kremsmünster, in: Österreichische Zeitschrift für Kunst und Denkmalpflege 17 (1963), S.69–81

Neumann: Präsenz 2015
Neumann, Birgit (Hrsg.): Präsenz und Evidenz fremder Dinge im Europa des 18. Jahrhunderts (Das achtzehnte Jahrhundert, Supplementa 19), Göttingen 2015

Neumann: Präsenz (Einleitung) 2015
Neumann, Birgit: Präsenz und Evidenz fremder Dinge in Europa des 18. Jahrhunderts. Zur Einleitung, in: Neumann: Präsenz 2015, S. 9–36

Oertel: Endter-Bibeln 1983
Oertel, Hermann: Die Frankfurter Feyerabend-Bibeln und die Nürnberger Endter-Bibeln, in: MVGN 70 (1983), S. 75–111

Pechstein: Luthergläser 1983
Pechstein, Klaus: Luthergläser – Denkmäler der Geschichte, in: Kunst und Antiquitäten 1983, S. 30–35

Pilz: Führer 1934
Pilz, Kurt: Führer durch die Kriminalistisch-Kulturhistorische Sammlung im Fünfeckigen Turm der Burg zu Nürnberg, Nürnberg 1934 (StadtBN, Nor. 4195.8°)

Pilz: Astronomie 1977
Pilz, Kurt: 600 Jahre Astronomie in Nürnberg, Nürnberg 1977

Puschner: Aloe Americana [1726]
Puschner, Johann Georg: Aloe Americana Florens In Horto Volcamerio Norimbergae. A. MDCCXXVI. Nürnberg 1726 (StadtBN, Will. VIII. 986c)

Ranner: Beschreibung 1821
Ranner, Gottfried Christoph: Kurzgefaßte Beschreibung der Nuernbergischen Stadtbibliothek mit einigen Beylagen und dem Abdruck einer Handschrift, das Handbuch des H. Augustins in einer alten deutschen Uebersetzung enthaltend, Nürnberg 1821 (http://mdz-nbn-resolving.de/urn:nbn:de:bvb:12-bsb11267028-1, 26.10.2020)

Reichl: Die Staatlichen Museen
Reichl, Otto: Die Staatlichen Museen auf der Ausstellung „Alt-Berlin", in: Berliner Museen 52 (1931), S. 13–16

Reicke: Deutung eines Bildnisses 1911/12
Reicke, Emil: Die Deutung eines Bildnisses von Brosamer in der kaiserlichen Gemäldegalerie in Wien nebst Beiträgen zur Dürer- und Pirckheimer-Forschung, in: Jahrbuch der Kunsthistorischen Sammlungen des Allerhöchsten Kaiserhauses 30 (1911/12), S. 228–256

Remmert: Analyse 2019
Remmert, Volker: Analyse des imageries des instruments scientifiques de l'époque moderne (XVIe–XVIIe siècle), in: Images des mathématiques. La recherche mathématique en mots et en images 2019 (https://images.math.cnrs.fr/Analyse-des-imageries-des-instruments-scientifiques-de-l-epoque-moderne-XVIe.html?lang=fr, 21.10.2020)

Roth: Anfang 2000
Roth, Harriet (Hrsg.): Der Anfang der Museumslehre in Deutschland. Das Traktat „Inscriptiones vel Tituli Theatri Amplissimi" von Samuel Quiccheberg, Berlin 2000

Rublack: Grapho-relics 2010
Rublack, Ulinka: Grapho-relics: Lutheranism and the materialization of the word, in: Past & Present 206 (2010), S. 144–166

Rütsche: Kunstkammer 1997
Rütsche, Claudia: Die Kunstkammer in der Zürcher Wasserkirche. Öffentliche Sammeltätigkeit einer gelehrten Bürgerschaft im 17. und 18. Jahrhundert aus museumsgeschichtlicher Sicht, Bern 1997

Ruisinger: Porträt 2007
Ruisinger, Marion Maria: Das Porträt von Johannes Saubert, in: Die Sammlungen der Universität in Erlangen-Nürnberg, hrsg. von Udo Andraschke/ Marion Maria Ruisinger, Nürnberg 2007, S. 271

Ruisinger: Stein 2008
Ruisinger, Marion Maria: Stein oder nicht Stein – das ist hier die Frage. Das rätselhafte Vermächtnis des Nürnberger Pfarrers Johann Saubert, in: Abhandlungen und Berichte des Museums der Natur Gotha 25 (2008), S. 155–164

Ruisinger: Lithobiographie 2012
Ruisinger, Marion Maria: Die Lithobiographie des Johannes Saubertus (1592–1646). Eine posthume Patientengeschichte, in: Faszinosum des Verborgenen. Der Harnstein und die (Re-)Prä-

sentation des Unsichtbaren in der Urologie, hrsg. von Heiner Fangerau/ Irmgard Müller, Stuttgart 2012, S. 129–141

Saubert: Historia 1643
Saubert, Johannes: Historia Bibliothecae Reip. Noribergensis, duabus Oratiunculis illustrata, quarum altera de eius Structoribus & Curatoribus, altera de Rarioribus quibusdam & scitu dignis agit... Nürnberg: Wolfgang Endter d. Ä., 1643 (VD17 23:29914U, http://nbn-resolving.de/urn:nbn:de:gbv:3:1-18537, 26.10.2020)

Sauer: Schreibmeister 2007
Sauer, Christine: Nürnberger Schreibmeister nach Johann Neudörffer d. Ä., in: Linke/ Sauer: Zierlich schreiben 2007, S. 119–158

Sauer: 642 Jahre 2013
Sauer, Christine (Hrsg.): 642 Jahre Stadtbibliothek Nürnberg. Von der Ratsbibliothek zum Bildungscampus (Beiträge zur Geschichte und Kultur der Stadt Nürnberg 26), Wiesbaden 2013

Sauer: Predigerkloster 2013
Sauer, Christine: Predigerkloster, Bärenschanzkaserne und Pellerhaus. Domizile der wissenschaftlichen Stadtbibliothek, in: Sauer: 642 Jahre 2013, S. 217–235

Sauer: Rats- und Stadtbibliothek 2013
Sauer, Christine: Rats- und Stadtbibliothek von der Einrichtung bis zum Verlust der Eigenständigkeit, in: Sauer: 642 Jahre 2013, S. 9–97

Sauer: Vom Museum zur Forschungsbibliothek 2013
Sauer, Christine: Vom Museum zur Forschungsbibliothek: Erkundungen von Stadt- und Kulturgeschichte in Ausstellungen, Publikationen, Vorträgen und Projekten, in: Sauer: 642 Jahre 2013, S. 317–338

Sauer: Gelehrten- und Institutsbibliotheken 2013
Sauer, Christine: Gelehrten- und Institutsbibliotheken, Vor- und Nachlässe in der Stadtbibliothek, in: Sauer: 642 Jahre 2013, S. 347–391

Sauer: Reformation der Bücher 2017
Sauer, Christine: Reformation der Bücher: Die Gründung der Stadtbibliothek als Folge des Anschlusses Nürnbergs an die neue Glaubenslehre, in: MVGN 104 (2017), S. 101–136

Sauer: Kloster- und Stadtbibliotheken 2021
Sauer, Christine: Kloster- und Stadtbibliotheken in evangelischen Reichsstädten Süddeutschlands, in: Gesammelt – zerstreut – bewahrt? Klosterbibliotheken im deutschsprachigen Südwesten (Veröffentlichungen der Kommission für geschichtliche Landeskunde in Baden-Württemberg, Reihe B: Forschungen 226), Stuttgart 2021, S. 109–134

Schauerte: Dürer 2013
Schauerte, Thomas (Hrsg.): Dürer und das Nürnberger Rathaus. Aspekte von Ikonographie, Verlust und Rekonstruktion (Schriftenreihe der Museen der Stadt Nürnberg 1), Petersberg 2013

Schemmel: Schrift-Bilder 1987
Schemmel, Bernhard: Auserlesene Schrift-Bilder. Zu einer Sammlung von Schreibmeisterblättern der Staatsbibliothek Bamberg, in: Festschrift Otto Schäfer zum 75. Geburtstag am 29. Juni 1987, Stuttgart 1987, S. 131–161

Schewe: Meilen-Säule 2011
Schewe, Roland: Eine Meilen-Säule mit Mohrenkopf aus dem Volkamer-Umkreis, in: Doosry/ Lauterbach/ Pommeranz: Frucht der Verheißung 2011, S. 264–268 mit Kat. 6.47

Schlosser: Kunst- und Wunderkammern 1908
Schlosser, Julius von: Die Kunst- und Wunderkammern der Spätrenaissance: ein Beitrag zur Geschichte des Sammelwesens (Monographien des Kunstgewerbes N.T. 11), Leipzig 1908

Schramm: Reise-Lexicon 1744
Schramm, Carl Christian: Neues Europaeisches Historisches Reise-Lexicon Worinnen Die merckwuerdigsten Laender und Staedte nach deren Lage, Alter, Benennung, Erbauung, Befestigung, Beschaffenheit, Geist- und Weltlichen Gebäuden, Gewerbe, Wahrzeichen und anderen Sehenswuerdigkeiten, In Alphabetischer Ordnung auf das genaueste beschrieben, Leipzig 1744 (http://mdz-nbn-resolving.de/urn:nbn:de:bvb:12-bsb10408567-3, 13.11.2020)

Schramm/ Schwarte/ Lazardzig: Kunstkammer 2003
Schramm, Helmar/ Schwarte, Ludger/ Lazardzig, Jan (Hrsg.): Kunstkammer – Laboratorium – Bühne. Schauplätze des Wissens im 17. Jahrhundert (Theatrum scientiarum 1), Berlin/ New York 2003

Schwemmer: Kunstsammlungen 1949
Schwemmer, Wilhelm: Aus der Geschichte der Kunstsammlungen der Stadt Nürnberg, in: MVGN 40 (1949), S. 97–206

Schwemmer: Gemälde 1954
Schwemmer, Wilhelm: Die Gemälde der Stadtbibliothek Nürnberg, in: Mitteilungen der Stadtbibliothek Nürnberg 2 (1954), S. 12–16

Schwemmer: Museum 1957
Schwemmer, Wilhelm: Die Nürnberger Stadtbibliothek als Museum, in: Goldmann: Stadtbibliothek 1957, 122–131

Schwemmer: Gartenkultur 1977
Schwemmer, Wilhelm: Die Anwesen Johannisstr. 30 und Sulzbacher Str. 32 als Beispiele Alt-Nürnberger Gartenkultur, in: MVGN 64 (1977), S. 183–200

Stangl: Kunstkammer 1999
Stangl, Anja: „Kunst- und Kuriosithätswert": Die Kunstkammer der Großherzöge von Baden, in: Denkmalpflege in Baden-Württemberg 28 (1999), S. 167–174

Sturm: Raritäten- und Naturalien-Kammer 1704
Sturm, Leonhard Christoph: Die geöffnete Raritäten- und Naturalien-Kammer worinnen d. galanten Jugend, andern Curieusen u. Reisenden gewiesen wird, wie sie Galerien, Kunst- u. Raritäten-Kammern mit Nutzen besehen u. davon raisoniren sollen, Hamburg 1704 (VD18 10251952-006, http://mdz-nbn-resolving.de/urn:nbn:de:bvb:12-bsb11245678-8, 26.10.2020)

Syndram/ Minning: Kurfürstlich-sächsische Kunstkammer 2012
Syndram, Dirk/ Minning, Martina: Die kurfürstlich-sächsische Kunstkammer in Dresden. Geschichte einer Sammlung, Dresden 2012

Tacke: Mahler Ordnung 2001
Tacke, Andreas (Hrsg.): Der Mahler Ordnung und Gebräuch in Nürnberg. Die Nürnberger Maler(zunft)bücher ergänzt durch weitere Quellen, Genealogien und Viten des 16., 17. und 18. Jahrhunderts, München/ Berlin 2001

Tacke: Statuta pictorum 2018
Tacke, Andreas (Hrsg.): Statuta pictorum. Kommentierte Edition der Maler(zunft)ordnungen im deutschsprachigen Raum des Alten Reiches, 5 Bde., Petersberg 2018

Trew: Beschreibung 1727
Trew, Christoph Jacob: Beschreibung der Grossen Americanischen Aloe, Theils aus bewaehrten Autoribus, theils aus eigener Erfahrung zusammen getragen. Wobey das taegliche Wachsthum des Stengels der in 1726. Jahr zu Nuernberg verblueheten Aloe in Tabellen mit Observationibus Meteorologicis erlaeutert, und die natuerliche Beschaffenheit des reiffen Saamens vorgestellet wird, Nürnberg: Endter/ Engelbrecht, 1727 (VD18 11388935, http://mdz-nbn-resolving.de/urn:nbn:de:bvb:12-bsb10927611-8, 26.10.2020)

Valentin: Meisterstücke 2019
Valentin, Elke: Gemalte Meisterstücke im Nürnberger Rathaus: Von Pflicht, Kür und Repräsentation, in: Meisterstücke. Vom Handwerk der Maler, hrsg. von Wolfgang P. Cilleßen/ Andreas Tacke (Schriften des Historischen Museums Frankfurt 38), Frankfurt 2019, S. 77–81

Valter: Wissenschaft 2000
Valter, Claudia: Wissenschaft in Kunst- und Wunderkammern, in: Erkenntnis, Erfindung, Konstruktion. Studien zur Bildgeschichte von Naturwissenschaften und Technik vom 16. bis zum 19. Jahrhundert, hrsg. von Hans Holländer, Berlin 2000, S. 183–196

Valter: Ordnungsversuche 2004
Valter, Claudia: Abbildung, Katalogisierung, Beschreibung: Ordnungsversuche in Kunst- und Wunderkammern, in: Scientiae et artes. Die Vermittlung alten und neuen Wissens in Literatur, Kunst und Musik, hrsg. von Barbara Mahlmann-Bauer (Wolfenbütteler Arbeiten zur Barockforschung 38), Wolfenbüttel 2004, S. 593–617

Wagenseil: Commentatio 1697
Wagenseil, Johann Christoph: De Sacri Rom. Imperii Libera Civitate Noribergensi Commentatio … Altdorf: Jobst Wilhelm Kohles, 1697 (VD17 12:134556S, http://www.mdz-nbn-resolving.de/urn/resolver.pl?urn=urn:nbn:de:bvb:12-bsb10638584-1, 26.10.2020)

Weber: Leichpredigt 1647
Weber, Michael: Christliche Trawr- und Leichpredigt/ …. Bey der Volckreichen/ Trawrigen Leichbestattung Deß Geistreichen und werthen Manns/ Herrn Johannis Sauberti, [Nürnberg]: Endter, 1647 (VD17 1:048841G, http://digital.slub-dresden.de/id371632781, 15.02.2021)

Weber: Anna 1865
Weber, Karl von: Anna Churfürstin zu Sachsen geboren aus königlichem Stamm zu Dänemark. Ein Lebens- und Sittenbild aus dem 16. Jahrhundert, nach archivalischen Quellen, Leipzig 1865

Welker: Nürnberg 2002
Welker, Manfred: Die Reichsstadt Nürnberg, ein Zentrum des Schmiedeeisen verarbeitenden Handwerks, in: Quasi Centrum Europae. Europa kauft in Nürnberg 1400–1800, hrsg. von Hermann Maué/ Thomas Eser/ Sven Hauschke, Nürnberg 2002, S. 116–137

WGN
Will, Georg Andreas/ Nopitsch, Christian Conrad: Nürnbergisches Gelehrten-Lexicon oder Beschreibung aller nürnbergischen Gelehrten beyderley Geschlechtes nach ihrem Leben, Verdiensten und Schriften, 8 Bde., Nürnberg/ Altdorf 1755–1808

Willers: Focus Behaimglobus 1992
Willers, Johannes Karl Wilhelm: Focus Behaimglobus, 2 Bde., Nürnberg 1992

Winzeler: Weises Geschenk 2011
Winzeler, Marius: Weises Geschenk – eine frühe bürgerlich-städtische Wunderkammer in Zittau. Versuch einer Rekonstruktion, in: Das Naturalienkabinett. Sammeln – Forschen – Zeigen, hrsg. von Katja Margarethe Mieth, Chemnitz 2011, S. 72–83

Wolfangel: Ayrer 1957
Wolfangel, Doris: Dr. Melchior Ayrer (1520–1579), Diss. Julius-Maximilians-Universität Würzburg, Würzburg 1957

Zazoff: Gemmensammler 1983
Zazoff, Peter und Hilde: Gemmensammler und Gemmenforscher. Von einer noblen Passion zur Wissenschaft, München 1983

Zinner: Instrumente 1956
Zinner, Ernst: Deutsche und niederländische astronomische Instrumente des 11.–18. Jahrhunderts, München 1956

Register

Personenregister

Ortsregister

Sachregister zu den Memorabilien

Bildrechte

Sofern nicht in den Abbildungslegenden angegeben, liegen die Bildrechte bei folgenden Institutionen:

Augsburg, Staats- und Stadtbibliothek: 1.8
Bamberg, Museen der Stadt: 3.5
Erlangen-Nürnberg, Universitätsbibliothek: 1.6
Göttingen, Niedersächsische Staats- und Universitätsbibliothek: 1.2, 1.3, 1.7, 1.10
Gotha, Forschungsbibliothek: 1.9
Halle, Franckesche Stiftungen: 1.4
Nürnberg, Germanisches Nationalmuseum: 2.15, 2.19, 2.21, 2.26–2.36, 2.41–2.42, 2.44, 3.4, 4.1–4.4
Nürnberg, Museen der Stadt Nürnberg, Kunstsammlungen: 2.15, 2.47–2.54
Nürnberg, Stadtarchiv: 2.5
Nürnberg, Stadtbibliothek im Bildungscampus: 1.1, 2.1–2.4, 2.6–2.14, 2.17–2.18, 2.20, 2.22–2.25, 2.37–2.38, 2.43, 2.45–2.46, 2.56–2.57, 3.2
Stuttgart, Württembergische Landesbibliothek: 3.1, 3.3
Wien, Österreichische Nationalbibliothek, Sammlung von Handschriften und alten Drucken: 1.5
Wolfenbüttel, Herzog August Bibliothek: 3.6

Beiträge zur Geschichte und Kultur der Stadt Nürnberg / Stadtbibliothek Nürnberg

26: Christine Sauer (Hg.)

642 Jahre Stadtbibliothek Nürnberg

Von der Ratsbibliothek zum Bildungscampus

2013. 439 Seiten, 216 Abb.,
4 Tabellen, 5 Diagramme, gb
170x240 mm
ISBN 978-3-447-06853-6
€ 39,80 (D)

Die Bestände der Stadtbibliothek Nürnberg, der ältesten Bibliothek in kommunaler Trägerschaft im deutschsprachigen Raum, wachsen seit sechs Jahrhunderten. Bereits 1370 wurde eine im Rathaus von Nürnberg aufbewahrte Büchersammlung für den öffentlichen Gebrauch erstmals urkundlich belegt. Seitdem wurde die Sammlung in enger Verflechtung mit dem lokalen Umfeld beständig erweitert und ist zu einem einmaligen historischen Zeugnis von Geschichte und Kultur der Stadt Nürnberg geworden.
Anlässlich der räumlichen Zusammenführung der schon 1973 unter einer Leitung vereinigten Stadt-, ehemaligen Volks- und Musikbücherei im sanierten Luitpoldhaus bietet Christine Sauer erstmals einen umfassenden Überblick über die Geschichte aller drei Institutionen von ihrer Gründung bis in die Gegenwart hinein und gewährt Einblicke in die jeweiligen Sammlungen. Am Beispiel der ältesten Bibliothek in kommunaler Trägerschaft im deutschsprachigen Raum werden 642 Jahre Stadtgeschichte greifbar, die sich in der Entwicklung von der Ratsbibliothek zum Bildungscampus spiegeln.

VERLAG PUBLISHERS
HARRASSOWITZ